区域创新与发展研究系列

本书得到国家自然科学基金项目（71262025）资助

民营上市公司外聘高管的代理成本与激励机制效果
——基于经理人市场视角

Agency Costs and Incentive Effects of
External Recruitment Managers in Private Listed Companies
—Based on the Perspective of Managerial Labor Market

袁春生●著

经济管理出版社
ECONOMY & MANAGEMENT PUBLISHING HOUSE

图书在版编目（CIP）数据

民营上市公司外聘高管的代理成本与激励机制效果：基于经理人市场视角/袁春生著．—北京：经济管理出版社，2016.10

ISBN 978－7－5096－4608－3

Ⅰ.①民… Ⅱ.①袁… Ⅲ.①民营企业—企业管理—研究—中国②民营企业—管理人员—激励制度—研究—中国 Ⅳ.①F279.245

中国版本图书馆 CIP 数据核字(2016)第 216492 号

组稿编辑：杜　菲
责任编辑：杜　菲
责任印制：黄章平
责任校对：雨　千

出版发行：经济管理出版社
（北京市海淀区北蜂窝 8 号中雅大厦 A 座 11 层　100038）
网　　址：www.E－mp.com.cn
电　　话：（010）51915602
印　　刷：北京九州迅驰传媒文化有限公司
经　　销：新华书店
开　　本：720mm×1000mm/16
印　　张：13.5
字　　数：275 千字
版　　次：2016 年 10 月第 1 版　　2016 年 10 月第 1 次印刷
书　　号：ISBN 978－7－5096－4608－3
定　　价：58.00 元

联系地址：北京阜外月坛北小街 2 号
电话：（010）68022974　　邮编：100836

前　言

1978 年，我国开始实行以经济建设为中心，拉开了改革开放的序幕，自此，我国经济得到了快速发展。由计划经济逐渐向市场经济转型，贯穿于 38 年的经济建设历程，市场在资源配置中起到越来越重要的作用，这是我国经济得以快速发展的重要原因。在亚当·斯密（1776）看来，市场犹如一只“无形之手”（invisible hand），引导着企业生产出什么产品，以及产品数量、质量和种类。然而，企业与市场的关系是如何的？科斯（1937）认为，以价格为主要信号的市场运行存在交易成本，体现为寻找价格、契约谈判、签订契约、执行契约等都存在交易成本。企业作为参与经济交易的组织，其作用在于把若干经济要素所有者组织成一个单位参加市场交易，从而减少市场交易当事者数目、减轻交易摩擦、降低交易成本，这正是企业产生的基本原因。

威廉姆森（1985）将所有经济活动都视为交易，进一步提出了体现交易特征的三个基本维度：资产专用性、不确定性、交易频率，此三个维度决定着交易费用的高低。从威廉姆森的交易特征角度观察，通过企业这一组织形式处理经济交易可降低资产专用性程度、交易不确定性和交易频率，因此企业可以起到降低交易费用的作用。市场以价格为主要信号进行交易，那么企业内部以什么方式处理交易？通常认为，在企业内部，市场交易被企业家所替代，企业家统一配置内部经济资源、统一指挥生产，以市场方式进行交易的成本与企业内部处理交易的成本共同决定了企业与市场的边界。如果说自由竞争的市场是经济运行的“无形之手”，那么无数个企业其管理者的管理决策则是经济运行的“有形之手”。

钱德勒（1977）在其著作《看得见的手——美国企业的管理革命》中强调了管理协调这只“有形之手”的重要作用。他认为，“现代工商企业在协调经济活动和分配资源方面已取代了亚当·斯密的所谓市场力量的‘无形之手’……现代工商企业已成为美国经济中最强大的机构，经理人员则已成为最有影响力的经济决策者集团。”熊彼特（1911）强调了企业家的“破坏性创造”的重要作用，他强调企业家对生产要素和生产条件“重新组合”的创新过程，认为企业创新引起模仿，模仿打破垄断，从而周而复始地推动着经济发展。

由此，在企业与市场的关系中，管理者的管理决策这只“有形之手”同样是重要的，是构成市场“无形之手”的基础。企业内部管理者这只“有形之手”对内部资源的配置决定着单个企业的供给效率，众多企业的供给效率总和决定着市场这只“无形之手”的运行效率，并对单个企业的边界形成外部约束。因此，研究大型企业公司内部治理问题，不能抛开外部的市场治理机制。林毅夫、蔡昉和李周（1997）强调了外部竞争的治理作用，他们认为：公司治理结构中最基本的成分是通过竞争的市场所实现的间接控制或外部治理，内部治理结构虽然是必要的和重要的，但与一个充分竞争的市场机制相比，只是派生的制度安排；国有企业问题产生的真正原因不在于产权制度，而在于缺乏充分竞争的外部环境。

具体到公司治理领域，经理人市场的治理角色在学术界备受关注（Fee and Hadlock，2003；Fama，1980；Fama and Jensen，1983），来自劳动力市场的压力和自身未来职业声誉的关注对公司董事会成员和管理层具有约束作用，经理人市场可以充当隐性激励机制以替代显性激励（Holmstrom，1982）。考虑到企业管理者对于企业资源配置效率的重要作用，以及外部经理人市场对企业管理者的约束作用，本书以我国由计划经济向市场经济转型过程中出现的民营上市公司为样本，对民营上市公司聘用外部高管的动因、外部高管对企业资源配置效率、高管激励机制、企业代理成本、企业业绩等方面的影响进行理论与实证研究，并考察经理人市场在其中的治理作用。

本书尝试通过“经理人市场—企业高管—企业业绩”这一链条将市场力量“无形之手”与企业管理者“有形之手”联系起来，分析经理人市场通过企业外部高管对企业业绩的影响机制，以期在理论上增强人们对市场、企业、企业高管三者之间关系的理解，丰富公司治理的相关成果，并在实践上为我国企业改革与发展提供可资参考的政策建议。

目　　录

第一章 绪 论

一、研究意义

自 1978 年实行改革开放以来，中国经济保持了 30 多年的高速增长，GDP 增长速度位列同时期世界前列，被誉为“增长奇迹”（周黎安，2007）。这主要得益于从计划经济向市场经济的转轨，用市场手段代替计划手段来配置经济资源。随着市场化进程的深入，我国资本配置效率有所改善（方军雄，2006），市场化有助于经济增长（哈勒根和张军，1999；Falcetti et al.，2002）。然而，中国以双轨制为特征的渐进式改革中，计划体制的某些制度安排和市场制度并存必然出现不配套（林毅夫，2007），其中较突出的是劳动力市场特别是经理人市场分割较严重。国有企业高管任命和解雇权力仍由政府掌握，较少采用市场方式选择国企高管（张维迎，1999；Fan et al.，2007；Chang and Wong，2009），国企高管的“政府化”特征集中表现在高管出任的途径仍然是行政任命（王红领，2006），而民营企业更愿意采用市场化方式选择高管。民营企业对两权分离有巨大需求，企业规模越大，因管理需要而外聘总经理的需求就越大（王常柏，2007）。另外，国有企业与民营企业高管之间相互流动严重不对称，国企高管向民营企业流动相对于民企高管向国企流动的体制性障碍更少。不同类型企业高管的选任方式及流动的体制性障碍，有悖于市场化资源配置，形成经理人市场政策性失灵。经理人市场失灵将影响企业家精神的发挥（李新春，2003）。

在中国企业高管激励与代理成本问题研究领域，已积累了丰富的研究成果。关于企业高管激励机制的效果，国内研究并无一致结论，如李增泉（2000）和魏刚（2000）没有发现高管薪酬与公司绩效的相关关系，高管薪酬更多由公司规模及所在地区决定。而张俊瑞等（2003）和杨青等（2010）的研究却发现高管薪酬与绩效呈显著正相关。王华和黄之俊（2006）则发现高管股权激励与企业业绩之间存在稳定的倒“U”型关系。此类研究结果冲突的原因可能是没有注意到市场化进程的影响，后续研究文献逐渐将此因素考虑进来，如方军雄（2009）的研究表明，随着薪酬制度改革的深入，我国上市公司高管薪酬已呈现显著的业绩敏感性，不过高管薪酬的业绩粘性特征也很明显。辛清泉和谭伟强（2009）得出了同样结论：市场化进程增强了国企经理薪酬与业绩的敏感性；相对于会计业绩，市场业绩在薪酬契约中的作用逐渐增加；不过，行业保护和政府控制影响了市场力量塑造国企经理薪酬的能力。

许多文献也直接研究了我国企业高管的代理成本，主要有：①在职消费。由于薪酬管制，在职消费成为国企高管的替代性选择，与民营企业高管薪酬契约相比，国企的管制性外生薪酬安排缺乏激励效率（陈冬华等，2005）。卢锐等（2008）认为，在我国尚无健全的管理契约和完善的经理人市场的环境下，过度的在职消费现象可能是企业家价值与市场价格之间的矫正行为，可起到激励作用，也可能是管理层的纯粹自利行为，会侵犯公司和其他利益相关者的权益。作者利用2001～2004年我国上市公司年报及其附注披露的费用信息，研究了管理层权力、在职消费及其与产权效率之间的关系。研究表明，管理层权力大的企业，管理层的在职消费显著更大，但绩效并没有显著改善；在职消费与业绩负相关，不能起到激励作用；相对于国有控股上市公司，非国有控股上市公司的管理层权力更大，管理层的在职消费更高，但业绩却更差。研究表明，在我国，尤其当管理层权力巨大时，在职消费容易成为管理层获取控制权收益的一种寻租手段。陈冬华等（2010）认为，在职消费与货币薪酬有不同的适用条件，当市场化程度提高时，相比隐性的在职消费契约，货币薪酬契约成本可能减少得更多，因而在契约组合中会得到更多应用。作者的研究结果发现：市场化指数越高的年份和地区，货币薪酬和在职消费绝对量均更多，但货币薪酬契约更多地代替了在职消费契约；在相同年份和地区，被保护行业则会显著地抑制这一替代关系。王曾等（2014）研究了国有企业CEO政治晋升与在职消费的关系，研究发现：政治晋升可能性越高的CEO，其在职消费行为存在收敛现象；政治晋升对在职消费的影响路径有两个：直接抑制在职消费；激励更高的公司绩效，相应地会提升在职消费。综合来看，政治晋升对在职消费的抑制作用大于提升效应。②薪酬操纵。国有企业高管权力越大、私有收益越高，薪酬与操纵性业绩之间的敏感性就越大，随着权力增长，管理层会倾向利用盈余操纵获取绩效薪酬（权小锋等，2010）。③超额雇员。国有控股公司比非国有控股公司雇用了更多员工，国有控股公司的超额雇员主要源自上市之初的历史遗留冗员，超额雇员和高工资率共同导致国有控股公司承担了比非国有控股公司更高的劳动力成本（曾庆生和陈信元，2006）。高管有政治关联的国有控股公司中员工冗员程度较高，而在非国有控股公司中，高管有政治联系的公司员工冗员程度较低（刘慧龙等，2010）。④资源配置效率。整体上国有企业资本配置效率显著弱于非国有企业，市场化程度的提高，两者资本配置效率的差异逐渐缩小（方军雄，2007）。有政治联系的企业更容易获得长期贷款，但获得贷款后更容易进行过度投资（张敏等，2010）。

以上研究有助于理解企业高管的激励效果和代理成本。但是，这些研究并没有进一步分析高管类型不同可能导致的差异，如不同选任方式的高管其面临的压力完全不同，国有企业高管来自政治前景的压力相对更大，而民营企业高管来自企业业绩的压力相对更大，从而导致高管激励效果和代理成本可能存在较大差异。而且，这些研究虽然识别了决定薪酬契约和代理成本的部分重要因素，但并未着重考虑推动薪酬契约变迁和代理成本差异背后的市场力量。虽然近年来部分研究特别关注我国市场化进程对企业高管激励和代理成本的影响，但市场化进程通过何种方式影响企业高管激励机制和代理成本的机制方面的细节证据仍然非常欠缺，因此，本书试图在此方面进行尝试性研究。

自 20 世纪 90 年代初，中国政府致力于建立现代企业制度，此方面的目标体现为十六字方针，即“产权明晰、责权明确、政企分开、管理科学”，其中目标之一是要实施政企分开。但在对国有企业抓大放小、放权让利过程中政府仍牢牢掌握了企业高管的任命权。政府通过政治关联高管来加强对公司的控制（刘慧龙等，2010），国有企业高管比照公务员规则进行升迁、奖惩和调动（王红领，2006），国有企业高管事实上等同于特定行政级别的官员，而不是劳动力市场中的职业经理人。我国民营经济发展初期其管理能力主要来自从国有或集体企业的转移（李新春，2003），随着市场的扩张、经营规模扩大以及市场竞争加剧，民营企业对能力管理的需求与自我供给之间出现了较大缺口，一些规模较大的民营企业开始从劳动力市场引进高管。许静静和吕长江（2011）的数据表明，已上市家族企业中约有 25% 的企业高管来自非家族成员。民营企业规模越大，因管理需要而外聘总经理的需求就越大（王常柏，2007）。

由此，可以根据选任方式对企业高管进行分类：有无政治联系、内部提拔或外部引进。不同性质的企业其不同选任方式选择出来的企业高管，其代表的利益诉求也不完全相同。有政治联系的国有企业高管更可能迎合决定其职业生涯的官员（王红领，2006），企业会承担更多政治任务，导致代理成本较大，激励机制效果不佳（刘慧龙等，2010）。而民营企业选任有政治联系的高管，其目的更可能是为了获得更多政府补贴（余明桂等，2010），其激励效果更佳（刘慧龙等，2010）。在家族上市公司，由家族成员担任高管的家族企业其盈余质量更高（许静静和吕长江，2011）。这些研究说明了对企业高管选任方式进行分类的重要性。

另外，来自外部经理人市场的压力和声誉机制对企业高管具有约束作用（Jensen and Mekling，1976；Fama and Jensen，1983；Holmstrom，1982，1999），从而可改善高管代理问题及激励机制效果。相关研究发现，CEO 退休前的业绩对其退休后的外部董事职位有很大影响，声誉激励在 CEO 退休后还在发挥作用（Brickley et al.，1999）。所在企业业绩好的外部董事可得到更多的现金报酬，离职后得到新职位的可能性更大（Yermack，2004），袁春生等（2008）甚至发现，经理人市场对上市公司高管的压力可减少公司舞弊行为。这些研究都强调经理人市场是一个重要的治理机制。在我国，不同经济区域和不同性质的企业面临着不同的经理人市场，此宏观环境将对企业高管选任进而对高管代理成本和激励机制的效果产生不同影响，这为本书检验不同劳动力市场环境下高管选任方式的代理成本与激励效果提供了可能。

本书以激励理论和代理理论为基础，结合我国转轨经济背景下的经理人市场特征，从理论和实证两方面分析并检验民营企业聘用外部高管的行为，以及外部高管对企业资源配置效率、代理成本、激励机制效果进而对企业业绩的影响。在理论方面，考察企业聘用外部高管的决定因素及其经济后果，以及经理人市场这一市场力量在其中的作用，不仅有助于丰富代理成本和激励理论，而且还从劳动力市场这一微观角度分析市场力量影响企业业绩的机理，从而可为市场机制如何影响企业财务行为提供更为细致的经验证据。在实践方面，基于经理人市场角度推进我国经济市场化进程的思路，可为推进我国民营企业甚至国有企业二次创业或深化改革提供建议，这也是将亚当·斯密的“无形之手”与钱德勒的“有形之手”联系起来的尝试。

二、国内外研究现状及分析

本书主要研究经理人市场、高管选任方式对民营企业高管代理成本及激励机制效果的影响，因此，本书从以下几方面对现有文献进行简要回顾[①]：①市场制度对公司财务影响的研究；②经理人市场对公司财务影响的研究；③高管选任方式的研究；④高管代理成本与激励的研究。

（一）市场制度对公司财务影响的研究

市场经济中资源配置以市场价格为中介，生产要素配置和产品获取与交易都由市场提供和决定。市场化能为企业带来利润最大化的激励，并降低政府配置资源的高昂成本（高明华，2003）。樊纲等（2003，2004，2007，2010，2011）将市场化进程分为五个方面：政府与市场的关系、非国有经济的发展、产品市场的

① 在第二章中，本书专门从基础理论、相关理论模型、有关实证研究结果三方面详细回顾经理人市场治理的相关文献。

发育程度、要素市场的发育程度、市场中介发育和法律制度环境。他们编制的数据显示，我国东部地区市场化进程指标优于中部地区、中部地区优于西部地区。制度环境影响公司治理结构，市场机制是公司治理研究的基础（Williamson，2000；陈信元等，2004；夏立军和方铁强，2005）。自樊纲等（2003）提供市场化进程数据以来，我国出现了大量关于市场化进程如何影响公司财务的文献。

1. 政府干预

夏立军和方铁强（2005）的研究发现，上市公司所处地区的市场化进程越快、法治水平越高，其受到的政府干预程度就越低，中小股东利益较少受到侵害，并且，由于政府控制的公司受到的政府干预更多、法律约束更难对其发挥作用，从而在政府控制的公司中，治理环境（包括法治水平）对公司价值的影响更明显。Firth 等（2006）发现，国家直接控制的上市公司高管薪酬与业绩不存在相关关系，主要是因为国家股东的目标并不是利润最大化。政府直接控股的上市公司更易实行多元化经营，在政府干预经济越严重的地区，此现象越明显。政府干预下的公司多元化经营，由于更多是出于政治目标和社会职能的考虑，这降低了企业绩效（陈信元和黄俊，2007）。刘凤委等（2007）认为，政府对企业干预越多、会计业绩的度量评价作用越小、外部竞争程度越低，会计业绩与经营者的奖惩关联度就越弱。辛清泉等（2007）基于中国国有企业薪酬管制的制度背景研究了经理薪酬对投资过度和投资不足的影响，结果发现，当薪酬契约无法对经理的工作努力和经营才能作出补偿和激励时，地方政府控制的上市公司存在着因薪酬契约失效导致的投资过度现象。

2. 法治环境

法律体系对股东和债权人的保护是理解不同国家公司融资模式的关键所在，不同的法律渊源与执法效率对投资者保护形成的差异影响公司融资方式及金融市场规模（La Porta et al.，2000）。不同国家间法律构成及其执行存在的系统性差异（如法律历史渊源）可以解释金融发展的差异（Porta et al.，1997，1998）。Klapper 和 Love（2004）发现，投资者法律保护程度与企业层面的公司治理水平呈强正相关，而且治理水平好的公司其经营业绩（ROA）与托宾 Q 都比较高，因此，需要大量外部融资的增长型公司往往会采用较好的公司治理机制，以严格的事前治理机制来防止事后的利益侵占。一系列法律与金融学文献说明法律保护对维护小股东和债权人的利益至关重要，是外部投资者借以防止利益被内部人剥夺的重要机制。在我国，虽然法制建设取得了显著成绩，但投资者法律保护不力也是公认的事实（陈信元等，2009）。

吕长江和肖成民（2008）以在美国上市的 50 家中国公司为研究对象，并按同行业、同规模的标准选取在中国国内上市的 50 家中国公司为配对样本，研究发现，在美国上市的中国公司具有更有利于投资者保护的治理结构，其利益侵占程度更小，法律环境比公司治理更能解释利益侵占程度的差异。公司所处法治环境的改善有助于减轻政府控制尤其是县级和市级政府控制对公司价值的负面影响（夏立军和方轶强，2005）。王鹏（2008）考察法律保护的作用时发现：投资者法律保护水平与公司绩效呈正相关，法律保护能减弱控股股东控制权对公司绩效的负面影响、能降低控股股东对上市公司的资金占用，投资者保护水平与外部审计有相互替代性。良好的法制环境会增加企业价值，且在好的法制环境下，控股股东持股比例对企业价值的负面影响会降低（邓德军，2006）。投资者法律保护较好地区的上市公司财务舞弊可能性较小，且法律保护的改善能有效降低财务舞弊概率（吴永明和袁春生，2007）。来自投资者保护较弱地区的上市公司更愿意提供较高质量的财务会计信息，以补偿弱投资者保护带来的负面效应（陈胜蓝和魏明海，2006）。

3. 市场化进程

顾乃康和孙进军（2009）发现，上市公司的现金持有量与所在地区市场化进程、产品市场发育程度、信贷市场发育程度及规模显著正相关，他们认为，导致此结果的根本原因在于各地区市场化进程并没有改善投资者保护程度，从而使受到较弱约束的企业代理人倾向于持有更多易于被侵占的现金资产。地区市场化程度越高，企业长期债务比重就越低，这归因于政府对企业干预程度不同：当司法体系不能保证长期债务契约有效执行时，政府关系成为一种替代机制（孙铮等，2005）。夏立军和陈信元（2007）考察了市场化进程与政府持股的关系，研究发现，市场化进程越快地区的上市公司更可能由低级别地方政府控制，且政府持股比例更低，大规模公司和管制性行业公司更可能由高级别地方政府控制且政府持股比例更高，市场化进程减轻了地方政府控制公司的经济动机，地方政府具有控制大规模公司和管制性行业公司的政治动机。市场化进程有助于改善企业资本配置效率（方军雄，2006），市场环境会影响控股股东的“掏空”行为，政府干预市场越少、金融市场越发达地区的上市公司越不会发生控股股东“掏空”行为（罗党论和唐清泉，2007）。

上述研究从政府干预、法治环境甚至直接从市场化进程角度研究市场经济的制度环境对公司财务的影响，为我们理解市场经济良好运行的制度背景的重要性提供了详细的经验证据。但是，至今还缺乏我国企业高管在不同劳动力市场环境下如何影响公司财务的理论分析，也缺少相应的经验证据。

（二）经理人市场对公司财务影响的研究

经理人市场是职业企业家的雇用市场，有关经理人市场的研究文献关注 CEO

（首席执行官）、董事会成员等企业高管。此方面的经典文献，如 Fama 和 Jensen（1983）与 Jensen 和 Meckling（1976）持以下观点：来自劳动力市场的压力和声誉机制对高管具有约束力。业绩良好且稳定的公司其 CEO 及董事会成员在个人职业发展上有更好的机会，此类 CEO 未来更可能在规模大、声望高的公司任职，而业绩不佳公司的 CEO 及董事会成员则很可能被终止聘用合同且难以在其他企业谋得新职位。

早期经验文献，如 Coughlan 和 Schmidt（1985）与 Warner 等（1988）为公司业绩与经理人市场之间的关系提供了广泛观察。这些研究发现，公司业绩与 CEO 薪酬正相关，差强人意的公司业绩则提高了 CEO 被更替的可能性，公司治理与经理人市场密切相关。Agrawal 等（2006）为此方面的研究提供了附加证据，他们认为，外部人士只有在能力远高于内部管理者时才有可能被选为 CEO，外部人士在竞争 CEO 职位中处于不利的地位。已退休的 CEO 在两年内担任公司董事或其他公司外部董事职位的可能性与其 CEO 任职期间的公司业绩显著正相关（Brickley et al.，1999）。所在公司业绩好的外部董事得到更多的现金报酬，离职后得到新职位的可能性也更大（Yermack，2004）。Harford（2003）则研究了兼并收购中的董事更替现象，他发现，目标公司的董事更可能被迫离职，离职后较难找到新的董事职位。

这些研究都强调管理者声誉是一种重要的治理机制。在业绩差公司任职的董事会被认为没有很好地履行管理公司的职责，因此不太容易再被聘任为其他公司董事（Kaplan and Reishus，1990）。一些文献也专门探讨公司舞弊被发现后经理人市场对舞弊公司高管的惩罚。例如，Srinivasan（2005）的研究表明，有过财务重述经历的公司其外部董事被更换的可能性较高，并且发生财务重述后更难找到新的董事职位。Fich 和 Shivdasani（2007）发现，面临财务舞弊诉讼的公司其外部董事在其他公司的董事职位显著下降；当外部董事对财务舞弊负有更大责任或财务舞弊更严重时，外部董事在其他公司的董事职位数下降更多；与财务舞弊公司有相同董事的其他未舞弊公司的价值会下降；在治理良好的公司，与财务舞弊有牵连的董事更可能离职，其离职增加了这些公司的价值。Desai 等（2006）研究发现，60%的舞弊公司在 24 个月内至少有 1 名高管离职，而对比未舞弊公司此比例只有 35%；舞弊公司离职经理就业前景更黯淡。这些证据表明，经理人市场惩罚了舞弊公司高管。

上述研究为经理人市场的作用机理提供了较充分的理论分析与经验证据，不过此类研究大多以发达国家为分析对象。我国经理人市场存在着与发达国家显著差异的二元化特征。其一，地区间经理人市场供给差异显著。与沿海地区相比，内陆地区经济发展滞后，二者之间的差距越来越明显（王飞等，2006），沿海地区经济市场化程度较高，造成沿海地区劳动力市场中经理人供给较充分。其二，经理人在国有与民营企业之间流动不对称。国有企业高管选任的途径仍然是行政任命（王红领，2006），而民营企业规模扩大后更愿意采用市场化方式选择高管。国有企业高管向民营企业流动相对于民营企业高管向国有企业流动的障碍更少。

基于我国不同地区经理人市场发育程度和不同性质企业之间高管流动存在的差异，本书关注经理人市场竞争对民营企业高管选任方式的影响，进而对高管代理成本和激励机制产生的影响。在此方面，笔者曾尝试分析市场声誉机制、经理人市场竞争机制对公司财务舞弊的影响（袁春生和祝建军，2007；韩洪灵和袁春生，2007；袁春生等，2008）。这三份研究注意到，在不同经理人市场竞争的情况下，经理人行为存在异质性，经理人市场竞争为经理人提供的激励强度也不同。这三份研究前期已经在理论基础、研究方法、数据获取等方面为本书的研究奠定了良好的基础。

（三）高管选任方式的研究

1. 高管的政治联系

对于企业而言，政府既可能充当帮助之手，也可能充当掠夺之手（Frye and Shleifer，1997）。不同企业其高管政治联系的目的不尽相同。在国有企业，政府可通过有政治联系的高管对企业进行干预（Fan et al.，2007；Boubakri et al.，2008）。高管是否具有政治关联，是一个很好的反映政府干预的代理变量（Fan et al.，2007），甚至在国有企业私有化过程中，为维持对企业的控制，政府也会在企业关键职位上安排政府官员（Boubakri et al.，2008）。而民营企业与政府建立政治联系的目的，在于通过政治联系从政府获取更多资源（Faccioet et al.，2006；余明桂等，2010）。与国有企业相比，民营企业甚至把政治联系放在更重要的位置，在此方面投入更多资源（Xin and Pearce，1996）。在产权保护程度越低、政府干预程度越高、金融发展水平越落后的地区，其民营上市公司越有动机与政府形成政治关系（罗党论和唐清泉，2009）。由此，高管政治联系可能会使国有企业陷入强政府干预，致使其绩效较低，而民营企业通过高管政治联系提升企业绩效。

2. 高管来自企业内部还是外部

企业在选择高管问题上存在外部招聘还是内部提拔的权衡。在经理人市场中，只有外部候选人的能力高于内部候选人时，企业才会考虑招聘外部候选人为CEO，否则只会采用内部提拔方式选择CEO（Chan，1996；Agrawal et al.，2006）。外部人士在竞争CEO职位过程中处于不利地位（Agrawal et al.，2006）。Chan（1996）将此现象解释为，此选任方法能为内部人努力工作、赢得竞争提供足够激励。因此他推测，如果某管理者来自外部招聘，则其管理才能高于内部管理人员（Milbourn，2003）。Naveen（2006）的研究显示，企业将内部候选人提拔到 CEO 职位的倾向与公司规模、多元化经营、行业结构等相关。另外，Booth 和 Deli（1996）研究的结果表明，相对于其他公司而言，高成长性公司的 CEO 担任其他公司的董事职位较少。当代理成本较低时，CEO 接受外部董事职位，公司股东可以因此受益，而当代理成本较高时，CEO 接受外部董事职位的市场反应为负（Perry and Peyer，2005）。

中国经济转型过程中，政府与市场主导时高管的政治资本和人力资本特点不同（李茜和张建君，2010），因此很有必要从高管性质角度进行分类研究（许静静和吕长江，2011）。我国关于高管选任方式的研究主要关注高管的政治联系，对企业高管是来自内部提拔还是外部招聘的相关研究相对缺乏。另外，此类研究并没有关注经理人市场对高管选任方式及其经济后果的影响。经理人市场会影响企业高管的供给数量与质量、影响公司是从内部提拔还是外部聘任高管，进而对企业业绩等产生影响。因此，本书关注民营上市公司高管来自内部提拔还是外部招聘的影响因素以及经理人市场对此选择的影响。

（四）高管代理成本与激励的研究

所有权与控制权的分离导致公司高管掌握公司控制权，这被 Berle 和 Means（1932）称为经理革命。两权分离是企业适应专业化分工和规模化经营而进行的组织变革，但同时也带来了代理成本问题。Jensen 和 Meckling（1976）将代理成本定义为是委托人的监督支出、代理人的保证支出和剩余损失的总和。经理人可能利用公司的资产为自己谋利，享受超出股东预期的在职消费（Yermack，2006），花费企业资源投资于自利性项目，更愿意构建“企业帝国”（Jensen and Meckling，1976；Jensen，1986；Stulz，1990；Harris and Raviv，1998）。高管经常存在消极的渎职或偷懒行为，还可能会通过操纵信息蒙蔽投资者（姜付秀等，2009）。

诸多手段可用于降低高管代理成本，这大致可以分为两类：一是外部治理机制，如独立审计（DeFond，1992）、信息披露（Bushman and Smith，2003）、产品市场竞争（Nickell，1996；Baggs and De Bettignies，2007）等。二是内部治理机制，如董事会（McKnight and Weir，2009）、审计委员会（Bradbury，1990；Collier and Gregory，1999）、负债（Harris and Raviv，1990；Stulz，1988）、股利政策（Borokhovich et al.，2005）等。其中报酬激励被认为是一种有效的将管理层与股东利益紧密联系在一起的机制（Murphy，1986；Jensen and Murphy，1990）。不过，报酬激励本身即为代理成本，只有收益超过成本时，实施报酬激励才符合股东利益。由此，一些文献对报酬激励与公司业绩的敏感性进行分析（Jensen and Murphy，1990；Firth et al.，2006）。

上述研究为公司高管代理成本和激励机制提供了研究基础，我国此方面的研究忽视了显而易见的外部经理人市场竞争因素，激励机制只有在充分竞争时才能发挥较好的作用。市场竞争迫使经理人努力工作（刘芍佳等，2003），能够降低高管偷懒的可能（Hart，1983）。经理人市场的发育程度将影响高管的供给和选任机制、影响高管的努力程度，进而影响公司高管代理成本与激励效果，因此有必要系统地考察经理人市场通过高管选任方式对代理成本和激励机制的效果产生的影响。

三、研究目标与主要内容

（一）研究目标

本书主要以代理理论、激励理论为基础，结合我国经理人市场分割和地区差异的特点，从理论和实证两方面分析和检验民营上市公司对外部经理人管理才能的需求及由此引发的企业资源配置效率、代理成本和激励效果，并考察经理人市场对这些问题的影响。本书试图据此在亚当·斯密的“无形之手”与钱德勒的“有形之手”之间建立一种联系，探索市场力量特别是经理人市场通过经理人影响企业绩效的机理。

具体来说，本书的研究目标包括五个方面：

第一，分析什么情况下民营上市公司更愿意从经理人市场招聘企业高管而不是以内部提拔方式选择企业高管，以及发育良好的经理人市场能否提高民营上市公司外聘高管的规模。

第二，分析民营上市公司外聘高管能否凭借其管理才能提升企业资源配置效率，以及经理人市场发育能否促使外聘高管改善民营上市公司资源配置效率。

第三，分析外部高管的引入是否会导致较高的代理成本和审计需求，以及经理人市场能否降低外部高管导致的较高代理成本、提高企业的审计需求。

第四，分析外部高管的报酬业绩敏感度是否更强、报酬粘性是否更弱，以及发育良好的经理人市场在确定高管报酬业绩关系中起到的作用。

第五，分析外聘高管的引入能否提升企业经营业绩和股市业绩？发育良好的经理人市场能否促使外聘高管提升企业业绩。

（二）主要内容

本书主要内容安排如下：

第一章，介绍本书的研究意义，并在简要描述相关文献的基础上确立本书的研究目标与内容，介绍研究方案、研究方法与可能的创新之处。

第二章，专门从经理人市场治理角度，对相关的基础理论、理论模型和实证研究文献进行回顾。

第三章，从经营风险角度探讨民营上市公司聘用外部高管的意愿。同时还从管理才能供给角度，探讨企业内部劳动力市场和外部经理人市场对民营上市公司聘用外部高管规模的影响。

第四章，以管理才能企业专用性和管理才能行业专用性为出发点，探讨管理才能专用性对民营上市公司外部高管聘用规模的影响，以及经理人市场发育状况对民营上市公司外聘高管规模及其与管理才能专用性关系的影响。

第五章，关注外聘高管能否凭借其管理才能提升企业资源配置效率。首先考察外部董事对企业资本配置效率的影响，然后进一步考察外部董事是否能够拓展企业投资机会并扩大投资规模，并进一步分析经理人市场对外部董事与资源配置效率、投资机会、投资规模之间关系的影响。

第六章，从超额雇员、员工报酬以及不同劳动力供给状况下外部高管对员工雇用政策的影响三方面考察外部高管能否改善公司员工雇用政策，从而对外部高管能否改善员工配置效率进行检验。

第七章，围绕代理成本问题，考察企业聘任较多的外部董事是否会引致较高的代理成本和高质量的审计需求，以及经理人市场发育对外部董事规模与代理成本、审计需求关系的影响。

第八章，围绕高管激励问题，考察了外部董事的引入是否会改善高管薪酬激励机制，以及经理人市场发育对外部董事与高管薪酬业绩敏感度和薪酬粘性关系的影响。

第九章，围绕外聘高管能否提升企业业绩和股东利益的问题，同时从股市业绩和经营业绩两方面，考察外部高管与公司业绩的关系，据此检验民营上市公司引入外部高管的实际效果，并据此推测民营上市公司引入外部高管的真实目的。同时关注经理人市场发育在外聘高管与公司业绩关系塑造中所扮演的角色。

第十章，总结全书研究结论，分析研究存在的局限性，并展望未来可能存在的研究机会。

四、研究方案、方法与创新

（一）研究方案

本书主要目标在于分析民营上市公司基于管理能力需求等目的而外聘的高管对企业业绩的影响路径。民营企业发展到一定规模时出现管理能力缺口，因此有外聘高管提升企业管理水平的需求。而外聘高管要求更高的报酬激励，可能存在更高的代理成本，不过劳动力市场竞争所引发的替换机制和声誉机制会缓和其代理成本，同时更高强度的激励机制也可以促使外聘高管提升企业资源配置效率，资源配置效率的提升可覆盖所增加的激励成本和代理成本，因此理论上说外部高管应该可以提升企业业绩。

基于以上逻辑，本书主要以代理理论、激励理论为基础，结合我国经理人市场分割和地区差异的特点，采用理论分析和实证检验相结合的方法，首先，分析什么情况下民营企业会从市场选聘企业高管而不是从内部提拔？其次，分析外聘高管能否帮助企业提升资源配置效率（包括物质资源配置效率和人力资源配置效率），是否会导致较高的代理成本？再次，分析外聘高管的薪酬契约是否更具激励性，即外聘高管的报酬业绩敏感度是否更强、报酬粘性是否更弱？最后，分析外聘高管能否提升企业经营业绩和股市业绩。在分析过程中本书始终关注经理人市场这一外部市场力量对上述问题的影响。

本书按研究内容为主线设计的技术路线如图 1 – 1 所示。

由于国有企业不只是以利润为目标，还包括地区经济增长、稳定就业和社会稳定，同时国有企业的高管任命和解雇权力仍然由政府掌握，较少采用市场化方式选择企业高管。相对而言，民营企业更多以利润最大化为目标，更有提升企业管理水平的需求，经营管理的市场化程度也高于国有企业，因此本书主要选择民营上市公司为实证研究样本。

在研究过程中，参考有关高管特征、市场化进程、代理成本与激励机制等方面的文献，结合我国的现实制度背景谨慎设定模型与定义变量。为保证研究结论的可靠性，在实证研究中，本书还进行了多角度的稳健性检验，如采用多种方法对外聘高管进行分类，多指标测度经理人市场发育程度、代理成本、资源配置效率与企业业绩等变量；采用经理人市场发育程度等分组样本进行对比分析。

图1-1 研究技术路线图

（二）研究方法

本书主要采用文献研究、规范分析、实证研究等方法对主要内容进行研究。

1. 文献研究法

文献研究法可为本书选题方向的确定、理论框架的建立等提供依据，也可为本书研究设计、研究样本和研究方法的选择等奠定基础。此方法在每个子研究内容中都使用。特别地，本书第二章专门从基础理论、理论模型、实证研究三方面详细回顾经理人市场的相关研究成果。

2. 规范分析法

规范分析方面，本书主要利用代理理论、激励理论和有关市场竞争理论对拟研究的问题进行理论推演，以建立用于实证检验的假设。此方法在每个子研究内容中都使用。

3. 实证研究法

根据研究设计，本书利用我国民营上市公司数据，对依据规范分析所建立的假设进行实证检验。此方法在每个子研究内容中都使用。

（三）创新之处

1. 探索经理人市场、外聘高管与企业业绩之间的内在联系机制

在选题视角上，本书聚焦民营企业外聘高管行为，依照管理能力需求—经理人市场—外聘高管—企业资源配置效率—代理成本与激励强度—企业业绩这一线索，系统地分析和检验在不同经理人市场情况下民营企业外聘高管行为及对企业业绩的影响机制与效果。本书尝试通过经理人市场—企业高管—企业业绩这一链条将亚当·斯密的“无形之手”与钱德勒的“有形之手”联系起来。

2. 研究内容的系统深化

在研究内容上，本书力图从管理能力、代理成本与激励机制三方面阐述经理人市场和外聘高管对企业业绩的影响。本书主要包括系统、平行与递进式相结合的五大核心模块：第一模块，研究民营上市公司何种情形下更愿意从外部经理人市场聘用高管，以及发育良好的经理人市场能否提高民营上市公司外聘高管的规模，此模块包括第三章与第四章内容。第二模块，研究外聘高管能否凭借其管理才能提升企业物资资源与人力资源的配置效率，以及经理人市场能否促使外聘高管提升企业资源配置效率，此模块包括第五章与第六章内容。第三模块，研究外聘高管规模较大的企业是否有较高的代理成本和审计需求，以及经理人市场能否降低外聘高管导致的较高代理成本、提高企业的审计需求，此模块对应于第七章。第四模块，研究外聘高管规模与董事及经理层薪酬业绩敏感度、薪酬粘性的关系，以及发育良好的经理人市场在确定董事及经理层薪酬业绩关系中起到的作用，此模块对应于第八章。第五模块，研究民营上市公司外聘高管规模与企业经营业绩和股市业绩的关系，以及经理人市场发育对此关系的影响，此模块对应于

第九章。

第一模块为探讨民营上市公司外聘高管的动因。第二模块、第三模块、第四模块研究经理人市场与外聘高管影响企业业绩的机理，为平行模块，是第一模块的递进模块。第五模块具体研究经理人市场、外聘高管与企业业绩的关系，与第二模块、第三模块、第四模块形成递进关系。

3. 深化对激励机制及其效果的理解

现有激励机制文献的研究结论不一致甚至相互矛盾，其原因之一可能在于忽视了影响激励机制效果的制度或市场因素。本书基于我国经理人市场分割和地区差异显著的特点，研究经理人市场对外聘高管报酬激励强度及激励效果的影响，从而为改善我国企业高管报酬激励机制的效果提供解决方案，并为目前有关激励机制文献的研究结论不一提供新的解释。

4. 拓展和深化代理理论

股东与高管间的代理问题，通常的解决方案是为高管提供激励并加强审计等监督，而制约激励机制效果且对企业高管行为产生直接约束作用的市场竞争机制特别是经理人市场竞争却被忽视。本书关注经理人市场对高管代理成本的影响，从而为减轻企业代理问题提供一个与现有文献不同的解决方案。

第二章　经理人市场治理的文献回顾

自 Berle 和 Means（1932）首次分析了美国资本市场上分散持股的股东与经营者之间的代理关系以来，关于如何完善公司治理以减少经理人代理成本的研究就得到蓬勃发展，其中一个分支是经理人市场治理效应的相关研究。经理人市场的公司治理角色在学术界已备受关注（Fee and Hadlock，2003），此方面的公司财务研究文献主要关注经理人市场竞争对公司首席执行官（CEO）、董事会成员和高级管理层等行为的影响进而对公司财务业绩的影响，其原创性思想来自Fama（1980）、Fama 和 Jensen（1983）与 Holmstrom（1982）等，并可追溯至 Jensen 和 Meckling（1976）。他们持有以下观点：来自劳动力市场的压力和对职业声誉的关注对公司管理层和董事会成员都具有约束作用，经理人市场甚至可以充当隐性激励机制以代替显性激励机制。

许多经验研究文献也支持经理人市场是一种有效公司治理机制的观点：业绩良好且稳定的公司其首席执行官或董事会成员在个人职业发展上有更佳的机会，如此类 CEO 未来很可能在一规模更大、声望更高的公司获取职位（Brickley et al.，1999；Yermack，2004）。相反，业绩不佳的公司高管无论是 CEO 还是董事会成员则很可能会被终止聘用合同，并且难以谋取新职位（Kaplan and Reishus，1990；Harford，2003）。经理人市场的有关研究无论是在理论上还是经验上都在不断推陈出新，许多学者不断分析并检验职业关注在管理者决策与激励契约中所起的作用。对未来劳动力市场中机会的关注将影响公司投资、盈余操纵、风险承担、资本结构、公司控制及管理者战略等诸多方面（Fee and Hadlock，2003）。基于经理人市场在公司治理中的重要作用，本书从基础理论、理论模型与实证研究三方面对经理人激励、经理人能力的学习、管理才能市场匹配等方面进行简要的介绍与评述。

一、经理人市场治理的基础理论

（一）管理才能理论

人力资本是企业不可或缺的重要资本，尤其是管理者的人力资本。管理者能力对股东价值有重要的影响（Hayes and Schaefer，1999）。企业是各种人力资本与其他非人力资本之间缔结的市场合约（周其仁，1996），包括企业经理人及企业家在内的管理者其管理才能及企业激励机制就成为企业契约的重要内容。相对于工人的劳动而言，企业高管的管理知识与经验特别是企业家的经营决策对企业的经营业绩有着举足轻重的作用，这主要源于企业高管面对的是高度不确定性的市场。

管理者才能是一种稀缺资源（Conyon and Read，2006），这是经理人市场的基本特征。即使在古代，真正稀缺的是企业家人力资本而不是财务资本（周其仁，1996）。Murphy（1985）认为，尽管随着企业管理理论和实践的成熟及模式化，与企业日常运营相关的专用性管理才能日渐减少，但市场经济的发展又使企业高层的管理工作面临着更大的不确定性，高管管理才能的重要性日趋上升。因此，具有高超管理能力、能够胜任经营大型及业务复杂公司的 CEO 其需求相对无弹性（Himmelberg and Hubbard，2000），经理人市场是一个管理者才能有限供给的竞争性市场（Baranchuk et al.，2011）。

决定管理者才能稀缺的一个方面是企业管理工作的特殊性，或者说管理才能具有相对较高的资产专用性特性。Williamson（2002）将资产专用性分为五类：地理区位的专用性、人力资产的专用性、物理资产的专用性、完全为特定契约服务的资产以及名牌商标资产的专用性。人力资本的形成与工作场所相联系的特有知识与经验密切相关（Becker，1964），因此人力资本具有天然的资产专用性特点，这对于管理工作而言更是如此，具备高度资产专用性的管理才能的供给与需求形成了经理人这一特殊的劳动力市场。美国公司治理中曾出现三个显著特点，即高管薪酬水平的增长、从外部聘用而不是内部提拔 CEO 的盛行以及从外部聘用曾担任过 CEO 的高管为公司 CEO 的流行，对此，Murphy 和 Zábojník（2007）认为，这三方面的趋势反映了管理者通用管理才能与专用管理才能对公司经营重要性的变化，经理人的通用管理才能重要性趋于增加。

（二）学习理论

学习理论认为，关于管理者能力的信息在股东与管理者之间存在严重的不对称。管理者的能力强弱由很多因素所决定，如知识、技能、经历、社会关系等，但这些构成因素都因难以直接观察而难以度量。由于管理者才能的信息不对称，经理人市场容易出现逆向选择问题（Green and Stokey，1983）。不过，在 Harris 和 Holmstrom（1982）、Farber 和 Gibbons（1996）等看来，虽然雇主很难得知管理者的真实才能，但却可以通过长时间的观察而获知其管理才能，这就是劳动力市场理论中的委托人学习理论。基于学习理论，Alberto 和 Pedro（2006）认为，企业对不同管理者的熟识程度存在差异：对早已在企业工作的管理者其管理才能的了解程度远高于外部应聘的管理者，这导致拥有更多雇员能力信息的企业更愿意从内部提拔管理者而不是从外部招聘管理者。

（三）激励理论

管理者人力资本的利用效果与其载体不可分离，易受到管理者心理状态的影响，人力资本特别是管理者才能只能激励而不能剥夺（周其仁，1996）。另外，管理者的工作不像普通工人那样容易被监督（Jengsen and Meckling，1976），所以更需要采用激励机制以使管理层的利益与股东一致，这就是劳动力市场理论中的激励假设。激励假设所表达的主要观点是，股东的回报部分依赖公司高层管理者的努力程度（Murphy，1986）。当企业没有提供给管理层足够的激励时，管理层的道德风险问题比较容易发生。

不同理论强调的内容存在差异，从而有不同的经济含义，并对现实有着不同的解释能力。Alberto 和 Pedro（2006）在研究西班牙工厂中管理人员内部提拔还是外部招聘的决策时，对上述理论的差异进行了总结，如表 2－1 所示。资产专用性理论强调管理者才能是专用性投资，并认为管理者的能力与努力是可观察的。而学习理论虽然也认同管理者才能的重要性，但更强调管理者才能的不可知性，激励理论则主要强调管理者的工作努力程度不易监督这一基本特征。

表 2－1　三种理论的差异比较

理论	基本假设	利用内部提拔的原因	可观察的含义
资产专用性理论	专用性投资：是 能力：可观察 努力：可观察	专用性投资	内部提拔的比例与下列呈正相关：相同工厂的距离；技术变化；长期关系
学习理论	专用性投资：不是 能力：不可观察 努力：可观察	更充足的信息	内部提拔的比例与下列呈正相关：对能力的入职测试；员工表现的评估系统
激励理论	专用性投资：不是 能力：可观察 努力：不可观察	较低的员工激励	内部提拔的比例与下列呈负相关：监督程度；团队工作；其他激励方式

资料来源：Alberto Bayo－Moriones and Pedro Ortín－Ángel. Internal Promotion Versus External Recruitment in Industrial Plants in Spain［J］. Industrial and Labor Relations Review，2016，59（3）.

（四）管理层权力理论

研究高管薪酬与激励的主流理论是最优合同理论。在此理论下，公众公司高管薪酬被看作最小化存在于高管与股东之间代理成本的制度设计，董事会利用薪酬计划以实现股东价值最大化的目的。但现实经济中高管薪酬和业绩的关系与最优合同理论并不相符。因此，Bebchuk 等（2002）发展出管理层权力理论用于解释高管薪酬现象。他们认为，由于董事会易受管理层的影响或控制，且董事会对薪酬合同实施情况的监督无效率，导致董事会通过的高管报酬计划经常偏离最优合同理论的设计，此偏离产生的结果是，高管获得的报酬远远超过股东利益最大化的最优报酬水平，此差额即为高管获得的租金。更重要的是，为了隐藏及方便攫取租金，管理层会动用其权力去使用无效率的报酬结构，从而弱化或扭曲激励机制的效果，并进一步减少股东价值。

Bebchuk 等（2002）分析了达成最优报酬契约的三个重要机制：①董事会在控制范围内选择报酬契约安排以最大化股东价值；②经理人受到来自市场的足够约束而选择能最大化股东价值的报酬契约；③股东利用公司法赋予的权力阻止不利于股东利益最大化的经理人报酬安排，但是现实中这三个机制都不足以保证符合股东利益最大化的报酬契约得到实施。因此，Bebchuk 等（2002）从管理者权力视角去探究公司高管的报酬特征。此视角主要聚焦于高管影响自身报酬计划的能力，对报酬计划中管理者权力因素的考察也许可以为实务中管理者报酬偏离最优合同理论的预测提供不同于合同理论的解释。不过，他们也承认，虽然管理者权力视角完全不同于最优合同理论视角，但前者并不能完全替代后者，管理者报酬计划的形成可以看作是管理者权力与最优合同综合作用的结果。

管理者权力观点认为，公司高管对自身报酬有实质性的影响，高管的权力越大，他们影响自身报酬及攫取租金的能力就越强。当然，管理者权力对其报酬的操纵能力也会受到“愤怒”成本①、董事会以及市场力量等机制的约束，尽管这些约束机制并没有最优合同理论预测的那么强。“愤怒”成本高昂，如将使管理者地位尴尬、声誉受损，甚至在控制权竞争中得不到股东的支持。预计薪酬计划将产生的“愤怒”越大，董事会越不愿意支持此薪酬计划，管理层也不愿意提出此类报酬方案。因此，有利于管理层但对股东却是次优的管理层薪酬计划是否会被采用依赖外部人士的观点特别是此计划将会产生的“愤怒”成本的大小。

---

① 如果高管的薪酬安排远远超出了最佳合同的合理安排，并被外界察觉，外界利益相关人士可能会变得“愤怒”。如果这种“愤怒”足够广泛和激烈，它将限制高管薪酬增加的幅度。首先，“愤怒”会影响首席执行官获得董事会批准薪酬计划的能力；其次，“愤怒”也会让董事承担各种各样的社会与声誉成本。最后，“愤怒”还会影响能够限制高管薪酬的市场力量。

不过“愤怒”也会促使管理层隐藏行为，他们有激励去隐藏攫取的租金甚至将租金合法化。薪酬顾问的广泛应用，可以看作是最优合同视角下优化激励方式的一种努力，也可以看作是管理者权力视角下将薪酬正当化、合法化的方式。

Bebchuk 等（2002）认为，管理者权力可以较好地解释最优合同理论无法解释的现象：一是高管的期权横财现象，即由于利率下降等非管理层努力因素而导致公司股票价格上升时，管理层可以凭借股票期权获利。二是管理层平价股票期权激励计划的普遍使用。三是股票期权执行价格的单边调整。当公司股票价格低于期权执行价格时，公司通常会降低期权执行价格；但当股市处于上升期时，公司很少会调高期权执行价格。四是高管有随意解释激励计划的自由。虽然认为基于股权的薪酬是增强激励效果和增加高管持股数量的有效方式，但公司很少会采取措施防止受限股票的解禁，在决定解禁数量及时机选择方面管理层有较大自由。五是再次配置期权。大量公司会对已经执行期权并出售股票的高管依重要程度赋予新的股票期权计划。六是无端支付给被并购公司 CEO 合同之外的款项。管理层权力的大小依赖于有效接管障碍的存在、董事会结构、是否有大股东以及机构投资者的持股比例。给定其他条件相同，管理者权力理论预计，管理者权力越大，管理者能攫取的租金就越多。一般地，当管理者受到反接管条款保护、董事会较弱或无效率、管理层拥有的股权比例较大、没有机构投资者、没有外部大股东时，管理层拥有较多权力。对管理层权力因素的经验研究结果发现，这些因素影响管理层薪酬计划的方式与管理者权力理论预测相一致。

二、经理人市场治理的理论模型

经理人管理才能与工作努力程度是影响企业业绩的两个主要经理人因素，因此经理人市场的相关数理模型主要围绕影响企业绩效或竞争能力的经理人能力与经理人努力程度这两个经理人特性而展开。

（一）关于管理者能力的学习模型

1. 委托人学习模型

（1）Murphy（1986）的雇主学习模型。由于管理者才能的信息不对称，雇主需要通过一段时间对企业经营状况的观察来逐渐了解所聘用的管理者经营管理才能的高低，此类模型可称为雇主学习模型。Murphy（1986）较早地建立了学习模型。在其学习模型中，高管的激励与努力假定为不重要，其生产率主要依赖管理者的能力，而且高管的管理才能具备不可知特性，但是可以通过一段时间的经营业绩而揭示出来。具体而言，高管将他们不可知的管理才能与互补的资本相结合而形成产出，企业过去的业绩被用于评估管理者的能力和企业当期的业绩。通过观察数期的业绩，董事会对管理者的才能形成较精确的估计。由董事会面临的任务是将管理者与资本适当配置以最大化公司价值，定义 $K(\hat{Z}_t)$ 与 $Y(\hat{Z}_t)$ 为管理者期望能力为 $\hat{Z}_t$ 时最优的资本配置及期望净产出。公司目标可由下式表示：

$$Y(\hat{Z}_t) \equiv \underset{k_t}{Max}\{E_t[Q_t] - rk_t\} = \underset{k_t}{Max}\{f(k_t)\hat{Z}_t - rk_t\} \tag{2-1}$$

式中，管理者 t 时期的产出 $Q_t = f(k_t)\ q_t$，k_t 为配置给管理者的资本；q_t 为 t 时期管理者的决策质量，决策质量依赖管理者的能力 z 及随机因素 u，$q_t = z + u_t$，u 服从均值为 0、方差为 σ_u^2 的标准正态分布。同时，Murphy（1986）定义了雇主的学习过程。股东可以事后观察管理层的决策质量，但管理者的实际能力却不可观察。不过可以假定管理者能力的平均分布及方差为已知，但某管理者个体的管理才能不可知，必须通过观察业绩这一学习过程而得知。

Murphy（1986）继而假定，管理者与公司签订基于边际产出的报酬合约，即报酬与边际产出相等。事前，风险中性的管理者得到与平均能力对应产出相应的报酬。当业绩显著某管理层的能力被低估时，将配置给他更多资本，其报酬也相应增加。而当管理层业绩显示其能力被高估时，给其配置的资本将减少，报酬相应降低。边际产出的学习模型得出的主要结论是：随着工作经历的增加，管理者管理才能的信息不断被更新，企业资本配置也更有效率，平均能力的管理者其报酬以递减的增长率增长；随着时间的推移，对管理者管理才能的估计趋于准确，有关管理者能力增量信息的价值逐渐降低；平均报酬水平、工作经历与报酬关系的斜率随着管理者能力方差的增加而增加，这反映出企业资本配置效率的提高；管理者起初获得同样的初始报酬，但由于随着时间的推移，管理者期望能力的分布逐渐接近管理者总体的能力分布，因此报酬的横截面方差增加随着工作经历的增加而增加；但是，对于单个给定的管理者而言，随着对其能力的估计趋于准确，其报酬的方差趋于减少。

（2）Milbourn（2003）的资本市场学习模型。与 Murphy（1986）的雇主学习模型类似，Milbourn（2003）从资本市场对 CEO 能力的学习角度，主要关注股东依据公司股价与 CEO 签订报酬合同的情形下 CEO 报酬业绩敏感度问题。在 Milbourn（2003）的模型中，基于股价报酬合同的激励效果直接依赖对 CEO 贡献的知晓程度，而这主要受 CEO 可察觉能力（即 CEO 声誉）的影响，但 CEO 真实能力不可观察。当观察到新信息时，资本市场根据贝叶斯法则不断更新关于 CEO 能力的信念。在单期博弈开始，公司有一 CEO 在任，无人知晓其能力。股东提供报酬合同给 CEO，报酬与公司股价线性相关。CEO 决定是否接受报酬合同，如果接受此合同，接着要选择努力程度。股票市场参与者观察到 CEO 选择努力程度的信号，并根据此信号最终决定了公司股票价格。股东观察表征 CEO 真实能力的信号并对其真实能力进行评估，如 CEO 真实能力的评估值低于分界点，则解雇现有 CEO 并重新选择 CEO。Milbourn（2003）认为股票价格可以反映现任 CEO 被解雇的概率，因为股价代表公司未来现金流的价值，而现金流的大小则依赖现任 CEO 的能力，能力低的 CEO 被解雇的可能性较大。Milbourn（2003）的模型最终发现，基于股价的报酬业绩敏感度与作为能力信号的 CEO 声誉严格正相关，利用 1993～1998 年 CEO 报酬的数据也证实了二者之间的关系，CEO 声誉是基于股价的 CEO 报酬业绩敏感度的重要影响因素之一。

2. 双边学习模型

与委托人学习模型不同，由于管理才能存在资产专业性、较难度量等特性，不仅委托人需要通过观察来推断管理者的能力，甚至管理者本人也需通过观察企业产出才能推断出自身能力。为此，Harris 和 Holmstrom（1982）等将管理者对自身管理能力的学习过程也纳入学习模型中，发展出双边学习模型。

（1）Harris 和 Holmstrom（1982）动态保险模型。许多经验研究表明，除了人力资本提升而使生产率提高这一因素外，还有许多因素导致工作经历与收入正相关。例如，Medoff 和 Abraham（1980）发现，即使业绩并不高于在同类岗位工作但缺乏经验的员工，经验丰富的管理人员其平均收入仍然较高。因此 Harris 和 Holmstrom（1982）认为，在不否定生产率提升对于解释工作经历与收入正相关关系的重要性这一前提下，还应该发展非生产率模型用于解释二者之间的关系。另外，在许多工资合约模型中（如 Murphy，1986），代理人被假定为风险中性，但现实中代理人往往呈现出风险厌恶特征，风险厌恶的代理人有动机购买保险以回避非预期产出给薪酬带来的冲击，即代理人存在平滑每期消费的倾向。为此，Harris 和 Holmstrom（1982）构建了一个多期动态工资模型。在模型中，员工（包括管理者）被设定为风险厌恶者，而股东则是风险中性者。员工与企业对员工能力的了解都不完全，需要通过观察员工的产出逐渐了解员工的能力。由于产出与能力并非完全相关，对员工能力的学习过程会导致对员工的感知能力产生波动，因此需要提供长期的隐性合约来保护风险厌恶的员工免受感知能力波动而产生的工资变动风险。另外，模型假定员工可以选择离职而接受另一更高工资的工作机会，那么当劳动力市场的工资水平高于企业当前工资水平时，员工辞职的威胁将迫使企业提高工资待遇。员工工资提高可以看作是合同的重新谈判，因此工资合同可以简单地看作是最低收入保证合同，保证收入等于谈判时员工在劳动力市场的价格。

Harris 和 Holmstrom（1982）模型得出的主要结论是：①风险厌恶的员工支

付保险费以获得最低保证收入，此保险在整个合同期内有效，员工的市场工资等于平均生产率减去其支付的保险费。保险费随着对员工能力评估精确度的增加而减少，也即员工保证收入随着对员工能力的估计趋于准确而增加。②由于对员工能力的估计准确度随员工工作经历的增长而单调增加，因此，最低保证收入也将随员工工作经历的增长而增加。③由于存在外部劳动力市场，管理者可以保留即有保险收入合同，也可以接受一个新的保险收入合同，那么管理者第 t 期的收入将等于此前各期收入中的最高值，即整个合同期内管理者工作经历与收入之间呈非减函数关系。④不同员工之间收入的横截面方差随工作经历及学校教育程度的增加而增加。⑤当接受更高的收入保险合同时，员工总会支付保险费以为未来收入提供保险，因此可以推断，得到较好工作要约的管理者其实际报酬总是低于他们的边际产出。⑥平均而言，年龄大的员工其收入较高，因为年纪大的员工已经有许多市场机会以抬升其工资。而且由于对其能力评估更准确和离退休的时间更短，所以他们只需为其收入保险合同支付较低的保险费，这就导致年龄较大的员工工资较高。

（2）Taylor（2010）的学习模型。与 Murphy（1986）的学习模型不同，Taylor（2010）认为，管理者能力的资产专用性与特定企业相联系，不仅委托人不清楚管理者能力情况，而且管理者本身也不太清楚其能力高低，因此包括雇主与管理者本人对管理能力都存在学习过程。在模型中，Taylor（2010）假定企业产出函数主要受 CEO 能力及行业冲击的影响，企业股票市值及回报率内生地依赖于关于 CEO 能力的信念。一些 CEO 能力较强，从而能够产出高于行业平均的利润率，但没有人能够直接观察出 CEO 的能力。CEO 与股东通过观察企业实现的利润来逐渐推测 CEO 的能力。当 CEO 可察觉的能力改变时，其对企业未来利润的贡献也将改变，接着 CEO 的报酬也将视其谈判能力的大小而随之调整。股东依据贝叶斯法则每年更新关于 CEO 能力的信念。Taylor（2010）模型预计，CEO 期望薪酬与公司滞后的股票异常回报正相关，因为超常高（低）利润将导致高（低）的股票异常回报，也将提升（降低）对 CEO 能力的观察值，相应地会使得下一年的 CEO 期望薪酬增加（减少）。另外，模型还认为，在 CEO 任期内，公司股票回报的波动程度会逐渐降低，原因在于 CEO 能力的不确定性会导致股利的不确定性，随着时间的推移对 CEO 的能力越来越了解，导致公司股利的不确定性降低。

（二）基于努力程度的管理者激励模型

1. 报酬激励模型

高管激励可分为显性报酬激励与隐性声誉激励。显性报酬激励的基本思想是，企业产出依赖于高管努力程度，采用报酬激励可刺激高管努力工作①。

（1）Murphy（1986）的动态激励模型。Murphy（1986）构建了二期动态激励模型用以考察高管工作经历与报酬之间的关系。在激励假设下，股东回报部分依赖公司高管的努力程度。为了考察高管工作经验与收益关系的特性，Murphy（1986）首先对管理者特征等方面作了一些假设：第一，股东为风险中性，高管拥有关于报酬 w_t 及努力 e_t 的跨时可分离累计效用函数 $V(w_t, e_t) = U(w_t) - C(e_t)$，且 $U(w_t)$ 与 $C(e_t)$ 连续且单调递增，$U'' < 0$，$C(0) = 0$。第二，雇用合同为单方约束力合同，高管可以中止合同而另谋工作，而股东不能中止合同解雇高管，但是股东可以依照合同约定对业绩低下的高管进行严格惩罚以迫使高管自动离职。第三，高管报酬在每年年初支付，但生产率只能在每年年末观察，当前努力只能影响未来而非当期的报酬。第四，定义 $f(x_t|e_t)$ 为可观察产出 x_t 的概率密度函数，产出的均值 $E[x_t|e_t] = z + e_t$，其中 z 表示已知的最低产出水平。

在上述假定后，Murphy（1986）构建了一个二期的激励合同。在第一期高管收到一独立于产出的固定报酬 w_1，而第二期的报酬依赖于第一期的产出，即 $w_2 = w_2(x_1)$。因此，高管通过预测第二期的收入来决定第一期的努力程度，而第二期的报酬不受第二期业绩的影响，因此第二期高管将不再努力工作。只有当高管继续留在当前企业工作时才能收到第二期的报酬 $w_2(x_1)$。其他企业愿意提供一期基于 0 努力程度下产出 z 的报酬合同，且此报酬合同不考虑高管第一期的实际业绩，因此当 $z > w_2(x_1)$ 时高管将从当前企业辞职而选择去其他企业就职。定义 $\bar{x}$ 使得 $w_2(\bar{x}) \equiv z$，那么产出大于 $\bar{x}$ 的企业高管将留在当前企业并得到报酬 $w_2(x_1)$，而产出小于 $\bar{x}$ 将接受其他企业提供的报酬合同 z。假定在完全竞争的市场中，企业两期的期望经济利润为 0，企业以提供最佳的合同争取高管的管理才能。高管的目标是使两期的自身效用最大化，其约束条件为企业的经济利润等于 0。

Murphy（1986）模型的结果是：①当第一期的产出超过（等于、小于）均值 $E[x_1]$ 时，高管第二期的报酬会超过（等于、小于）第一期报酬。②因为 $w_2(x_1) \geqslant z = E[x_2]$，即高管第二期的报酬总是大于等于当期的期望产出，根据企业经济利润为 0 这一约束条件，那么第一期的报酬总是低于当期的期望产出。③第二期的报酬是第一期产出的严格增函数。Murphy（1986）认为，如果上述两期合同得出的结果可以拓展到任何连续的时期 t 与 t + 1 期，那么，当第 t

---

① 激励模型与学习模型主要的差异在于激励模型假定管理者的管理才能既定且已知，因此模型只关注影响企业产出的高管工作努力程度。而学习模型虽然也假定管理者的管理才能既定，但雇主甚至管理者本人不知道管理者才能的高低，因此需要通过不断观察管理者的产出这一学习过程来更新管理者管理才能的信息。学习模型对影响企业产出的高管工作努力程度也没有进行考察。

期的实际产出 x_t 超过（等于、小于）均值 E［x_t］时，高管第 t+1 期的报酬 w_{t+1}会超过（等于、小于）第 t 期报酬 w_t。因此可以推论，实际产出总是等于期望产出的经理人，其职业生涯中每年的报酬都将相等。也可以推论，如果经理人在第 t 期的业绩高于期望产出，即使以后各期只是实现了期望产出，经理人第 t+1期的报酬也将增加，且此高报酬将保持到职业生涯末期，即意料之外的高产出将使经理人以后各期得到高报酬；反之亦然。既然未预期的业绩所产生的奖励与惩罚会扩展至雇用合同后期所有剩余年度，那么业绩对报酬的影响以及报酬的方差会随经理人任期的增加而增加。与此同时，经理人的初期工资总是低于其生产率，企业由此获得的额外收益实际上是为未来支付给经理人高于其产出的报酬而进行的融资。

（2）Chen 和 Leng（2004）的混合模型。实务中持续较低的高管报酬业绩敏感度使得实业界及学术界都相当困惑。例如，Jensen 和 Murphy（1990）估计的高管报酬业绩敏感度约为 0.325%，此敏感度从 20 世纪 30 年代一直在下降，他们认为此比率与最优合同理论的预测不一致，也表明管理者报酬与股东财富之间只有微弱的联系。Chen 和 Leng（2004）认为，可能的原因是既有的管理层报酬经济模型只考虑了高管道德风险问题而忽略了逆向选择问题。既然管理者之间能力差异很大，在管理者能力与努力的信息不对称的情况下，管理层雇用合同不仅要考虑刺激管理者的努力程度，也应考虑选择合适的管理者到相应岗位，因此雇用合同的提供既要考虑代理人的道德风险问题，也要考虑逆向选择问题。

为了比较只考虑道德风险与同时考虑道德风险和逆向选择问题时高管业绩敏感度的差异，Chen 和 Leng（2004）首先构建了一个纯道德风险模型，由模型得到最优的报酬业绩敏感度为 $\beta^{pure}=1/(1+b\rho\sigma^2)$，其中 b 即为代理人努力的负效用函数 $c(a)=ba^2/2$ 中的努力敏感度 b，ρ 为代理人的效用函数 $U(m)=-e^{\rho m}$中的风险厌恶程度 ρ，σ^2 为产出函数 $x=a+\theta$ 中的随机干扰项 θ 的方差。然后他们又构建了一个包括道德风险与逆向选择的一期模型。假定市场存在两类代理人：能力高者与能力低者，其努力敏感度分别为 b_1、b_2，且 $0<b_1<b_2$。代理人为高能力与低能力的概率为π_1、π_2，且$\pi_1+\pi_2=1$。博弈过程为：t=0 时，自然决定代理人类型，即决定敏感度 b，而且只有代理人知道自己的类型；t=1 时，委托人提供两种报酬合同（α_1，β_1）与（α_2，β_2）给代理人选择，其中 α 为固定报酬部分；t=2 时，代理人选择其中一种报酬合同；t=3 时，代理人决定自己的工作努力程度并实现产出 x；t=4 时，委托人根据合同给予代理人相应的报酬。

代理人的目标是最大化其效用，而委托人的目标是最大化企业预期利润，同时引导代理人努力工作，并使代理人选择正确的激励合同，即让高（低）能力的代理人选择高（低）报酬业绩敏感度的报酬合同。Chen 和 Leng（2004）得出的结论是：①如果经理人是同质的或者高能力的经理人所占的比例足够大，那么包括道德风险与逆向选择的混合模型得出的报酬业绩敏感度与纯道德风险模型得出的较高报酬业绩敏感度是一致的。但是实际上经理人市场中经理人并非同质且高能力经理人所占比例并不足够高，混合模型得出的最优报酬业绩敏感度将低于纯道德风险模型得到的结果。②高能力经理人所占比例越高，那么报酬业绩敏感度也越高，即报酬业绩敏感度与高能力经理人的比例呈正相关关系。

Chen 和 Leng（2004）利用 1992～1999 年的数据，得出报酬业绩敏感度与代表经理人能力的变量（经理人年龄、任期）完全正相关，此关系与其模型预测的结果完全一致，从而较好地解释了实务中高管报酬业绩敏感度较低的现象。

2. *声誉激励模型*

（1）Holmstrom（1982）的职业关注模型。关于经理人市场声誉激励作用的理论研究文献，可追溯至 Holmstrom（1982）继承 Fama（1980）的思想而开创的经理人职业关注动态模型。Fama（1980）认为市场力量可以解决劳动合同中存在的道德风险问题，因为管理者基于未来职业生涯的考虑会关注自身在劳动力市场中的声誉。因为市场已经为管理者提供了有效的隐性激励合同，所以，几乎没有必要用详尽的合同条款来解决激励问题。Holmstrom（1982）首次对 Fama（1980）的观点进行了模型化。

Holmstrom（1982）假定企业产出为管理者的能力与劳动供给的函数，即 $y_t = \eta + \alpha_t + \varepsilon_t$，其效用函数为：

$$U(c,\alpha) = \sum_{t=1}^{\infty}\beta^{t-1}[c_t - g(\alpha_t)] \tag{2-2}$$

效用函数为公共信息，其中 η 为管理者的真实能力，假定其能力固定且不为市场所知，随着时间的推移，市场可通过管理者的产出而估计出管理者的能力。α 为管理者的劳动供给即努力程度，β 为折现系数，$g(\alpha_t)$ 为递增且凸的劳动供给负效用函数。管理者决定供应劳动力的数量，必须考虑现在的产出对未来工资的影响，即 t 期的工资由过去的产出所决定。在完全竞争劳动力市场中，风险中性的管理者的工资可以表示为 $w_t(y^{t-1}) = E[y_t | y^{t-1}] = E[\eta | y^{t-1}] + \alpha_t(y^{t-1})$，其中 $y^t = (y_1, \cdots, y_t)$。

Holmstrom（1982）得出的结论是：①只要能力是不可知的，那么努力工作总会有回报，因为产出影响劳动力市场对管理者能力的估计，增加劳动力的供给，管理者可以根据自身偏好影响劳动力市场对其能力的推断。但是，在均衡状态下管理者并不能欺骗劳动力市场，因为劳动力市场会根据其期望努力程度而相应调整对产出的量化。②能力的不确定越高，努力工作的回报就越大。早期由于信息缺乏，市场在调整管理者能力的估计值时赋予产出较高的权重。在管理才能完全被揭示出来后，新的产出对管理者能力的估计无影响，此后努力工作以影响产出并不能得到较高的工资回报，努力程度将趋于0。③静态比较表明，管理者劳动力供给小于等于有效的供给水平。折现系数越趋近于1，均衡状态的劳动力供给水平就越趋近于有效供给。对产出的观察越准确，声誉机制就越有效，因为对产出的准确观察会加速学习过程，使人力资本投资的回报前移，并减少折现的负效应。Holmstrom（1982）还讨论了劳动力市场中经理人风险偏好不一致及“柠檬”问题。Holmstrom（1982）模型得出的结论可以概括为，经理人在职业初期将努力工作以影响劳动力市场对其能力的信念，而在职业后期，因为市场对其能力的信念已经相当准确而无法通过努力去影响，经理人不再如前期那么努力工作。

（2）Zabojnik（2001）的职业关注模型。Holmstrom（1982）模型表明，在完全竞争的经理人市场中经理人的职业关注引致的声誉机制可以缓解代理人的道德风险问题，尽管在经理人的职业生涯后期，声誉机制的效果不佳。不过，Holmstrom（1982）强调，存在经理人风险厌恶等诸多因素会影响市场激励的效率。Zabojnik（2001）认为，此类低效率的结果在许多信号干扰模型中都可以获得，并在许多文献中被认为是唯一均衡。另外，在Holmstrom（1982）的模型中，经理人的期望产出可以为负，这意味着公司可以提供给经理人以负工资，因此，经理人最好的反应是不接受其他工作，如此博弈就结束了。

Zabojnik（2001）对此点进行了修改，假定经理人能力及其概率分布总是为正，经理人的期望产出也为正。他在Holmstrom（1982）模型的基础上构建了一个触发战略均衡的重复博弈模型。在Zabojnik（2001）的模型中，经理人如因低产出而陷入Holmstrom（1982）低效率均衡，将受到市场惩罚而被给予持续的较低支付。由此，与标准的重复博弈不同，Zabojnik（2001）模型必须处理一个额外的难题，即经理人面临着两类激励：既要努力防止被惩罚，又要努力影响市场关于经理人能力的信念。后一种努力程度随着时间推移而下降，因此对经理人的惩罚必须变得更严格，以弥补时间推移对努力程度的消极影响。Zabojnik（2001）证明，存在一个贴现因子δ及有限时期t，t时期后续的均衡皆是有效均衡。另外，在假定经理人能力总是大于0的条件下，作者构建了一个合作阶段和两个惩罚阶段的博弈。在合作阶段，经理人总是采取社会有效的努力程度并收到独立期望能力的固定工资。在第一个惩罚阶段，经理人将因低产出而给予低支持，第二个惩罚阶段，则是对企业在合作阶段和第一惩罚阶段的偏离合作行为作出惩罚，作者证明了社会有效均衡的存在性。

Zabojnik（2001）模型的主要含义大致可归纳为四点：①如果经理人为风险厌恶类型，那么依靠外部劳动力市场提供的隐性激励并给予经理人固定工资，也许比风险更大的报酬业绩合同更有效，那么，经验研究中观察到的CEO报酬业绩敏感度将较低。②在经历一段时间低产出后，经理人将必须更加努力工作，否则其将会面临更低的惩罚性报酬。此方面的经验研究含义是，如果经理人能力的不确定性较低，经历一段时间的低产出后，将观察到经理人努力及其报酬的增长现象。③在经理人有限生命周期下，允许管理者加入董事会也将会使管理者努力工作。董事成员职位可充当前期良好业绩的报酬及博弈最后阶段道德风险问题的解决办法。因此，经验研究上将会观察到业绩良好的管理者成为董事会成员的可能性更高。④在完全竞争经理人市场中存在比 Holmstrom（1982）结果更有效的均衡，这有助于解释现实经济中对经理人较少采用详尽的显性激励合同这一现象。

（3）Tadelis（2002）的声誉市场模型。当前努力对未来支付的影响是声誉机制的核心。Fama（1980）认为，经理人市场的竞争会缓和道德风险，使经理人努力工作。不过 Holmstrom（1999）对 Fama（1980）理论的发展却发现声誉机制存在生命周期问题：职业关注引发的激励效果在早期较强，而到职业末期则会消失。但是 Kreps（1990）认为声誉能够成为可交易资产，声誉的可交易性能为代理人持续提供激励作用。Tadelis（2002）认为，如果声誉关注能够拓展到代理人的职业生涯之后，那么声誉激励逐渐减弱的现象将不存在。Tadelis（2002）注意到，个人声誉与企业声誉存在显著的差异：企业声誉为可交易资产。为此，Tadelis（2002）考察了当企业声誉可作为交易资产时市场声誉机制的激励效果，从而从市场声誉作为可交易资产角度拓展了声誉模型。

Tadelis（2002）考虑这样的经济情况：职业存在部分重叠时间的代理人（可理解为企业主）为顾客提供两期服务后退休。顾客并不知道代理人的类型，因而会面临道德风险与逆向选择问题。另外，模型假定，顾客不能观察到从事企业经营为顾客提供服务的代理人的真实身份。在此假定下，代理人的个人身份可以与企业相分离，从而企业的声誉可在不同代理人之间进行交易而顾客无法观察到此交易。Tadelis（2002）认为，这是活跃的声誉市场运行的内在逻辑。

模型的结果表明，市场声誉可以缓解因职业时间较短而导致的道德风险问题，此结论不同于原有声誉机制观点，原有声誉机制认为，激励效果随着代理人的年龄增加而逐渐消失。而 Tadelis（2002）的声誉模型表明，声誉关注引发的激励作用贯穿代理人的整个职业生涯：年轻的代理人关注现在的工作努力对未来收入的影响，而年老的代理人关注未来出售企业声誉这一可交易资产所能得到的收入，声誉机制的激励效果并不存在时间上的差异问题，年轻人与年老者面临着同样的市场激励。Tadelis（2002）声誉模型得到的另一个结论是，声誉市场不能将不同代理人区分开来，而顾客必须经常更新企业业主类型的信念：好的企业业绩提高其市场声誉，而差的业绩降低其市场声誉。此动态声誉使好的市场声誉具有价值，并激励代理人在其整个职业生涯中保持良好的声誉。不过，Tadelis（2002）模型的结论存在适用范围问题：更适合小型业主自己经营的企业，如小饭店、小商业服务企业，而不适合大型企业。

3. 混合激励模型

Gibbons 和 Murphy（1992）的职业关注与激励合同混合模型则同时考虑了显性激励与隐性激励。他们认为，只要劳动力市场利用员工的当前产出来更新关于员工能力的信念且基于能力来确定员工报酬，那么职业关注就必然存在，因而员工的最优激励合同必须要将职业关注这一因素考虑进来。为了更好地分析职业关注导致的隐性激励和报酬合同产生的显性激励综合在一起的效果，Gibbons 和 Murphy（1992）将激励、学习、市场压力、合同以及风险厌恶五个影响工资的因素全部包括考虑进来，认为存在职业关注时前三个因素必须要考虑，而存在显性激励时则必须要考虑第四个因素，如果最优的合同中不能排除职业关注这一因素，那风险厌恶这一因素也必须考虑。他们发现，在考虑职业关注后，最优的报酬合同是基于职业关注的隐性激励与基于报酬合约的显性激励这两者的结合。在最优激励合同中，当临近退休时职业关注所引致的隐性激励最弱，因此员工临近退休时需要很强的显性激励才能产生激励效果，对年轻人而言隐性激励与显性激励的搭配恰恰与快退休的员工相反。

Gibbons 和 Murphy（1992）认为，上述结论虽然是从外部劳动力市场竞争得出，但同样也适用于内部劳动力市场。第一，同一企业不同部门之间或者同一部门不同上级主管间的竞争会产生与外部劳动力市场竞争同样的效果。第二，即使只有一个上级主管，如果公司是以能力作为员工的提拔依据，而上级主管却不能完全区分员工努力与能力，在此情形下职业关注现象同样存在。因此，类似外部劳动力市场中的最优激励结论同样可在企业内部劳动力市场得到：提拔机会的隐性激励对于将退休的员工其激励作用很弱；提拔机会较多时（如扩张中的企业）隐性激励较强；将要退休及没有晋升机会的员工（如处于企业顶层的员工、处于衰退企业的员工）其当期报酬业绩敏感度最强。

上述结果可以总结为两个可供经验检验的预测：第一，CEO 越临近退休，其报酬业绩敏感度就越大；第二，因任期越长，关于 CEO 能力的估计越准确，因此 CEO 任期越长，其报酬业绩敏感度就越大。Gibbons 和 Murphy（1992）利用 1971～1989 年福布斯公司提供的 CEO 相关数据进行的经验研究发现，当股东财富变化 10% 时，距离退休时间超过 3 年的 CEO 其现金报酬的变化为 1.3%，而 3 年内即将退休的 CEO 其现金报酬的变化只有 1.7%。经验研究结果与模型预测的第一个假设一致。

（三）管理者才能的市场配置模型

1. 管理者才能的需求模型

（1）Chan（1996）的锦标赛模型。在管理者才能的需求模型方面，典型模型为 Chan（1996）的锦标赛模型，此模型主要考察内部提拔与外部招聘这两种管理才能需求方式的决策问题。

Chan（1996）观察到，在商业与非营利性组织中，普遍倾向于从内部员工中提拔人员到更高职位，而不是从外部招聘。例如，从 1984 年财富 100 强公司中 84 位提拔到 CEO 职位的高管数据发现，只有 11 位是从外部招聘而来；在日本与亚洲其他经济体中，公司 CEO 来自外部招聘的比例更低。对此的解释通常有两种：一是人力资本专用性理论。积累公司专有人力资本需要雇主与雇员联合投资，因此双方都有激励以维持长期的雇用合同关系。任期越长、专有人力资本积累越多，企业从外部招聘能力高于现有职员的成本就越高。二是信息不对称理论。企业对现有员工的能力更了解，因此风险厌恶的雇主倾向从内部提拔员工到更高一级职位以减少人力资本使用过程中的不确定性。

但是，即使在人力资本专用性并不重要以及外部候选人信息能可靠取得的情况下，企业特别是有复杂科层组织结构的大企业仍然倾向于采用内部提拔方式选择高管，只有当外部候选人非常优秀时企业才不会采用内部提拔方式。因此，Chan（1996）认为，内部提拔更可能是如同薪酬一样，作为一种激励机制用于诱使员工努力工作，特别是在监督成本相对较高的情形下内部提拔更盛行。在选聘公司管理者时，要求公司雇员与同事及外部求职者一起竞争高管职位将减少公司雇员的获胜机会，从而减少其努力程度以及企业竞争力。为了维持激励强度，公司必须承诺大额获胜奖励以弥补更少的获胜机会。但是扩大工资差幅会产生一些问题，如雇主有激励欺骗内部竞争获胜者以避免支付高额奖金，内部员工之间的竞争将诱使彼此之间工作不合作甚至导致蓄意破坏行为的产生（Lazear，1989），这些问题将导致竞争的公平性疑问，并给获胜者发放大额奖金的办法不可行，因此必须使用其他方法。一个常用的方法是为内部竞争者设置障碍，据此公司可以回避工资结构上的约束，诱使员工努力工作使公司期望收益最大化。

Chan（1996）首次对企业外部招聘还是内部提拔员工的决策进行了模型化。假定企业存在一空缺职位，企业内部有两个候选人与外部候选人共同竞争此职位。两个内部候选人其能力为企业所知且几乎相等，而外部竞争者人数 N 为外生变量且对外部竞争者的能力并不知晓，不过能力分布的密度函数及变化范围为公共知识。作者首先构建一个公平竞争模型，即产出最高的竞争者赢得职位的竞争，接着分析了存在限制性工资差距及对内部竞争者设置竞争进入障碍①情况下的职位竞争。其主要研究结果是：对内部获胜者的支付将很可能超过其边际产出，而如果外部候选人赢得竞争时企业只需要支付竞争性工资，因此企业有激励

① 对内部竞争者设置竞争进入障碍的目的在于通过提高符合竞争进入条件的内部竞争者其赢得竞争的概率以弥补奖金的减少，从而保持原有的激励程度。

欺骗内部获胜者。参与竞争的人数越多，职位工资差距越大，企业欺骗内部获胜者的激励越强；公司更可能采用内部提拔方式选择高管，外部候选人只有其能力显著高于内部竞争者时才可能成功竞聘；职工能力较弱的企业更不愿意采用外部招聘方式聘用人员，此类企业中的员工报酬通常高于其边际产出及保留工资，职工更愿意留在企业而不愿意退休，因此此类企业会制定强制退休政策以控制损失及过多低能力的职工。

Chan（1996）模型给出的另一值得关注的含义是，在不同的公司层级中，内部竞争进入障碍的程度不同。在公司底层职位，外部竞争者数量较多，且内部竞争者的能力相对较低，因此内部竞争进入障碍相对较严格。而在高管职位，由于候选人素质较高且数量较少，因此内部竞争进入障碍较低。这意味着，内部员工逐渐提拔到更高职位更可能是因为其能力较强而不是雇主的偏袒。另外，根据 Chan（1996）模型的推导结果可以观察到，企业中低层管理岗位员工来自外部的比例高于高层管理岗位中职员中来自外部的比例，即职位越高的员工为内部提拔的可能性越大。

（2）Hermalin（2005）勤勉董事会模型。近几十年来对公司治理状况的抱怨及外部压力使得公司法律法规得到持续改进，一个典型的例子是美国出台的《萨班斯—奥克斯利法案》。与 Murphy 和 Zábojník（2004，2007）同样，Hermalin（2005）也注意到，近年来公司越来越倾向于从外部招聘 CEO，且外部招聘的 CEO 平均任期期限短于内部提拔的 CEO，CEO 更替的频率越来越高。是什么原因导致这些公司治理趋势的产生？这些趋势之间是否有共同的联系？为此，Hermalin（2005）从董事会勤奋角度，构建一个理论模型为上述问题寻找答案，此框架试图探寻董事会中更多外部董事的出现会对 CEO 聘用、CEO 任期以及 CEO 薪酬变化等重大事项产生什么后果。

Hermalin（2005）模型首先关注董事会雇用 CEO 的决策，随之是董事会对 CEO 的监督程度，依赖什么进行监督，以及续聘还是解雇 CEO 的决策。董事会可以在外部与内部候选人之间选择 CEO。Hermalin（2005）认为，外部招聘与内部提拔的主要差异在于董事会对外部候选人能力的信息知之甚少。由于董事会可评估 CEO 能力的不确定性，并拥有解雇 CEO 的期权，因此在其他条件相同的情况下，外部招聘 CEO 相对更合意。外部招聘 CEO 的意愿越大，董事会在未来解雇 CEO 的可能性也越高，进而董事会更加勤奋地监控 CEO；反之亦然。因此，模型的一个预测是：勤奋的董事会导致公司更倾向于从外部招聘 CEO。模型预测的其他结果是：①董事会的勤奋程度增加，将使 CEO 的任期缩短。②外部招聘的 CEO 其任期低于内部提拔的 CEO。这是因为随着董事会监督力度增强，CEO 被解雇的概率也增加，CEO 任期缩短。另外当董事会更勤奋时，更愿意聘用低能力的 CEO。③董事会的勤奋工作将使 CEO 提高工作努力的程度，减少职务消费，这是因为董事会越勤奋，CEO 更会努力工作以提高外部市场对其能力的估计并提高续任的可能性。④董事会越勤奋，其公司聘用的 CEO 报酬将越高。由此，Hermalin（2005）的模型成功地通过董事会勤奋程度将当前与 CEO 相关的公司治理主要趋势联系起来。

Hermalin（2005）模型关于董事会勤奋程度与首席执行官（CEO）报酬之间的正相关关系与 Bebchuk 和 Fried（2003）的管理者权力理论预测的结果不一致。Bebchuk 和 Fried（2003）认为，董事会越弱，则越可能支付给 CEO 过高报酬。Hermalin（2005）认为，董事会勤奋程度与 CEO 报酬之间时间序列上呈正相关关系，也并不排除二者在横截面上存在负相关关系。因为董事会勤奋程度与 CEO 能力存在一定的替代关系，因此，从横截面上看，偷懒的董事会有选择高能力 CEO 的需求，高能力的 CEO 往往要求更高的报酬，因此懒惰的董事会往往雇用高报酬的 CEO。但是，从时间序列来看，当董事会变得更加勤奋时，由于监督力度增加带给 CEO 的负效用增加将使董事会需要支付给 CEO 更高的报酬。Hermalin（2005）的一些观点，如横截面上董事会勤奋程度与 CEO 报酬负相关但时间序列上二者为正相关，的确值得进行经验分析。

（3）Murphy 和 Zábojník（2007）的权衡模型。他们注意到美国公司治理变迁中的三个显著特征。第一个特征是过去 30 多年间 CEO 报酬的显著增长。标准普尔 500 强公司的 CEO 现金报酬均值由 1970 年的 90 万美元增长到 2005 年的 330 万美元。1970 年 CEO 平均现金报酬是生产工人的 28 倍，而到 2005 年上涨到 115 倍。第二个特征是不太被关注的趋势是越来越多的公司从外部劳动力市场招聘 CEO 而不是从公司内部提拔。福布斯的调查显示，在 20 世纪七八十年代，外部招聘 CEO 的比例分别为 15% 与 17%，90 年代超过 25% 的 CEO 来自外部招聘，21 世纪初外部招聘 CEO 的比例上升到 1/3。第三个特征是外部聘用的 CEO 更多来自曾担任 CEO 职位的外部人士。在公众公司外聘的 CEO 中，曾担任其他公司 CEO 的比例由 70 年代的不到 20% 上升到 90 年代的近 50%。另外，外聘的 CEO 来自公司的比例也越来越高。

Murphy 和 Zábojník（2007）猜测，可能的原因是近几十年来的公司外部环境变化使得对 CEO 管理才能的要求发生了变化，CEO 更应关注公司外部事项而非内部的运作管理。第一，始于 20 世纪 80 年代后期的股东权利运动及大型机构投资者所有权的增加迫使 CEO 为股东利益而努力，CEO 需要加强与股东及机构投资者的直接沟通。另外，公司越来越依赖资本市场进行债务与权益融资，导致 CEO 必须学会与资本市场的证券分析师等影响公司股价的外部主体打交道，这些处理外部关系的技能几乎为通用能力而非特定企业的专门技能。第二，社会持续积累的有关经济、管理科学、会计、财务等知识，如果为 CEO 所掌握将实质性地提升 CEO 成功管理现代企业的才能，这些技能可以在不同企业中运用。由此，如果公司现有员工缺乏相应技能，那么这些企业所需管理技能的变化将使董事会寻求外部经理人的帮助。第三，随着公司数据库技术的发展，原来深藏于公司内部的公司专门数据现在可以很方便地通过计算机获取而为管理层所利用。CEO 只需要花费较少的时间就可以获取企业的专门知识，因此，数据技术的发展使得雇用内部人的重要性降低。

为考察上述通过管理才能与专用技能重要性变化对 CEO 报酬及其聘用的变化，Murphy 和 Zábojník（2007）首先构建了一个企业面临内部提拔与外部招聘 CEO 决策的局部均衡模型。公司从外部聘用 CEO 时要在公司专用技能与能力匹配之间进行权衡：是利用内部提拔 CEO 而获得有价值的与企业相关的专门技能，还是通过外部招聘而有更多机会选择更合适的 CEO？当企业专用管理技能相对重要性下降时，选择更合适 CEO 的利益超过其机会成本，由此企业将倾向于从外部聘用 CEO。外部劳动力市场对管理才能的竞争也将使受雇的 CEO 得到更高工资，CEO 薪酬的变化与 Murphy 和 Zábojník（2004）模型推导的结果一致。接着 Murphy 和 Zábojník（2007）又构建了一个关于管理者产出与雇用的市场均衡模型。模型假定企业生产率依赖于行业中的企业数量，且通用管理能力重要性的变化影响员工的均衡工资。作者发现，当员工的市场供给富有弹性时，通用管理知识重要性的相对增加同样会导致 CEO 报酬增长、外聘 CEO 的比例增加，且企业更倾向于外聘有 CEO 经历的人士担任公司 CEO。接着作者对权衡模型进行了拓展，如劳动者可以选择自己的技能构成。拓展模型表明，当通用管理能力的重要性增加时，管理者更倾向于加大通用管理技能的投资，最优董事会结构也将发生变化，即董事会将出现更多外部董事而更少内部董事。

Murphy 和 Zábojník（2007）模型的预测结果与 Bebchuk 等（2002）关于 CEO 比过去得到更多报酬的预测结果一致。但是，二者对此现象的解释则完全不同。Murphy 和 Zábojník（2007）认为，CEO 报酬快速增长源于通用管理才能重要性的增加及经理人市场的完全竞争所致，在对管理者才能竞争激烈时，即使 CEO 整体的边际生产力下降，其获得的报酬也将增加。虽然 Bebchuk 等（2002）也认为，当企业对稀缺性的管理者才能进行激烈竞争时，通用管理才能的重要性将使 CEO 获取更多的租金份额，但他们将 CEO 报酬快速增长的现象主要解释为权力过大并凌驾于董事会的现任 CEO 的自利行为，而不是劳动力市场竞争的结果。另外，Bebchuk 等（2002）模型得到的一个结果是，内部提拔的 CEO 其报酬高于外部招聘的 CEO，这与 Murphy 和 Zábojník（2007）的观点完全相反。Murphy 和 Zábojník（2007）模型很好地解释了美国公司治理中三个显著的趋势，也强调了劳动力市场竞争对于决定 CEO 报酬的重要性。另外，Murphy 和 Zábojník（2007）的模型也强调，企业外聘 CEO 比例的增加并非完全是公司董事会替换业绩低下 CEO 的结果。

Murphy 和 Zábojník（2007）利用 1970～2000 年 CEO 报酬与替换数据进行经验分析，结果表明：外部聘用的 CEO 报酬高于内部提拔的 CEO；在外部聘用 CEO 比例较高的行业中，CEO 的报酬也比较高。

2. 管理才能的供给模型

Conyon 和 Read（2006）的"干中学"模型从高管担任外部董事可提升其管理才能角度讨论了企业愿意其高管在外担任外部董事的原因。无论是以 Murphy（1986）为代表的雇主学习模型还是以 Holmstrom（1982，1999）为代表的经理人职业关注模型，都假定经理人的管理才能是既定的，而忽略了经理人的管理才能存在"干中学"的特性。实际上，公司高管担任其他公司的董事职位可以提升高管本人的管理才能。Bacon 和 Brown（1974）认为有几种途径可使 CEO 通过接受其他公司董事职位而变成更有效率的管理者：有机会将公司战略与其他公司进行对比；接触到不同的公司变革模式；扩展 CEO 的视野；接触到不同的公司管理风格。Rosenstein 和 Wyatt（1994）认为外部董事职位可便利高管收集有用信息，也使不同企业间的管理知识转移更加方便。Conyon 和 Muldoon（2004）认为高管可以据此拓展有价值的社会网络，学习到商业技巧。此外，Fama 和 Jensen（1983）还认为担任外部董事职位可以充当向内部或外部劳动力市场传递高管较高管理能力这一信号的工具。总之，公司高管担任外部董事可提升其管理才能，从而对公司经营业绩存在着正效应。

不过，担任外部董事职位也会占用公司高管更多的时间，会对公司的经营业绩存在负效应。Conyon 和 Read（2006）的"干中学"模型对公司高管担任外部董事的成本与收益进行了分析。他们首先建立企业的产出函数 $y_t = a_t + e_t + \varepsilon_t$，其中 a 表示经理人能力，e 表示经理人的努力程度，ε 为随机项。然后建立担任外部董事给企业带来的成本函数为$\tau_t \times (a_t + e_t)$，其中$\tau_t$ 为 CEO 在外部董事职位上已经花费的时间 d_t 的函数，可定义$\tau_t = d_t/T$，即花费在外部董事职位占 CEO 可用时间 T 的比例，$d_t = \sum_{k=1}^{t} D_k$，D_k 为第 k 期 CEO 在外部董事职位花费的时间。因此包括机会成本后的企业产出函数可表示为 $y_t = (1 - \tau_t)(a_t + e_t) + \varepsilon_t$。接着定义第 t 期接受外部董事职位给 CEO 能力的提高值为 $h_t = h(D_t, d_{t-1}, a_{t-1})$，如 $h_t = h(0, d_{t-1}, a_{t-1}) = 0$ 表示这一时期没有担任外部董事因而能力不能得到提升。在此基础上，第 t 期 CEO 的能力可定义为 $a_t = f(a_{t-1}) + h_t$。综合 CEO 接受外部董事职位给公司带来的收益与成本，企业的产出函数为：$y_t = (1 - \tau_t)(e_t + f(a_{t-1}) + h_t) + \varepsilon_t$。另外，Conyon 和 Read(2006)还考虑了 CEO 与企业共同分享因 CEO 能力提升而带来的企业产出的增加。

最终，Conyon 和 Read（2006）推导出的主要结论是：①CEO 选择的外部董事职位数量不同于公司愿意让其担任的最优外部董事数量，前者一般会大于后者；②CEO 努力程度越高或者能力越强，公司的机会成本越大，导致公司希望 CEO 在外部董事职位上花费较少的时间；③CEO 担任外部董事的数量越大，公司对 CEO 能力的估值也越高。Conyon 和 Read（2006）还提出了一些可供经验检验的推论：年轻的 CEO 担任外部董事的数量低于年长的 CEO；与外部招聘的 CEO 相比，内部提拔的 CEO 将会允许担任更多的外部董事职位。另外，作者提出：如果在与公司类似的其他企业中担任外部董事职位将使 CEO 学习新管理实践及获得新合同的机会降低，那么也许可以观察到在不同类（同类）企业中担任外部董事职位的 CEO 所在企业的董事会规模较小（较大）；如果规模大的企业要求 CEO 能力更强，那么可以检验企业规模与外部董事数量之间的关系；在经验分析中，CEO 在其职业生涯中曾经担任的外部董事数量、CEO 年龄、CEO 曾工作过的行业数量等指标可以作为不可观察的 CEO 能力的代理变量。

董事会中多类型董事成员已经成为现代公司的一个重要特征（Fama and Jensen，1983；Fich and White，2005）。Conyon 和 Read（2006）一文的贡献在于，给定管理才能是一种稀缺资源，将 CEO 通过担任外部董事而提升管理才能的“干中学”效应考虑进来并进行了模型化，从而较好地解释了现代公司多类型董事会成员现象。模型发现，CEO 愿意担任的外部董事数量大于企业愿意让 CEO 担任的最优外部董事数，这一命题与近期的 CEO 担任外部董事会成员对企业绩效影响的经验文献一致。另外，Conyon 和 Read（2006）还提出，让 CEO 接受外部董事职位可提高 CEO 的能力，从而符合公司股东的利益，这也是经理人市场高效运行的表现之一。从这个意义上看，有关限制 CEO 担任外部董事职位的做法可能不一定很妥当。

3. 管理才能的市场匹配模型

（1）Gabaix 和 Landier（2008）的能力匹配模型。传统人力资本理论的一个有趣的发展是工作匹配模型。虽然工作匹配模型主要用于解释工作轮换现象，但也可以用于解释现实经济中可观察到的工作经历与收入之间呈向上倾斜的正相关关系，即企业给员工配置不同的岗位并观察员工的生产率，从而将员工配置到效率更高的岗位，如此员工也可以得到更高的收入，从而工作经历与员工收入呈正相关关系。工作匹配模型更强调的是工作轮换过程中企业对员工能力的学习，此学习机制导致员工人力资本的配置效率逐渐提高，而不是强调员工通过工作经历发展了自身的工作技能，即此模型假定员工实际工作技能并没有改变。此学习机制会导致高层员工人力资本的配置效率高于普通员工，造成的结果是高层员工的平均劳动生产率更高，并进而取得相对较高的工作收入。

Gabaix 和 Landier（2008）发展了能力匹配模型用于解释 CEO 报酬的增长。在竞争性的能力配置模型中，不同管理才能的 CEO 匹配到不同公司中去。市场均衡状态下，CEO 报酬依赖自己所处的公司规模及全部公司规模。模型发现，即使 CEO 能力之间的较少差异也会导致 CEO 报酬的较大差异。他们认为，公司规模可以解释大多数 CEO 报酬方式以及不同公司之间、不同时间、不同国别之间 CEO 报酬存在的差异。特别地，1980 ~ 2003 年美国公司 CEO 报酬 6 倍的增长几乎全部可以归因于此期间公司市场资本总额 6 倍的增长。

Gabaix 和 Landier（2008）关于公司高管报酬增长的解释与管理者权力理论及激励理论不同，管理者权力理论认为，公司高管拥有更多的权力，导致其可以获取更多的租金，而激励理论认为较高的报酬是公司高管的激励性报酬，而 Gabaix 和 Landier（2008）的工作匹配模型则认为是高层管理者的生产率高于普通员工，因而公司高管得到的报酬相对高于普通员工。

（2）Edmans 和 Gabaix（2011）的市场均衡模型。大量的经验研究文献表明，风险是报酬合同的首要决定因素（Demsetz and Lehn，1985；Oyer and Schaefer，2005），但是大多数理论研究中都作风险中性假定，这主要是因为把风险厌恶加入到理论模型中是一个较大的拓展，导致报酬合同更加复杂化，并使模型难以求解，而且难以理解其中的经济含义。Edmans 和 Gabaix（2011）利用一个简便的方法将风险厌恶纳入模型中，构建出考虑风险厌恶及道德风险情形的 CEO 配置、报酬与激励的市场均衡模型。模型设定的基本情形是，在竞争的劳动力市场中，具有不同管理才能且风险厌恶的管理者被异质的企业所雇用，这些企业在规模、风险及对 CEO 努力程度的要求上存在差异。模型认为，不同的高管报酬水平引导管理者才能配置给不同企业，激励强度为最优合同所决定，并引致 CEO 有效的工作努力程度。

Edmans 和 Gabaix（2011）的市场均衡模型主要结论如下：①管理者才能配置方面。在不考虑道德风险时，高能力 CEO 就职于规模大的公司以使其管理才能得到用武之地。但代理问题的存在会导致管理才能出现错配。原因在于，第一，对于高能力且富有的管理者来说努力的成本非常高，公司必须支付给富有的 CEO 更多的溢价以弥补其努力的负效用。第二，富裕的管理者更难以被激励性报酬所刺激，他们更愿意为休闲而舍弃激励性报酬。因此，企业必须提供更强的激励手段支付更高的风险溢价才能雇用到高能力的 CEO，这导致企业可能更愿意聘用贫穷且富有上进心的 CEO 而放弃富有且知足的 CEO。最终，一些高能力管理者被小企业所聘用，这些企业风险较低，管理者能力对企业资产价值的影响也较低。风险厌恶下的道德风险问题也导致无效的风险承担，扭曲了实际产出，从而带来剩余损失。劳动力市场中管理者能力离散程度越大，管理者错配引发的剩余损失也越大。

②CEO 报酬方面。纯匹配模型认为，公司规模越大，CEO 报酬就越高。将代理问题加入纯匹配模型后 CEO 报酬会依赖于公司的风险程度及其引致的负效用，CEO 承担较大的风险和负效用将会要求更高的风险溢酬。导致的结果是，高风险的公司不但会雇用能力较低的 CEO，同时也将支付给 CEO 超过其能力相应水平的报酬，这一结果与许多经验研究一致。如 Garen（1994）发现，风险大的公司支付给 CEO 的报酬更高。Gayle 和 Miller（2009）的研究也表明，公司业务更复杂或者面临更大代理问题的公司支付给 CEO 的报酬也较高。需要强调的是，并不是风险及负效用的绝对大小，而是公司相对于经济体中其他公司的风险及负效用的相对值影响 CEO 报酬。经济体中由于法规变化或积极股东的增加所引起的整体上 CEO 承担的风险发生变化并不会影响 CEO 的报酬，毕竟在此情况下现在工作变得无吸引力，但其他外部的工作机会也变得无吸引力。这一结论与 Hermalin（2005）从局部均衡模型所得到的结果不一致，Hermalin（2005）认为，公司治理的强化会增加 CEO 的努力程度以及解雇的风险，因此 CEO 会要求更高的报酬。CEO 报酬依存于外部工作机会的重要启示是，在经验研究中必须控制整体经济情况。

③激励强度方面。激励强度可以用 CEO 报酬变化百分比相对于公司业绩变化百分比的比值来衡量。激励强度依赖于努力的负效用，独立于风险及 CEO 风险厌恶程度。但是，当模型允许 CEO 采取行动影响公司业绩的方差时结果发生变化，公司必须对 CEO 承担的风险予以利益补偿。当 CEO 风险厌恶程度越高或者公司越喜好风险时，为诱使 CEO 承揽净现值（NPV）为正的风险项目，公司必须给予 CEO 更强的激励。特别地，当需要 CEO 选择风险性项目为公司创造价值时，需要给予 CEO 更强的激励。风险与激励强度之间的关系与 Coles 等（2006）、Murphy（2003）等的经验结果一致。Coles 等（2006）发现激励与风险程度的确是正相关的，Murphy（2003）发现处于新经济行业的公司往往会使用高强度的激励计划。

值得注意的是，Edmans 和 Gabaix（2011）最后将 CEO 的其他工作机会选择引入模型中，从而发展出两部门模型。CEO 可以选择进入非 CEO 劳动力市场即从事非企业管理工作，如当企业主或者公司顾问。此劳动力市场既为公司雇用 CEO 提供了一个来源，也为公司现任 CEO 提供了外部的工作选择机会。在两部门模型中，外部工作机会的存在使得公司必须提高 CEO 报酬以防 CEO 离开现任岗位去从事非企业管理工作，企业聘用高才能 CEO 的成本进一步增加，导致企业会雇用能力较低的 CEO。由此，企业部门创造的价值降低。CEO 外部选择机会越多，企业需要支付给 CEO 的报酬越高，企业现任 CEO 的能力越低，企业价值损失越大。Edmans 和 Gabaix（2011）认为，两部门模型也可以用于特定行业变化效果的分析。例如，金融危机所引起的金融行业管制加强，将迫使富有才能的 CEO 离开此行业，毕竟对冲基金及私募股权公司为其提供了丰富的职位，由此导致金融行业的价值损失非常可观。

（3）Baranchuk 等（2011）的明星模型。近年来，公司 CEO 报酬极大增长，特别地，在大公司中 CEO 的报酬业绩敏感度相对较低，这些现象引发了对 CEO 自定薪酬的质疑（Bebchuk and Fried，2003）。一些经验研究结果也表明，公司规模的变化对于 CEO 薪酬变化的解释程度越来越强（Frydman and Saks，2010），这对将公司规模视为影响 CEO 报酬外生变量的即有传统理论形成了强有力的挑战。

为较好地对此现象提供理论上的解释，Baranchuk 等（2011）构建一个基于产品市场完全竞争的代理模型。模型包括企业与代理人两个博弈主体，市场中的企业都是同质的，而代理人则为异质，经理人市场被假定为管理者才能有限供给的竞争性市场，每位代理人拥有固定且为市场知晓的能力水平。企业在完全竞争的市场中以给定的价格生产产品，每家企业雇用一个代理人，营运项目的总数量可视为代理人的产出，经营这些项目要求拥有一定管理才能的代理人付出相应的努力。管理者努力程度不可观察，因此每家公司选择不同的激励方案以影响管理者的努力程度。当公司规模较大时，管理者才能与努力对公司产出的影响较大。不同的公司选择不同的管理者，并为管理者提供营运项目以及不同的工资和利润分成方案。

模型预测：①均衡状态下，能力强的管理者付出更多努力且经营更多的项目，并将得到更多的报酬。其中的原因在于，经营更多的项目将要付出更多的努力。②更多项目将使公司利润波动更大，在基于利润的报酬激励机制下将增加管理者所承担的风险。为补偿更大的努力程度及承担更多的风险，高能力的管理者将得到更多的工资及激励报酬，尽管其所占利润的比例更小。由此，公司规模与 CEO 报酬之间呈正向关系，而且道德风险问题将扩大公司规模与 CEO 报酬之间的凸性关系。

总之，在 Baranchuk 等（2011）的模型中，公司规模与 CEO 报酬都是内生的均衡结果，即能力高的管理者往往受雇于规模大的公司，付出更多努力，承担更多风险并得到更高的报酬。作者还讨论了模型中产品需求、工人工资、管理者风险厌恶程度、努力成本、产出变动等参数发生变化对 CEO 报酬与公司规模之间关系的影响，这也为我们理解 CEO 报酬变化的趋势提供了一个更广泛的视角，如经济繁荣或外国经济体的开放等原因导致的行业产品需求增加，既会增加 CEO 报酬的总体水平，也会增加横截面上不同企业 CEO 报酬之间的离散程度。

（四）模型差异比较

1. 激励模型与学习模型的差异

激励模型与学习模型存在显著的差异，激励模型主要关注影响企业生产率的管理者努力程度，而学习模型主要关注企业生产率决定因素中的管理者能力，保险模型也是关注管理者能力，也可归属于学习模型。此三个理论之间在结果上存在很大的差异，Murphy（1986）对此进行了总结（见表2－2）。

表2－2　不同合同安排的经验含义

经验含义		激励理论	学习理论	
			边际产出理论	保险理论
工作经历与高管收入的关系	收入随高管工作经历而增长	Y/A	Y/A	Y/A，Y/E
	收入为常数	Y/E	Y/E	C
	收入随工作经历以递减速度的增长	—	Y/A	—
高管收入的方差是否会增加	对于事前假定同质的高管之间而言	Y	Y	Y
	工作经历与高管收入关系剖面图而言	Y	N	N
工作经历、高管收入与生产率的关系	在早期收入低于期望边际生产率	Y	—	Y
	收入与生产率呈正相关关系	Y	Y	Y
	早期三者之间的关系更显著	N	Y	Y

注：Y表示yes；N表示no；Y/A表示对于某一平均高管而言为yes；Y/E表示对于实现自己期望产出的高管而言为yes；C表示低能力的高管收到低水平的固定保证工资；—表示无预测。

激励与学习理论最大的区别在于：一是高管收入的方差与工作经历之间的关系。激励理论认为，随着任职时间的推移，高管收入的方差越来越大，而学习理论认为任职时间的推移雇主越来越了解高管的能力，给予高管的报酬越来越符合其能力水平，因此收入的方差越来越小。二是不同时间高管收入与生产率的关系。激励理论认为，早期高管报酬与企业业绩敏感度较低，而后期敏感度则较高，即任职时间越长报酬业绩敏感度越来越强，而学习理论的预测正好相反。

2. 学习理论中边际产出理论与保险理论的差异

学习理论中，边际产出理论与保险理论也存在一些微妙的差异。第一，边际产出理论以高管的边际产出确定其报酬，边际产出会受外部的冲击而波动，因此边际产出理论预测的高管报酬有升有降。而保险理论认为，高管通过购买保险从而使其报酬在时间上呈非减特征。第二，保险理论认为，年纪大的高管报酬往往超过其边际产出，而年轻高管报酬往往低于其边际产出。第三，边际产出理论认为，业绩上升公司与业绩下降公司的业绩报酬敏感度不存在显著差异，但保险理论却认为，业绩下降公司的报酬业绩敏感度大于业绩上升公司，因为保险合同使得高管报酬在业绩下降时几乎不会显著减少。

三、经理人市场治理的实证研究

（一）经理人市场治理：一个分析框架

股权分散下的公司治理问题之一是股东与经营者间的代理问题。在此方面公司治理主要解决两类问题：一是逆向选择问题，以保证选出优秀的管理层；二是道德风险问题，以促使管理层按照股东利益进行决策。管理层的雇用合同不仅要考虑如何刺激管理者的努力程度，也应考虑如何选择合适的管理者（Chen and Leng，2004）。基于经理人逆向选择和道德风险问题，本书提出如图 2－1 所示的经理人市场治理机制分析框架。经理人市场主要通过三类机制对公司高管形成约束：一是高管选聘机制，即通过选聘将合适的管理者配置到公司管理层；二是高管更换机制，即通过替换不合格的高管以纠正管理者才能错配问题；三是激励机制，即通过报酬激励与声誉激励促使公司高管为股东的利益服务。高管选聘机制解决高管聘用中的逆向选择问题，而高管更换与激励机制则主要治理高管道德风险问题。经理人市场三类治理机制的效率，应以能否提高公司业绩及股东利益为衡量标准。本书遵从图 2－1 提供的分析框架，从高管选聘、高管更换、高管报酬激励与声誉激励等方面对经理人市场治理机制相关国际实证研究文献进行回顾。

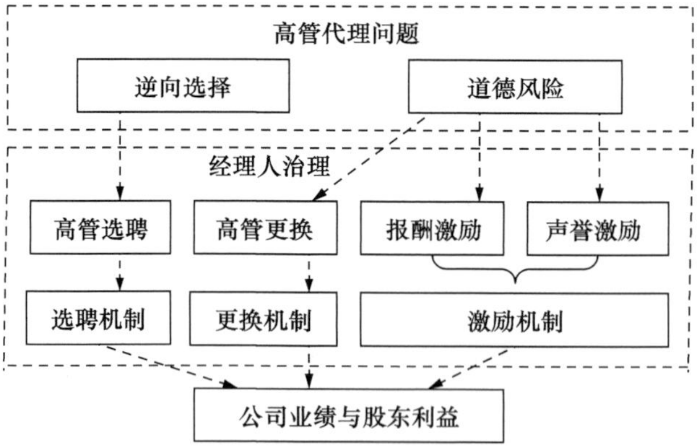

图 2－1　经理人市场治理分析框架

（二）经理人市场中高管选聘行为研究

1. 管理者才能需求满足方式：内部提拔还是外部聘用

企业对高管的需求满足方式，存在内部提拔还是外部聘用企业高管两种方式。企业采用内部提拔还是外部聘用，存在经济利益的权衡。资产专用性理论认为，内部提拔可以保护企业及员工的专用性人力资本投资，并可充当内部职工努力工作的激励手段，因而企业往往倾向于采用内部提拔方式选聘高管。Alberto 和 Pedro（2006）利用西班牙 653 家工厂的调查问卷数据对企业监督与技术管理人员任命方式的主要决定因素进行了经验分析，研究发现：①提供长期雇用合同的比例较高、技术变化程度较快的企业更倾向于采用内部提拔方式补充管理人员，此结果与资产专用性理论一致。②招聘员工时更关注员工获取新知识的能力、个性及团队工作能力这些特征的企业更倾向于采用内部提拔方式补充管理人员，对在职员工经常采用业绩评价系统的企业亦如此。③监管强度、工作是否需要团队合作、激励机制的采用与内部提拔没有显著正相关关系。Alberto 和 Pedro（2006）的这些经验研究结果与资产专用性理论及学习理论一致，而与激励理论不相符，内部提拔是用于保护员工与企业专用性人力资本投资的方法。Naveen（2006）的研究显示，企业将内部候选人提拔到 CEO 职位的可能性与公司规模、多元化经营、行业结构等相关，原因在于这些因素影响企业将企业管理专用知识转移给新任 CEO 的难易程度，组织越复杂、多元化经营的公司将企业管理专用知识转移给新任 CEO 的难度较大，因此此类企业更多采用内部提拔方式选择 CEO。

Agrawal 等（2006）认为外部人士只有在能力远高于最好的内部管理者时才有可能被选择为 CEO，也就是说，外部人士在竞争 CEO 职位过程中处于十分不利的地位，原因在于内部提拔 CEO 方式能为内部人努力工作而赢得竞争提供足够的激励（Chan，1996）。外部人竞争 CEO 职位过程中存在的障碍说明，当内部人与外部人能力相差无几或者比外部人更强、存在多个内部候选人时，公司更可能任命企业内部职工为 CEO。Agrawal 等（2006）的研究结果支持上述假设，据此他肯定，外部人士在竞争 CEO 岗位中确实处于不利地位。另外，Murphy 和 Zábojník（2007）发现：新任 CEO 获得 MBA 学位的比例在 20 世纪 70 年代为 13.8%，而在 90 年代翻番至 28.7%；70 年代外部聘用的 CEO 拥有 MBA 学位的比例远高于内部提拔者，而到 80 年代此差异消失，到 90 年代发生反转；外聘的 CEO 报酬往往更高。Murphy 和 Zábojník（2007）认为，这些证据表明，通用管理能力对 CEO 报酬及企业是内部提拔还是外部招聘 CEO 的决策有着至关重要的影响，甚至对通过高管个人的人力资本投资及董事会中外部董事比例的变化都有显著影响。

尽管内部提拔高管的比例较高，但是近几十年来公司从外部招聘而不是从公司内部提拔 CEO 的比例也越来越高，公司存在积极寻找外部 CEO 到公司担任董事的现象（Fahlenbrach et al.，2010）。在 20 世纪七八十年代，外部招聘 CEO 的比例分别为 15% 与 17%，90 年代超过 25% 的 CEO 来自外部招聘，21 世纪初的前 5 年外部招聘 CEO 比例上升到 1/3（Murphy and Zábojník，2007）。在公司越来越倾向于从外部招聘 CEO 的同时，董事会中也出现了更多外部董事（Hermalin，2005）。外部招聘高管是否具有较好的效果，一些文献对此进行了实证分析，研究确实发现，从外部招聘 CEO 符合股东的利益。例如，Borokhovich 等（1996）利用 1970～1988 年 588 家规模较大的上市公司 969 例 CEO 续任样本的研究发现，公司外部董事比例与外聘 CEO 的更换频率呈强正相关，此关系在前任 CEO 自愿离职和被迫离职的样本中都可以观察到。CEO 续任引发的股价变化显示，股东可以从外部高管被聘为公司 CEO 中获利，但是当内部人士替代已解雇的 CEO 时，股东利益受损，结果表明，聘用外部董事可提高公司的经营业绩。Fahlenbrach 等（2010）也发现，公司存在积极寻找外部 CEO 到公司担任董事的现象，聘用其他公司 CEO 担任公司外部董事会给公司带来股价认证利益；相对任命其他外部董事而言，公司第一次任命外部 CEO 担任公司外部董事会带来的股票价格反应更高。不过，Fahlenbrach 等（2010）发现，外聘其他公司 CEO 为公司外部董事对公司经营业绩、经营决策及 CEO 报酬并没有产生显著影响。

2. 高管管理才能供给：外部董事市场的研究

让公司高管到其他企业担任外部董事可以提升本公司的管理效率。Bacon 和 Brown（1974）认为有几种途径可使 CEO 通过接受其他公司董事职位而变成更有效率的管理者并使 CEO 所在公司受益：有机会将公司战略与其他公司战略进行对比；接触到不同的公司变革模式；扩展 CEO 的视野；接触到不同的公司管理风格。Conyon 和 Read（2006）的理论模型表明，让 CEO 接受外部董事职位可提高 CEO 自身能力，从而符合公司股东的利益。考虑到在外担任外部董事可以提升管理者的管理才能，由此一些公司会同意本公司高管在外兼任职务，此方面文献从 CEO 供给进行了相关研究。Masulis 和 Mobbs（2011）的研究表明：内部董事在外担任外部董事的公司其经营业绩更好、市值与账面价值比率更高，在公司监督较困难时更如此；这些公司会做出更好的并购决策、拥有更多的现金持有量、过高估计盈余的情形更少；内部董事在外担任外部董事的公告会提高股东财富，而内部董事离任外部董事则会降低股东财富。

但是外部董事职位也会占用高管较多时间，因此公司是否同意高管担任外部董事同样存在收益与成本的权衡（Murphy and Zábojník，2007）。Booth 和 Deli（1996）从供给方面调查了 CEO 担任外部董事职位数量的影响因素，其结果发现：与主要由有形资产构成的公司相比，高增长机会的公司其首席执行官担任的外部董事职位较少；当首席执行官逐渐把决策权移交给继任者时，他们会担任较多的外部董事职位；当两个不同公司的雇员（不一定是首席执行官）相互在对方公司董事会担任外部董事时，公司首席执行官也会担任更多外部董事职位，CEO 的参与可将两个公司更加紧密地联系在一起；没有证据表明担任外部董事意味着 CEO 拥有更多不受制约的职务消费。Perry 和 Peyer（2005）关于 CEO 接受外部董事职位财富效应的研究提供了与 Booth 和 Deli（1996）不同的观点，他们发现，当代理成本较低时，CEO 接受外部董事职位，股东可以因此受益，而当代理成本较高时，CEO 接受外部董事职位的市场反应为负，该结果意味着，代理成本较高公司的 CEO 担任其他公司的外部董事给本公司股东带来的收益并不能弥补股东损失。Fahlenbrach 等（2010）的研究发现，CEO 更愿意接受地理位置相近、执行相似的财务与投资政策、公司治理与本公司相似、较具声望的公司外部董事职位聘用邀请，原因在于此类公司外部董事职位给 CEO 带来市场声誉及网络机会的同时，并不过多增加其工作负担。Booth 和 Deli（1996）、Perry 和 Peyer（2005）以及Fahlenbrach 等（2010）的发现都支持 Murphy 和 Zábojník（2007）关于外部董事供给权衡模型的观点。

3. 管理者更换研究

（1）高管更换特征。许多研究发现，近 20 年来高管更换的频率越来越高。导致 CEO 更换频率提高的一个重要因素是公司外聘董事较多。通常，外部董事比例越高的公司，董事会的独立性越强，导致公司 CEO 更容易因差强人意的业绩而被替换掉。另外，CEO 的来源也会影响董事会的独立性，内部选拔的 CEO 与公司董事会存在千丝万缕的联系，导致董事会更难以独立于 CEO，因此内部提拔的 CEO 更不容易被更换。此方面，Hermalin（2005）的研究发现，外部招聘的 CEO 被更换的频率相对较高。

（2）高管任期越来越短。与高管更换更加频繁相伴的一个经济现象是，高管任期越来越短。公司 CEO 任期自 20 世纪 70 年代以来一直呈下降趋势（Kaplan，2008），2000 ~ 2007 年 CEO 平均任期低于 6 年（Kaplan and Minton，2012），而且外部招聘的 CEO 平均任期短于内部提拔的 CEO（Hermalin，2005）。

（3）高管更换与公司业绩的关系。理论上，活跃的经理人市场可及时更换能力低下的高管，从而有助于缓和股东与高管间的代理问题、维护股东的利益。业绩低下的经理人能否及时被更换，可以表征经理人市场运行效率的高低。此方面早期许多经验文献（Coughlan and Schmidt，1985；Warner et al.，1988）发现，好的公司业绩与 CEO 报酬正相关，而差强人意的公司业绩则直接提高了 CEO 被迫让位或者更迭的可能性。随后 Kaplan 和 Reishus（1990）、Harford（2003）以及Gillan（2006）等大量的经验研究表明，业绩差的高管更容易被能力更强的经理人所替换，低劣的企业业绩是导致公司高管被更换的基本动因。在业绩差公司任职的董事往往会被认为没有很好地履行管理公司的职责，因此不太容易再被聘任为其他公司的董事（Kaplan and Reishus，1990）。

Kaplan 和 Minton（2012）专门对 CEO 更换的特点及其原因进行了分析。作者发现：1992～2007 年的 CEO 更换比例为 15.8%，远大于以前年份。2000～2007 年的 CEO 更换比例为 16.8%，意味着 CEO 平均任期低于 6 年；由董事会驱动的 CEO 更替与公司股票市场的表现显著相关，且自 2000 年以来此相关关系更显著，研究表明，业绩差公司的 CEO 越来越容易被更换。总之，大量的经验研究表明，差强人意的企业业绩是导致高管变更的基本动因，业绩差的高管更容易被能力更强的经理人所替换，且更难获得新的董事或 CEO 职位（Gillan，2006）。不过，Gibson（2003）利用 8 个新兴市场 1200 多家公司为样本的研究却没有得到一致的结果：公司业绩较差时 CEO 容易丢掉工作，但利用拥有本国大股东的公司为子样本的研究却发现公司业绩与 CEO 更替二者之间并没有明显的联系。

高管变更与公司业绩的敏感性受到投资者法律保护、股权结构、董事会权力结构等治理机制的影响。Gibson（2003）指出，在投资者法律保护较差的国家里，由于缺乏严格执行的监督和约束机制，大股东的存在特别是当大股东同时兼任公司管理者时，将大大增强管理者的壕沟效应（Entrenchment），削弱了高管变更对公司业绩变动的敏感度。同时，当总经理与董事长两职合一时，CEO 变更对经营绩效的敏感度更低，CEO 因低下的业绩而被更换的可能性降低（Goyal and Park，2002）。另外，CEO 更迭的业绩敏感度与大股东股权比例及董事会独立性相关联（Kaplan and Minton，2012）。不过，业务类型不同的公司，其 CEO 更换与业绩的敏感度存在差异。Berry 等（2006）发现，在业务多元化公司，CEO 更迭无论是与会计业绩还是股市业绩都不敏感，但业务单一的公司 CEO 更换则与公司业绩很敏感；多元化经营公司 CEO 被迫离职的情形少于业务单一公司；多元化公司 CEO 续任者往往年纪更大、接受过更多教育、公司支付给 CEO 续任者的报酬也更高。Berry 等（2006）的结果显示，业务多元化与单一化公司面对的经理人市场存在差异，公司复杂程度及业务范围会影响其聘用 CEO 的决策，可能的原因是多元化经营的公司其管理更复杂，专用管理技能相对更重要。

（4）以高管突然逝世为样本的研究。一些文献利用经理人突然逝世的样本对经理人市场的有效性进行经验研究。经理人突然逝世事件与 CEO 被迫离职相比，排除了事件窗期间其他许多事件的干扰，同时与 CEO 退休事件相比，高管突然逝世事件不可预测，因此 Chang 等（2010）认为经理人突然逝世事件为检验 CEO 离职对公司前景的影响以及判断 CEO 对公司的重要性提供了非常清晰的研究样本。Johnson 等（1985）的研究发现，总体上 CEO 突然逝世对股价没有影响，但是 CEO 报酬较高、公司业绩较好的公司 CEO 突然逝世造成的股票超常回报较低。Bruce 等（1985）对公司高管突然逝世引发的财富效应进行研究，发现高管突然逝世引起的股价异常变化与高管作为公司创始人的地位以及高管管理才能、决策责任有关。Nguyen 和 Nielsen（2014）通过股价对高管突然逝世的反应来考察高管报酬与管理层对公司价值贡献的关系，结果发现，对公司价值贡献大的管理者得到更高报酬。这些经验证据说明经理人市场能够识别出经理人能力的高低及对企业价值贡献的大小，从而间接证明了经理人市场的有效性。

（三）经理人市场中的报酬激励机制

1. 高管能力、报酬与公司业绩的关系

经理人市场是否是一种有效的治理机制，也可以从管理者的特征与其报酬之间的关系来观察。当报酬与高管能力、努力及公司业绩正相关，而不是由于掌握较多权力而得到高报酬时，经理人市场可以认为是有效的治理机制。Milbourn（2003）的经验分析表明，基于股票的报酬业绩敏感度与 CEO 能力显著正相关，这说明大部分 CEO 激励性报酬的横截面差异可归因于 CEO 的生产率。Chang 等（2010）关注 CEO 对于企业的重要性、企业业绩与 CEO 报酬是否反映了 CEO 能力的差异。他们利用 1992～2002 年 CEO 离职为样本的研究发现：CEO 离职导致的股价变化与离职前的公司业绩及 CEO 报酬显著负相关；CEO 离职前公司业绩越好，CEO 离职后能寻找到更好的工作；CEO 离职前公司业绩越好，CEO 报酬越高，离职时公司股价下降幅度更大，CEO 离职后公司业绩也变得更差。这些结果拒绝公司业绩差异是由于公司资产、员工以及运气等原因而不是由于 CEO 因素的观点，也不支持 CEO 报酬与 CEO 对公司价值的贡献无关的观点，表明了 CEO 能力、公司价值及 CEO 报酬之间存在的因果关系。Murphy 和 Zabojnik（2007）在数理模型推导的基础上，利用 1970～2000 年 CEO 报酬与更换的数据，实证分析了管理者才能的市场竞争对 CEO 特别是高能力 CEO 报酬增长的解释能力。研究发现，外部招聘而来的 CEO 其报酬高于内部提拔的 CEO，在外部招聘 CEO 比较盛行的行业更是如此。他们的经验研究也表明，近期 CEO 薪酬增加与外部招聘的增加有关，而不是管理者掘壕自守的结果，这与 Bebchuk 等（2002）基于管理者权力观点认为内部提拔的 CEO 较外部招聘的 CEO 获得更多报酬的结果相反，也反映了管理者能力特别是通用管理能力对企业经营的重要性越来越大。Cremers 和 Grinstein（2013）的研究发现，在 CEO 管理才能不是公司专用性资产的行业，CEO 报酬通常参考其他企业的标准来确定，当 CEO 管理才能呈现出更大的公司专用性特征时，CEO 报酬呈现出较严重的运气成本，这些发现与

CEO 管理才能的市场竞争观点一致。

关于报酬业绩敏感度的经验研究也能够为经理人市场的有效性提供证据。Jensen 和 Murphy（1990）观察到，CEO 报酬业绩敏感度约为 0.325%，即股东财富变化 1000 美元，CEO 财富相应变化的幅度为 3.25 美元，50 多年来 CEO 在公司中拥有的股权比例持续下降。他们认为这是因为公共政治压力等因素导致报酬业绩敏感度及 CEO 报酬水平自 20 世纪 30 年代开始持续降低；管理者报酬与股东财富之间相当低的关联与最优合同理论完全不符合。许多经济学家为此提供了不同的解释：在公司生产函数中高管并不是重要的生产要素、代理问题并没有预想的那么严重（Garvey and Swan，1994）；诸如产品市场与经理人市场已经对经理人提供了足够的监督（Fama，1980；Hart，1983；Aggarwal and Samwick，1999）。Chen 和 Leng（2004）则为此提供了不同的解释，他们认为是经理人市场中经理人之间能力差异较大而导致的结果。Chen 和 Leng（2004）构建的模型显示，在异质的经理人市场，考虑逆向选择后的最优合同报酬业绩敏感度较低，当市场中高能力经理人的比例上升时，平均的报酬业绩敏感度也会增加，利用经理人年龄与任期作为经理人能力代理变量的经验研究结果确实验证了他们理论模型的预测。不过，Frydman 和 Saks（2010）利用 1936 ~ 2005 年长期数据得出的结果与 Jensen 和 Murphy（1990）完全不同：20 世纪 40 ~ 70 年代高管实际报酬没有增长，报酬与公司增长之间只有微弱的联系；但是在过去的 30 年间，报酬与公司增长显著相关；长期数据还表明，高管财富与业绩敏感度较强，报酬契约可以将管理者激励与股东利益紧密联系起来。可见，高管报酬业绩敏感度的相关研究并没有达成一致结论，主要分歧在于高管报酬业绩敏感度到底是在降低还是在增强？有效的经理人市场中高管报酬应具备什么样的特征？经理人市场在塑造高管报酬业绩敏感度中起到什么样的作用？这些问题还有待讨论。

2. 高管报酬是否过高

过去 20 多年来，公司高管报酬的持续增长（Hall and Murphy，2003；Bebchuk and Fried，2005），CEO 报酬业绩敏感度相对较低，这些现象引发了公众对高管自定薪酬的质疑（Bebchuk and Fried，2003）。公众与媒介批评美国公司 CEO 薪酬过高、高管报酬不是由业绩决定、董事会在激励与监督 CEO 方面乏善可陈。不过，Kaplan（2008）认为这三方面的批评并不正确：虽然公司治理并不完善，但大量证据表明 CEO 报酬主要由市场压力所决定，其报酬与业绩密切相关；董事会对 CEO 起到了良好的监督作用；自 20 世纪 70 年代以来 CEO 任期越来越短，CEO 更迭与股票业绩的联系越来越紧密；CEO 报酬更加透明、股东积极行为增加以及董事会成员选择时更多采用多数票规则减少了高管报酬中的不合理部分。Kaplan（2008）的观点引发了他与 Walsh（2008）之间的一场争辩，后者与前者的观点完全不同。Hall 和 Liebman（1998）也否定了高管报酬过高的批评，其经验证据与企业高管如同官僚那样获得报酬的观点完全不同，他们利用美国大型公众公司面板数据的研究发现，企业业绩与 CEO 报酬之间呈强相关关系，此相关关系主要是 CEO 所持的股票及股票期权所导致，此外他们还发现，由于股票期权的使用，CEO 报酬及其与业绩的敏感度自 20 世纪 80 年代以后得到显著提高。

不同国家之间企业高管报酬的跨国比较也许能够为此争论提供部分证据。Conyon 和 Murphy（2000）对此进行了研究，在控制行业、公司规模、公司及个人特征变量后，1997 年美国公司 CEO 获得的现金报酬及全部报酬分别比英国公司 CEO 高出 45% 与 190%，这一结果说明美国公司 CEO 报酬过高。不过有趣的是，Conyon 等（2011）的研究却又提供了相反的证据，他们将美国公司与英国公司 CEO 报酬进行比较发现，在控制公司及行业特征后美国公司 CEO 报酬的确更高，股权与期权激励也比英国公司多，但是经风险调整后美国公司 CEO 并没有获得高于英国同行的报酬。随后 Fernandes 等（2013）利用 14 个国家的 CEO 报酬数据的研究得出与 Conyon 等（2011）同样的结果并支持 Kaplan（2008）的观点。Fernandes等（2013）发现：美国公司 CEO 报酬溢价较适中，高报酬主要反映了机构投资者及独立董事要求的基于业绩的报酬；美国公司与非美国公司间 CEO 报酬或基于股权的报酬并不存在显著差异。Kaplan 和 Rauh（2010）关于高收入阶层中收入不平等的研究也为公司高管报酬是否过高提供了不同角度的答案，作者发现，虽然 1994～2004 年公众公司高管占高收入群体的比重有所上升，但非金融行业公司的高管及 CEO 在高收入群体中所占的比例远低于金融行业员工所占的比例。

Kaplan（2012）进一步对美国 CEO 薪酬过高并且在不断增长、CEO 并不是依据绩效获得报酬、CEO 没有因不良绩效而受到董事会惩罚这三个普遍的观点进行了探讨。作者发现，第一，虽然 CEO 薪酬在 20 世纪 90 年代有实质性增长，但随后却下降了。CEO 薪酬与其他高收入群体（如律师、对冲基金以及风险投资者等）的比值只停留在 90 年代早期水平，大公司 CEO 薪酬与公司市场价值之比与 70 年代后期大致相当并低于 60 年代。第二，过去 3 年间，实际收入位于前 20% 的 CEO 其公司股票回报率高于同行业其他公司的 60%，而实际收入位于后 20% 的 CEO 其公司股票回报率低于同行业其他公司的 20%。第三，自 1998 年以来财富 500 强 CEO 每年有 1/6 的 CEO 丢掉了工作，而 20 世纪 70 年代此比率只有1/10。而且 CEO 更替与不良公司股票业绩密切相关，CEO 经常因公司业绩差而被董事会开除，CEO 离职与公司业绩的敏感度随董事会质量的提高而显著增加。Kaplan（2012）认为，大样本和长期证据一方面支持经理人市场是 CEO 薪酬的重要决定因素，同时也说明，相对于过去数十年，现在公司董事会很好地履行了监管职能，股东投票决定高管薪酬的积极效果表明管理才能的竞争性市场对高管薪酬具有重要作用。

总之，尽管大量实证研究结果表明高管报酬过高、报酬业绩敏感度较低，但对此仍然存在较大争议。采用长期、大样本等更合理的数据对高管报酬相关变化特征进行总结，同时探讨高管薪酬变化背后的内在动因，将是经理人市场治理研究领域的一大挑战。

（四）经理人市场中的声誉机制：职业前景

1. 公司业绩与高管职业前景

职业关注被 Fama（1980）认为是经理人市场中一种有效的隐性激励机制：当前良好的业绩将使经理人获得未来较好的就业机会及较高收入。Holmstrom（1982）认为虽然来自劳动力市场的隐性激励具有良好效果，但有其缺陷：职业生涯初期经理人会努力工作，但越临近退休经理人努力工作的积极性越来越弱。不过，Zabojnik（2001）的模型表明，在完全竞争的经理人市场中存在比 Holmstrom（1982）结果更有效的均衡，Tadelis（2002）的动态声誉模型也说明好的市场声誉具有较高价值，会激励代理人在整个职业生涯中都保持良好声誉。总之，理论认为来自劳动力市场的压力和对自身声誉的关注对管理层和董事会成员都具有约束作用。

许多研究从公司业绩与高管职业前景之间的关系对经理人声誉机制进行检验。Kaplan 和 Reishus（1990）的实证表明，业绩低下公司的董事不太容易被聘任为其他公司的外部董事。Yermack（2004）通过财富 500 强公司独立董事激励的分析发现，企业价值增加 1000 美元，董事个人财富大致增加 11 美分，来自工资及股权的报酬大致占外部董事激励的一半，剩余的激励主要是公司业绩良好时可获得更多外部董事职位的可能性。Yermack（2004）的研究说明了公司业绩与外部职业前景的关系以及外部职业前景对外部董事激励的重要性。Brickley 等（1999）研究发现，已退休的 CEO 在两年内担任公司董事或其他公司外部董事职位的可能性与其 CEO 任职期间的表现正相关，CEO 退休后继续担任本公司董事主要依赖于公司股市回报，而服务于外部董事职位主要依赖于会计回报，这说明声誉机制在 CEO 退休后仍然在发挥重要作用。Harford（2003）则研究了兼并收购中的董事更替现象，他发现，目标公司的董事更可能被迫离职，离职后较难找到新的董事职位，并购对目标公司的外部董事造成财务损失，他们面临因执行监督职能失败而由外部董事市场带给他们的惩罚。Coles 和 Hoi（2003）分析宾夕法尼亚州公司董事会成员反对接管保护条款的行为（宾夕法尼亚州参议院第 1310 号法案中的条款）与随后在劳动力市场中担任董事职位的机会这二者之间的关系，结果表明，反对接管保护条款的董事获得外部董事职位的机会以及保留现有董事职位的可能性，分别是接受反接管行为董事的3倍与1.3倍。Chang等（2010）的研究也发现，报酬高、公司业绩好的CEO离职后能寻找到更好的工作岗位。这些研究成果说明了公司业绩与经理人市场中职业前景存在显著的相关关系，表明经理人市场中的职业前景对经理人有着重要的激励作用。

2. 高管声誉与报酬

较高市场声誉将使高管获得较高报酬，这是经理人声誉机制运行的前提，由此可通过检验高管声誉与报酬关系来观察经理人声誉机制是否发挥作用。Gibbons和Murphy（1992）利用福布斯公布的1493家大公司1970～1988年2972位CEO数据对业绩报酬与距离离任时间、CEO任期等的关系进行分析，以检验职业关注是否会导致CEO临近退休时间显性激励更强而隐性激励较弱。作者发现，CEO越临近退休时报酬业绩敏感度越强。Milbourn（2003）认为以下四个指标与经理人的能力正相关，可以作为经理人声誉的代理变量：①CEO任期。CEO任期越长，董事会对其评价越高。②CEO来自外部招聘。外部候选人只有在能力比内部候选人强时才会被企业聘任为CEO，因此，来自企业外部的CEO其能力较强，拥有更高的职业声誉。③CEO姓名在各种商业报纸杂志中出现的次数。在行业内拥有杰出声誉的CEO相比其他CEO将接受更多采访，因而他的名字更多出现在各种媒体特别是商业类报纸杂志中。④CEO任期内所在企业经行业调整的企业业绩越好，CEO声誉越高。Milbourn（2003）的经验研究发现，上述四个CEO声誉代理变量都与基于股票的报酬业绩敏感度显著正相关，CEO声誉是股权报酬的一个重要影响因素。

Persons（2006）对美国公司舞弊或诉讼案被揭露后效应的研究发现：与未舞弊公司相比，公司舞弊或诉讼被揭露后高管平均现金报酬增加幅度远低于未舞弊公司；当公司利润较低、公司过去发生过舞弊行为、薪酬委员会规模较小以及董事之间交流较频繁时，舞弊公司更可能降低公司高管的现金报酬。Majdi和Rahman（2011）研究发现：在舞弊事件被揭露后第二年舞弊与诉讼公司高管报酬下降6%，而未舞弊公司高管同期报酬增长了8.08%；舞弊公司新任命的公司高管其报酬低于未舞弊公司高管。这些研究表明，好的市场声誉可以为高管带来较高的报酬业绩敏感度，而坏的市场声誉（如涉及舞弊）则直接降低高管的现金报酬，从而证实了经理人市场声誉机制确实发挥着治理作用。

3. 公司舞弊后的高管更换与职业前景

在运行良好的经理人市场中，不良的声誉记录导致经理人更容易被更换。在发生过财务舞弊的公司，高管更换比例往往较高，导致此结果的原因在于，为获取资源及寻求外部支持导致舞弊公司董事会更可能解雇声誉受损的董事会成员

(Cowen and Marcel，2011)。因此，许多学者另辟蹊径，利用发生财务重述或者被 SEC 处罚的公司为样本分析公司丑闻对高管职业前景的影响。Srinivasan（2005）的研究表明，有过财务重述经历的公司其外部董事被更换的可能性较高，并且发生财务重述后更难以找到新的董事职位。Persons（2006）对美国公司舞弊或诉讼案被揭露后的效应发现：与配对未舞弊公司相比，舞弊或诉讼被《华尔街日报》揭露的公司有更高的高管更换比例；当 CEO 不兼任董事长或 CEO 担任董事职位时间较短时舞弊公司更可能更换高管。

Desai 等（2006）研究了声誉机制对经理人的惩罚，研究发现：60% 的舞弊公司在 24 个月内至少有 1 名经理人离职，而对比公司只有 35%；舞弊公司离职经理就业前景更黯淡。这些证据表明，劳动力市场和资本市场会惩罚舞弊公司及其高管人员，经理人市场中的声誉机制对财务舞弊起到了一定制约作用。Fich 和 Shivdasani（2007）分析了声誉机制对外部董事的惩罚。其结论是：面临财务舞弊诉讼后，外部董事在其他公司的董事职位显著下降；当外部董事对舞弊负有更大责任和舞弊更严重时，外部董事在其他公司的董事职位数下降更多；与舞弊公司有相同董事的其他公司价值下降；在治理良好的公司，与舞弊有牵连的董事更可能离职，其离职增加了这些公司的价值。Ertimur 等（2012）以 2006 ~ 2007 年倒填期权日期的舞弊行为为例对声誉惩罚进行的研究发现，涉案公司的薪酬委员会成员将会受到严格的惩罚：投票权受到限制、更容易被替换，但是涉案公司的董事会成员在其他没有发生舞弊行为的公司担任的董事职位其投票权并没有受到影响，也没有被更换。Ertimur 等（2012）的研究既说明了声誉机制的有效性，也表明声誉机制在董事成员的事前激励方面并没有提供足够的监督。

Majdi 和 Rahman（2011）以 2001 ~ 2006 年马来西亚发生舞弊与法律诉讼公司为样本的进一步研究发现：舞弊公司高管报酬的下降现象在高管被更换及未更换公司都存在；舞弊公司的继任高管其报酬低于未舞弊公司的高管。Cowen 和 Marcel（2011）认为，为获取资源及寻求外部支持导致舞弊公司董事会更可能解雇声誉受损的董事会成员。

尽管大多数研究发现经理人声誉机制会导致合意的结果，但也有部分研究发现经理人市场声誉机制的结果并不理想。理论研究方面，Senbongi 和 Harrington（1995）构建的卖方垄断厂商的管理者激励与战略行为模型发现，管理者会选择超过企业利润最大化的产量。Conyon 和 Read（2006）的模型也表明，公司高管愿意担任外部董事的数量超过公司利润最大化的外部董事数量。实证研究方面，Agrawal 等（1999）的单变量分析发现，舞弊公司管理层及董事被更换的可能性更高，但是在控制公司特征后的多变量检验结果发现，管理层及董事更换与公司舞弊并不存在显著相关关系。声誉理论认为，当公司高管或董事因舞弊而遭到集团诉讼时，公司中其他高管或董事也将遭受声誉惩罚，但 Helland（2006）的经验证据却不支持此观点：诉讼并未给独立董事声誉带来负面影响，被诉讼公司独立董事反而获得了更多的独立董事席位，来自董事这一劳动力市场的监督非常松懈。

四、文献述评与本书研究视角

（一）文献述评

1. 理论假设方面

学习模型的前提假设是，关于高管能力存在着信息不对称，此假定与现实相符。在资产专用性较强的行业中，甚至高管本人对自身的管理才能也不可知。因此，在管理才能专用性较强的行业及企业中，双边学习模型应更有现实的经济解释力。例如，Harris 和 Holmstrom（1982）双边学习模型能较好地解释以下经济现象：经验丰富的管理者其平均收入高于缺乏经验的管理者，即使前者业绩并不高于后者。同时，声誉激励的机理是劳动力市场利用高管的当前产出来更新高管能力的信念并且基于能力来确定高管报酬，因此声誉激励的效果受到劳动力市场对高管能力学习效率的影响，将劳动力市场及高管对高管能力的学习过程纳入激励模型，也许可以得出更理想的预测结果。

2. 理论模型的构建

Chen 和 Leng（2004）的混合激励模型较好地解释了报酬业绩敏感度与经理人能力正相关、高管报酬业绩敏感度持续较低现象。Zabojnik（2001）模型有助于解释劳动力市场中对经理人较少采用详尽显性激励合同、CEO 报酬业绩敏感度较低、业绩良好的管理者更容易成为董事会成员等经济现象。报酬激励模型关注报酬特征及其与公司业绩的关系，而声誉模型则主要考察高管职业关注对公司业绩、现金报酬等的影响。实践中高管既关心报酬又关注未来职业前景，因此在理论模型构建时，综合考察隐性激励和显性激励可能会得出更加合理的经济预测。另外，激励强度、劳动力市场竞争、管理者风险厌恶等因素都将影响报酬和声誉激励的效果及报酬激励本身（Gibbons and Murphy，1992），因此，未来的研究方向是识别出影响报酬激励的重要因素，并将此类重要因素纳入理论模型中。

3. 经理人市场对高管报酬及报酬业绩敏感度的影响

不同特征的企业对高管的需求存在差异，经理人市场的变化也将影响高管需求方式，进而影响管理者报酬特征。Hermalin（2005）通过董事会勤勉程度、Murphy和 Zábojník（2007）通过管理者通用管理才能与专用管理才能重要性的相对变化，而 Gabaix 和 Landier（2008）等通过工作匹配模型解释了美国公司高管相关的显著变迁特征。这些模型特别是管理才能配置模型表明高管报酬大幅增长、高管报酬业绩敏感度持续变低、公司规模对高管薪酬的解释程度越来越强可能是在经理人市场变化情况下的内生结果，他们提供了完全不同于委托代理理论认为高管乐于构建公司帝国的观点，从而为理解 CEO 报酬变化趋势以及 CEO 报酬与公司规模之间的关系等经济现象提供了更广阔的视角。

4. 对经理人市场变迁特征经济解释的差异

有关经理人市场治理功能的研究从理论模型构建、企业高管雇用及效果、高管更换、高管个人特征与其报酬业绩的关系、经理人市场声誉激励等多方面展开了研究。此方面的理论研究为经理人市场中的经济现象提供了不同的经济解释。

（1）高管报酬业绩敏感度。关于经理人报酬业绩敏感度下降的趋势，Zabojnik（2001）的模型认为，经理人的风险厌恶导致采用风险较高的基于业绩的报酬激励机制不是最佳的选择，经理人风险厌恶可以解释经验研究中观察到的 CEO 报酬业绩敏感度比较低的现象，而 Chen 和 Leng（2004）认为，经理人市场中管理者才能差异较大所导致的管理者逆向选择行为可以说明此趋势。

（2）高管报酬与公司规模的关系。关于 CEO 报酬与公司规模越来越相关性的现象，Gabaix 和 Landier（2008）认为这是不同 CEO 能力的市场匹配所导致，而 Hermalin（2005）的局部均衡模型认为是由于公司治理的强化增加了 CEO 的努力程度以及解雇风险，因此 CEO 会要求更高的报酬。Jensen 和 Meckling（1976）认为是企业高管为谋求自身利益最大化而乐于构建企业帝国的结果。Bebchuk 等（2002）认为是企业高管的权力过大所致。

（3）对高管报酬快速增长的解释。关于 CEO 报酬快速增长现象，Murphy 和 Zábojník（2007）认为是通用管理才能重要性的增加及经理人市场竞争加剧所致，Bebchuk 等（2002）解释为权力过大并凌驾于董事会的现任 CEO 的自利行为，而不是劳动力市场竞争的结果。而 Gabaix 和 Landier（2008）与 Baranchuk 等（2011）则认为是管理才能市场化配置的内生结果。另外，Bebchuk 等（2002）模型得到的结果是，内部提拔 CEO 的报酬高于外部招聘 CEO，这与 Murphy 和 Zábojník（2007）的观点完全相反。

（4）外部高管与内部高管权力和薪酬差异的争议。相关研究观点差异较大，甚至对于同一理论在经验研究方面的含义，也可能存在不同的观点。例如，关于高管权力，Bebchuk 等（2002）认为，来自外部的 CEO 拥有的权力较小，因为外部 CEO 与董事会的关系较疏远，董事会对其监督力度更强。而 Taylor（2010）认为来自外部的 CEO 有更大权力，因为外部 CEO 具有更多的外部选择机会，其谈判能力更强。经验研究方面存在一些相冲突的结果，Murphy 和 Zabojnik

（2007）研究发现，外部招聘而来的 CEO 其报酬高于内部提拔的 CEO，在外部招聘 CEO 比较盛行的行业更是如此，而 Fahlenbrach 等（2010）的研究发现，外聘 CEO 其报酬与内部提拔的 CEO 不存在显著差异。

（二）本书研究视角

关于经理人市场治理的大量研究，主要是基于企业这一微观主体，研究企业高管的选聘机制、高管更换、报酬与声誉等激励机制，而较少关注经理人市场特性对上述问题的影响①，其主要原因可能是目前研究方面主要来自西方发达国家，而这些国家劳动力市场发育比较成熟，劳动力流动性比较充分，因而对此关注较少。Gao 等（2015）从高管跳槽角度研究经理人市场对高管薪酬的影响，并以高管是否为 CEO、持股比例、目前薪酬水平、同行业中公司数量、高管接近退休或者在公司已经工作年限等指标衡量高管流动性，分析高管流动性对高管跳槽与其他高管薪酬变化的影响。Gao 等（2015）的研究说明了劳动力市场流动性对高管薪酬存在显著影响，因此，研究高管行为需要关注经理人市场这一基本因素。

我国经理人市场呈现出显著的二元化特征，最主要体现在沿海经济发达地区经理人市场比较发达，而中部地区次之，西部地区经理人市场则相对欠发达，其中主要原因是东部沿海地区经济较发达，收入水平较高，就业机会也相对较丰富，造成大量的劳动力往东部沿海地区流动。地区间经理人市场发育程度的差异为研究经理人市场的治理功能提供了便利。

另外，我国经理人市场还存在两个重要的特征：一是国有企业与民营企业在高管聘用方式上存在显著差异，国有企业高管主要由政府任命，而民营企业聘用外部高管时主要采用市场化方式。二是企业高管在国有企业与民营企业间流动方向上不对称，民营企业高管向国有企业流动的障碍相对较多，而国有企业高管向民营企业流动相对较容易②。

考虑到上述因素，本书直接将考察对象限定为民营上市公司，研究民营上市公司聘用外部高管的动因、外部高管对企业物质资源和人力资源配置效率的影响、外部高管比例对高管薪酬激励机制的影响、外部高管对企业代理成本的影响，以及外部高管对公司业绩的影响。与此同时，还重点关注经理人市场发育程度对上述问题的影响，以考虑经理人市场的治理功能。

---

① 少数学者如 Harris 和 Holmstrom（1982）在研究过程中考虑了外部市场中的工作机会对员工或管理者职业生涯收入的影响。Edmans 和 Gabaix（2011）在其 CEO 配置的市场均衡模型中，也将 CEO 的其他工作机会选择引入模型中，发展出了两部门模型。

② 民营企业高管向国有企业流动的主要障碍之一是，国有企业高管其身份并非完全是经理人，还拥有一定级别的政治地位，政府参照相应政府官员的行政级别对国有企业高管进行管理。

第三章　经营风险、劳动力市场与外聘高管规模

一、引言

管理者人力资本是企业不可或缺的重要资本，管理层聘用是企业契约的重要组成部分。管理者才能是一种稀缺资源（Conyon and Read，2006），对股东价值有着重要影响（Hayes and Schaefer，1999），经理人市场是一个管理者才能有限供给的竞争性市场（Baranchuk et al.，2011）。公司治理的目标不仅在于解决事后管理者道德风险以保证管理层作出恰当的努力和按照股东最佳利益进行决策，还在于通过事前的选聘机制挑选出优秀的管理层。管理层的雇用合同不仅要考虑如何刺激管理者的努力程度，也应考虑如何选择出合适的管理者（Chen and Leng，2004）。有关高管的公司治理研究侧重高管聘用后激励与代理成本等经济后果，而较少关注高管聘用的影响因素。我国经济市场化转型过程中，企业市场机会不断拓展，经营风险逐渐增加，引发了对管理才能的市场化需求，经理人市场也得以逐渐发育。那么经济转型过程中市场化程度较高的民营企业如何利用内外部经理人市场挑选企业高管以补充管理才能缺口呢？此方面的研究将有助于理解民营企业聘用外部高管的经济动因，并为劳动力市场的改革提供建议。

为此，本章考察市场化进程中经营风险、企业内部劳动力市场和外部经理人市场发育对民营上市公司外聘高管规模的影响。研究发现：经营风险越大的民营上市公司外聘高管规模越大，内部劳动力市场较丰富的企业较少聘用外部高管，外部经理人市场发育较好时聘用的外部高管数量也较多；民营上市公司更愿意聘用执行职能类外部高管，而不太愿意聘用监督或咨询类特别是决策职能类外部高管。进一步的分析还发现：在经理人市场发育较差的地区，经营风险、内部管理才能供给对公司外聘高管数量的影响更加显著；仅在发育程度较高的地区，经理人市场发育对民营企业外聘高管规模存在显著的正向影响，即经理人市场发育程度对民营上市公司外聘高管规模的显著影响仅在经理人市场发育程度较高的地区

发挥作用。研究结果表明经营风险、内部劳动力市场和外部经理人市场发育等因素对民营上市公司外聘高管规模有着重要影响。

本章的贡献在于：①与大量文献基于道德风险角度关注公司治理对事后高管代理成本的影响（辛清泉和谭伟强，2009；方军雄，2011；杨德明和赵璨，2012）不同，我们主要关注事前民营企业如何聘用外部高管。②大量文献基于高管是否有政治联系对高管进行分类，进而研究企业高管政治联系的动机（余明桂等，2010；罗党论和唐清泉，2009）及经济后果（Fan et al.，2007；于蔚等，2012；刘慧龙等，2010；张敏等，2010）。我们则从高管是否为外部高管角度，考察影响民营上市公司聘用外部高管规模的市场经济因素。③我们研究发现，经营风险导致民营上市公司外聘高管规模在逐步增加。由于我国经理人市场发育还有待完善，特别是外部董事市场的发育欠佳，导致在所有权与控制权初步分离阶段，尽管外部高管的决策、监督与咨询对于企业管理水平和业绩提升至关重要，但民营上市公司实际控制人基于掌握决策权的考虑，更愿意聘用执行职能类外部高管。本章的研究结果既说明了发展与完善经理人市场的重要性，也在一定程度上丰富了外部经济环境对公司人力资源政策影响的成果，也可为国家在劳动力市场管理制度方面的改革提供可资参考的政策建议。

二、制度背景、理论分析与研究假说

（一）制度背景

自1978年改革开放以来，中国经济保持了30多年的高速增长，这主要得益于从计划经济向市场经济的转轨，用市场手段代替计划手段来配置经济资源。随着市场化进程的深入，我国资本配置效率有所改善（方军雄，2006），市场化有助于经济增长（哈勒根和张军，1999）、降低政府在配置资源中的高昂成本（高明华，2003）。然而，在以双轨制为特征的渐进式改革中，计划体制的一些制度安排和市场制度并存且出现不配套（林毅夫，2007），其中较突出的是劳动力市场特别是经理人市场分割较严重。表现之一为国有企业与民营企业高管的选任方式存在较大差异。国有企业高管主要由上级政府部门行政任命，高管的任命和解雇权力由政府掌握，较少采用市场化方式（Fan et al.，2007；Chang and Wong，2009），而民营企业更愿意采用市场化方式选择企业高管（王常柏，2007）。表现之二为不同性质企业间高管流动的单向性。具体来说，国有企业与民营企业高管之间在相互流动方向上存在着不对称，国有企业高管向民营企业流动相对于民营企业高管向国有企业流动的体制性障碍更少。表现之三是我国不同经济区域的经理人市场发育程度存在较大差距。经济发达的东部地区经理人市场发育程度较高，中西部地区经理人市场发育程度较低，主要原因是优秀的管理人才追求更高收入而向市场经济较发达的地区流动以及经济发达地区市场竞争本身也促进了优秀管理人才的培育。

我国民营经济发展初期，其管理能力主要来自国有或集体企业的转移（李新春，2003），管理人才严重匮乏已经成为制约我国民营企业成长的"瓶颈"（储小平，2002）。特别地，经过30多年的发展，民营企业第一代创业者的年龄逐渐增大，大批家族企业面临大规模的权力转移与接班传承问题（何轩等，2011；陈德球等，2013），管理能力缺口日渐突出。此过程中，我国经理人市场也已经逐步形成（陈冬华等，2005；樊纲等，2011），市场中优秀管理人才的供给逐渐增加。管理缺口的日益突出和经理人市场的逐渐发育，使得民营上市公司从经理人市场中吸纳管理才能以提升企业管理水平的意愿越来越高，大量家族企业开始聘用非家庭成员担任企业高管（许静静和吕长江，2011）。王常柏（2007）的调查显示，已聘任总经理的民营企业占到调查样本总数的41.9%，另外还有25.9%的民营企业有外聘总经理的需求，而且规模越大的企业外聘总经理的需求越大。那么，在经理人市场逐渐发育过程中，我国大型民营企业如民营上市公司聘用外部高管规模受什么因素影响？本节从企业经营风险方面进行考察，并综合考虑企业内部劳动力市场和外部经理人市场管理才能供给的影响。

（二）理论分析与研究假说

1. 经营风险、管理才能需求与外聘高管规模

影响我国民营企业发展壮大的一大"瓶颈"是管理才能的缺失。随着市场扩张、经营规模扩大以及市场竞争加剧，民营企业对管理能力的需求与自我供给之间出现了较大缺口，开始从外部劳动力市场引进高管。从外部聘用高管确实可为民营企业带来收益。首先，从外部选择管理者的空间较大，选择到能力强的职业经理人的可能性相对较高，而内部近亲繁衍则容易出现才能萎缩现象（雷丁，1993）。其次，外部高管能给企业带来新的管理理念与方法和更多投资机会，帮助企业对经营战略重新定位。外聘高管会改变企业优柔寡断、犹豫不决的决策方式（Miller and Shamsie，2001），能够以其独特的权威和经验为公司现任管理层提供有效的监督和咨询服务（Fahlenbrach et al.，2010）。

企业外聘高管需求的大小，受公司从外聘高管中受益程度的影响，受益程度越高，公司外聘高管的规模越大。影响企业外聘高管需求的一个重要因素是企业经营风险程度，经营风险程度越高，企业更需要借助外部高管的管理才能以避免

企业的战略制定与战略执行出现重大失误，经营风险较高的企业可从聘用外部高管中获取较大利益。Hermalin 和 Weisbach（1988）执类似观点，他们认为，年轻、经验欠丰富的公司 CEO 更需要有高超管理才能和丰富管理经验的高管给予帮助，这类公司更能够从聘用其他公司 CEO 为公司外部董事中获取较大利益。Fahlenbrach 等（2010）也认为，经营风险程度较高的公司更乐于聘用有声望的外部董事，以确保企业处于正确的发展道路。另外，企业对外部候选人管理能力的信息缺乏所引致的内部提拔方式选择高管给企业带来的风险更小（Agrawal et al.，2006），以及企业会利用内部提拔方式激励内部管理者努力工作、保护及激励内部管理者进行与企业相关的专用性人力资本投资（Chan，1996；Alberto and Pedro，2006），导致只有能力远高于内部管理者的外部管理者才有可能成功竞争到高管职位（Chan，1996；Agrawal et al.，2006）。经营风险较高的企业，不仅能够从聘用外部高管中得到管理协同效果，而且还可凭借外部高管的优秀管理才能提升企业管理水平。因此，可以合理预计，经营风险程度较高的企业，更需要借助外部的管理才能，从外部聘用高管的动机更加强烈。

基于上述分析，我们提出如下假设：

假设 H3－1：企业经营风险越高，外聘高管的比例就越大。

2. 内部管理才能供给与外聘高管规模

企业在选择高管来源问题上存在外部招聘还是内部提拔的权衡。企业普遍存在从内部提拔高管而不是从外部市场招聘的倾向，外部人士在竞争 CEO 职位过程中处于不利地位（Chan，1996；Agrawal et al.，2006）。对此的解释：一是信息不对称理论。企业对不同管理者的熟识程度存在差异，对内部管理者管理才能的了解程度远高于外部应聘的管理者，因此更容易选择内部候选人为公司高管。风险厌恶的雇主倾向于从内部提拔员工到更高职位以减少不确定性（Chan，1996），这导致拥有更多雇员能力信息的企业更愿意从内部提拔而不是从外部招聘管理者（Alberto and Pedro，2006）。二是人力资本专用性理论。内部提拔可以充当激励公司员工努力工作的手段。外部候选人在竞争 CEO 职位过程中处于不利地位，原因在于内部提拔能为内部人努力工作提供激励（Chan，1996；Agrawal et al.，2006）。积累专用性人力资本需要雇主与雇员联合投资，因此双方都有激励以维持长期雇用关系。专用性人力资本积累越多，企业从外部招聘能力高于现有职员的成本就越高。为激励及保护企业和员工的专用性人力资本投资，企业往往倾向于采用内部提拔方式选聘高管。

当内部管理才能供给较丰富时，企业更倾向于采用内部提拔方式选聘高管。首先，从信息不对称角度看，丰富的内部管理者之间竞争高层岗位，竞争选择过程中内部候选者的信息更会充分地展示出来，这将有助于形成更有效的内部竞争，优秀管理者更容易脱颖而出，企业也更容易选择到优秀高管。其次，内部管理者较丰富时采用外部招聘的成本相对较高。此成本表现在两方面：一是众多内部管理者因企业采用外部招聘方式选择高管而不愿意发展专用性人力资本，甚至会加大内部优秀管理者的离职倾向。企业采用内部提拔方式选聘高管可防止高管离职带来的高成本（Alberto and Pedro，2006）。二是要求公司雇员在同事与外部求职者之间同时竞争高管职位将减少公司雇员的获胜机会，为了维持激励强度，公司必须付出较高的报酬激励以替代减少的职位激励。因此，当外部候选人与内部候选人能力相差无几或者虽然外部候选人比内部候选人能力强但存在多个内部候选人时，公司更可能任命内部候选人为 CEO（Agrawal et al.，2006）。岗位职级越高，采用内部提拔的可能性越大（Chan，1996；Agrawal et al.，2006）。综上所述，本节预期，当内部存在丰富的管理才能供给时，企业更可能从内部管理者中提拔高管，而较少从外部选聘高管。

基于上述分析，我们提出如下假设：

假设 H3－2：公司内部劳动力市场越丰富，外聘高管的比例就越小。

3. 经理人市场发育、外部管理才能供给与外聘高管规模

经理人市场是职业企业家的雇用市场，发育程度较高的经理人市场，有助于提升管理才能的有效供给水平。

（1）经理人市场的学习机制将优化管理才能的配置效率。尽管企业与经理人之间关于经理人能力的信息存在严重不对称，但企业可通过观察企业经营业绩来推测经理人的管理才能，企业业绩好的经理人将会得到更多资金及项目的配给。随着管理者才能的信息不断被更新，企业资本配置将更加有效率（Murphy，1986），能力强的 CEO 被大公司所聘用，其管理才能可得到更大用武之地（Edmans and Gabaix，2011），他们将经营更多项目，工作努力程度也随之提高（Baranchuk et al.，2011）。

（2）声誉机制将促使经理人努力工作。在发达的经理人市场中，良好的经营业绩有助于经理人获得较好的就业机会及较高薪酬。业绩好的 CEO 离职后能寻找到更好的工作岗位（Chang et al.，2010）。对未来职业的关注，可促使经理人努力工作（Fama，1980）。好的市场声誉具有价值，能激励代理人在整个职业生涯中保持良好声誉（Tadelis，2002）。总之，经理人市场的学习与声誉机制可提升管理者的努力程度，从而提升经理人市场中管理才能的有效供给水平。

（3）“干中学”效应和收入效应直接提升经理人市场发育良好地区的管理才能供给。首先，在经理人市场化程度较高的地区，市场化的竞争环境使管理者更容易接触、学习并积累先进的企业管理知识与经验，有利于培育出适应市场需要的高素质管理者。其次，市场化程度较高地区的劳动力边际产出较高，员工收入

也高于市场化程度低的地区，导致管理者向市场化程度较高的地区流动，优秀管理者的供给因而更充足。另外，经理人市场发育程度较高的地区，能够为经理人提供更多的工作机会，这可以降低管理才能的资产专用性程度，经理人会加大通用管理才能的投资。通用管理知识重要性的相对增加导致个人加大通用管理技能的投资，董事会中也将出现更多外部董事（Murphy and Zábojník，2007）。可以合理预计，在经理人市场发育程度较好的地区，外部管理才能供给更丰富，企业将更多以市场为导向外聘高管。

基于上述分析，我们提出如下假设：

假设 H3 -3：经理人市场发育程度较好地区的企业，外聘高管的比例较高。

三、研究设计

（一）样本选择与数据来源

国有企业不只是以利润为目标，还包括稳定就业、地区经济增长和社会稳定等目标（曾庆生和陈信元，2006；刘慧龙等，2010），政府对于国企非经济目标的要求主要通过任命国企高层管理人员来实现。国企高管的“政府化”特征集中表现在高管出任途径仍然是行政任命（王红领，2006）。因此，我们以 2008 ~ 2012 年中国 A 股民营上市公司为样本，与罗党论和唐清泉（2009）、郭剑花和杜兴强（2011）等文献一致，将最终控制人为自然人或家族的企业定义为民营上市公司。基于数据可获得性，我们要求样本公司在 2007 年前已公开发行股票并上市交易。我们剔除金融保险行业的观察值，得到 322 家民营上市公司 1610 个观察值。本节主要原始数据来自 CSMAR 数据库，经理人市场发育数据来自樊纲等（2011），外部高管数据通过查看高管简历手工收集。

（二）回归模型和变量定义

本书采用模型（3 -1）对假设进行检验，各变量的定义如表 3 -1 所示。外聘高管规模 Out 分别用 Outman、Outdir、Outceo 三个变量来衡量：Outman 为外聘高管比例，如果某高管没有在上市公司股东单位（含控股股东及关联股东单位）任职，则认为是外聘高管；Outdir 为外聘董事比例，如果某董事没有在上市公司股东单位（含控股股东及关联股东单位）任职，则认定为外聘董事；Outceo 为外聘 CEO 比例，即公司外聘高管中在其他公司担任董事长或总经理的人数与公司高管总数的比值。

$$Out = C + \beta_1 Fixed + \beta_2 Operatle + \beta_3 Herd + \beta_4 Size + \beta_5 Lnemploy + \beta_6 Flow + \beta_7 Growth + \beta_8 Roa + \beta_9 Leve + \beta_{10} Old + \beta_{11} Concash + \varepsilon \quad (3-1)$$

本书采用以下指标衡量企业经营风险：①资本密度（Fixed），企业资本密度越大，固定成本越高，利润将比收入呈更大幅度的波动。Fahlenbrach 等（2010）将资本密度作为经营风险的衡量指标之一。②经营杠杆（Operatle），这是财务中表征企业经营风险的直接指标。③业务集中度指标（Herd），采用公司年报附注中披露的分行业营业收入计算的赫芬达尔（Herfindahl）指数，计算公式为 $Herd = \sum (X_i / \sum X_i)^2$，其中 x_i 为公司 i 行业营业收入。业务集中度较高的公司，经营风险较高。Naveen（2006）发现，多元化经营的公司更多采用内部提拔方式选择 CEO。根据假设 H3-1，预计此三个指标的回归系数显著为正。

表 3-1　模型（3-1）中各变量的定义

变量	符号	定义
外聘高管规模 Out	Outman	外聘高管比例，外聘高管数量/公司高管总数
	Outdir	外聘董事比例，外聘董事数量/董事会规模
	Outceo	外聘 CEO 比例，外聘高管中曾经或正担任其他公司的董事长或总经理的人数占公司高管总数的比例
经营风险	Fixed	资本密度，固定资产/总资产
	Operatle	经营杠杆，（营业收入 - 营业成本）/（利润总额 + 财务费用）
	Herd	业务集中度，按公司分行业营业收入计算的赫芬达尔（Herfindahl）指数
内部劳动力市场	Size	公司规模，公司总资产的自然对数
	Lnemploy	员工规模，公司员工数量的自然对数
经理人市场发育	Flow	地区经理人市场发育程度，来自樊纲等（2011）编制的劳动力流动指标
控制变量	Growth	公司成长性，上年度公司营业收入增长率
	Roa	公司盈利能力，上年度公司息税前利润与总资产之比
	Leve	财务杠杆，资产负债率，以负债总额/总资产计算
	Old	上市年限，观察值年度与公司股票上市年度之差
	Concash	控制权与现金流权分离程度，上年度公司实际控制人拥有的公司控制权比例/上市公司实际控制人拥有的公司所有权比例

采用以下指标衡量劳动力市场的管理才能供给：①内部劳动力市场方面，同时采用公司规模（Size）和员工规模（Lnemploy）来衡量。受管理宽度的限制，

公司规模和员工规模较大的企业需要雇用较多的管理者，企业可供使用的内部管理才能可能更为丰富。大规模公司往往具有较深的管理深度（Dalton and Kesner，1983），而较深的管理深度使得企业内部管理才能资源更丰富，因此规模较大的企业更容易在内部发现合适的管理者（Parrino，1997）。在其他条件相同的情况下，公司规模和员工规模大致可以衡量公司内部管理才能的供给状况，公司规模和员工规模越大，企业内部管理才能供给通常越丰富。根据假设 H3 -2，预计两个指标的回归系数显著为负。②外部经理人市场发育方面（Flow），采用樊纲等（2011）编制的劳动力市场发育指标，根据假设 H3 -3，预计 Flow 的回归系数显著为正。

参考 Fahlenbrach 等（2010）文献，我们控制了可能影响高管聘用的其他变量：①公司成长性（Growth），低成长性公司更能从管理能力的提升中获益，因而对外聘高管的需求较高；②公司盈利能力（Roa），盈利能力强的企业，现任管理层能力较强，外聘高管的需求相对较低；③财务杠杆（Leve），财务杠杆越高，财务风险越大，越可能引入外部高管；④上市年限（Old），成立时间越久的公司聘用外部高管的可能性较高（Fahlenbrach et al.，2010）；⑤控制权与现金流权分离程度（Concash），主要考虑到我国民营上市公司的控股股东普遍利用金字塔结构控制上市公司，两权分离程度可能会对公司外聘高管规模产生影响。

四、实证研究结果

（一）单变量分析

表 3 -2 报告了主要变量的均值比较及 t 检验。表中的数据显示，全部样本公司平均有近 30% 的高管为外聘高管，47.6% 的董事会成员为外部董事，而公司外聘高管中在其他公司担任董事长或总经理的人数约占全部高管的 6.3%。资本密度的均值为 22.5%，经营杠杆的均值为 1.79。业务集中度的均值为 0.837，表明样本公司业务相对集中。公司总资产自然对数的均值为 21.089（总资产均值约为 31.52 亿元），员工规模自然对数的均值为 6.75（员工规模均值约为 854 人）。样本公司所处地区经理人市场发育程度的均值为 7.463。

我们按经理人市场发育（Flow）指标将样本分为发育程度高组和发育程度低组，对两组样本的各主要变量均值是否存在差异进行检验。结果发现，外聘高管比例（Outman）、外聘董事比例（Outdir）、外聘 CEO 比例（Outceo）并不存在显著差异，与假设 H3 -3 不一致。发育程度高组的经营风险指标中有两个指标

（Fixed、Herd）显著低于发育程度低组，两个内部管理才能供给指标（Size、Lnemploy）显著高于发育程度低组，表明经理人市场发育较好地区的企业经营风险较低，内部管理才能供给也较丰富。

表3-2　主要变量的均值比较及t检验

变量	均值			分组均值差异的t检验		
	全样本	发育程度高	发育程度低	差异	t值	Sig.（双尾）
Outman	0.298	0.298	0.299	-0.002	-0.264	0.792
Outdir	0.476	0.478	0.473	0.005	0.720	0.472
Outceo	0.063	0.061	0.064	-0.003	-0.729	0.466
Fixed	0.225	0.215	0.241	-0.027***	-2.936	0.003
Operatle	1.790	1.572	2.105	-0.533	-1.005	0.315
Herd	0.837	0.830	0.849	-0.019*	-1.663	0.097
Size	21.089	21.202	20.922	0.280***	4.216	0.000
Lnemploy	6.750	6.825	6.637	0.188**	2.320	0.020
Flow	7.463	9.792	3.988	5.804***	58.430	0.000

注：*、**、***分别表示统计显著性水平为10%、5%、1%（双尾）。

（二）回归分析

1. 经营风险、管理才能供给与高管外聘规模

表3-3为采用广义差分法对模型（3-1）进行回归的结果（因变量为外聘高管比例①）。表3-3先将每一个解释变量逐个进行回归，然后再运用6个解释变量全部进行回归。

表3-3　经营风险、管理才能供给与外聘高管规模的回归结果

变量	(1)	(2)	(3)	(4)	(5)	(6)	(7)
C	0.241*** (6.299)	0.255*** (6.552)	0.217*** (4.367)	0.752*** (7.320)	0.404*** (8.414)	0.237*** (5.718)	0.480*** (2.931)

① 采用混合最小二乘法进行估计的结果显示，D.W值介于0.6~0.7之间，估计模型可能存在自相关问题，因此，本书采用广义差分法进行回归，回归结果显示，D.W值均在2左右，表明此方法可以较好地解决自相关问题。

续表

变量	(1)	(2)	(3)	(4)	(5)	(6)	(7)
Fixed	0.047 ** (1.814)						0.093 *** (2.455)
Operatle		1.35E-04 ** (1.736)					2.880E-04 ** (1.713)
Herd			0.061 *** (2.334)				0.041 ** (1.642)
Size				-0.022 *** (-5.130)			-0.015 ** (-1.935)
Lnemploy					-0.016 *** (-4.351)		-0.002 ** (1.708)
Flow						0.002 * (1.574)	0.006 ** (2.214)
Growth	-5.17E-05 ** (-2.210)	-1.62E-06 (-0.033)	-6.26E-05 *** (-2.442)	-5.55E-05 *** (-2.370)	-5.17E-05 ** (-2.216)	-5.12E-05 ** (-2.193)	3.880E-04 (0.433)
Roa	3.96E-05 (0.576)	1.506E-03 (0.487)	8.510E-04 (0.281)	7.85E-05 (1.155)	7.44E-05 (1.086)	5.51E-05 (0.812)	1.701E-03 (0.554)
Leve	1.690E-04 (0.152)	5.970E-04 (0.431)	1.190E-04 (0.088)	-2.620E-04 (-0.238)	-1.49E-05 (-0.013)	5.400E-04 (0.496)	-0.001 (-0.784)
Old	0.003 * (1.253)	0.003 (1.049)	0.002 (0.832)	0.002 (0.676)	3.520E-04 (0.141)	0.003 (1.077)	0.003 (0.986)
Concash	-6.720E-04 (-0.194)	-0.002 (-0.511)	-0.003 (-0.634)	-2.950E-04 (-0.086)	-7.480E-04 (-0.218)	-3.980E-04 (-0.114)	-0.005 (-1.038)
Adj. R^2	0.474	0.480	0.485	0.484	0.484	0.474	0.496
F-statistic	160.603	137.517	128.115	167.009	165.695	160.208	65.594
Prob	0.000	0.000	0.000	0.000	0.000	0.000	0.000
D.W	2.258	2.147	2.220	2.270	2.197	2.256	2.080
Obs	1240	1238	1144	1240	1230	1240	1046

注：***、**、*分别表示显著性水平为1%、5%、10%（单尾）；括号内为t值；采用广义差分法回归及缺失数据导致回归样本量减少。

表3-3显示，表征经营风险的资本密度（Fixed）、经营杠杆（Operatle）、业务集中度（Herd）三个指标的回归系数均显著为正，与假设H3-1一致。这表明经营风险程度较高的公司对管理才能的需求较大，具有更高的外聘高管倾向，因此聘用了较多的外部高管。员工规模（Lnemploy）和公司规模（Size）的

回归系数都显著为负，表明内部劳动力市场供给越丰富，民营上市公司更倾向于从内部提拔公司高管而不是外部招聘，此结果与 Alberto 和 Pedro（2006）的结论一致，支持假设 H3－2。经理人市场发育（Flow）的回归系数均显著为正，与假设 H3－3 一致，说明经理人市场发育较好地区的公司拥有较多的外聘高管。

2. 以外聘董事比例及外聘 CEO 比例为因变量的拓展性检验

Hermalin（2005）注意到，近年来大型公司董事会中出现了越来越多的外部董事。Fahlenbrach 等（2010）发现，公司存在积极寻找外部 CEO 到公司担任外部董事的现象。我们感兴趣的是，公司外聘董事及寻找外部 CEO 担任高管是否受公司经营风险、内部劳动力市场及外部经理人市场的影响。为此，我们利用外聘董事比例（Outdir）和外聘 CEO 比例（Outceo）为因变量进行回归分析，结果如表 3－4 所示。

表 3－4　以外聘董事比例及外聘 CEO 比例为因变量的回归结果

变量	outdir			outceo		
	系数	t 值	P 值	系数	t 值	P 值
C	0.941	4.998***	0.000	0.180	2.017**	0.022
Fixed	0.028	1.610**	0.021	0.063	2.871***	0.002
Operatle	0.001	1.952**	0.026	0.001	1.558**	0.059
Herd	0.038	1.840**	0.030	0.030	1.858**	0.032
Size	-0.024	-2.542***	0.006	-0.008	-1.708**	0.044
Lnemploy	-5.460E-04	-1.731**	0.021	-0.003	-1.742**	0.040
Flow	0.004	1.280	0.101	0.002	1.387*	0.083
Growth	-0.002	-1.722**	0.043	9.18E-07	0.002	0.499
ROA	-0.001	-0.316	0.376	6.250E-04	0.293	0.385
Leve	-0.002	-0.930	0.177	-0.001	-1.309*	0.095
Old	7.26E-05	0.022	0.491	0.001	0.736	0.231
Concash	-0.005	-0.882	0.189	-0.005	-1.924**	0.027
Adj. R^2	0.389			0.427		
F-statistic	42.789			49.858		
Prob	0.000			0.000		
D. W	2.280			2.070		
Obs	1046			1046		

注：***、**、*分别表示显著性水平为 1%、5%、10%（单尾）；采用广义差分法回归及缺失数据导致回归样本量减少。

表3－4以外聘董事比例（Outdir）为因变量的回归结果中，资本密度（Fixed）、经营杠杆（Operatle）、业务集中度（Herd）的回归系数均显著为正，表明经营风险越高，公司越愿意聘用外部董事。在以外聘CEO比例（Outceo）为因变量的回归结果中，资本密度（Fixed）、经营杠杆（Operatle）、业务集中度（Herd）的回归系数也显著为正，表明经营风险越高的公司，越倾向于外聘曾经担任过其他公司董事长或总经理的人士为公司高管。回归结果支持假设H3－1。员工规模（Lnemploy）和公司规模（Size）的回归系数均显著为负，表明内部管理才能供给较丰富的公司越倾向于任命内部人为董事会成员，外聘其他公司董事长或总经理为公司高管的比例也较低，此结果与假设H3－2一致。

经理人市场发育（Flow）的回归系数虽然均为正，与假设H3－3一致，但只在以外聘CEO比例为因变量的回归中呈弱显著。公司高管依其职能可分为三类：非董事高管（如副总经理）主要是承担执行公司事务管理角色，独立董事和聘请的其他公司CEO为公司董事则主要承担监督与咨询角色，而执行董事（如董事长）则履行管理决策角色。结合表3－3的结果，可以看出，经理人市场发育程度与外聘高管比例显著正相关，与外聘CEO比例呈弱相关，而与外聘董事比例没有显著的相关关系，可能的原因是执行职能层面的经理人市场较发达，监督与咨询层面的董事市场发育程度次之，而决策职能层面的董事市场发育程度欠佳。

3. 分组回归结果

在外部经理人市场发育不同的情况下，公司经营风险、内部管理才能供给和外部经理人市场发育对公司外聘高管规模的影响是否存在差异？我们按经理人市场发育程度分组进一步进行回归分析。表3－5中以外部高管比例（Outman）为因变量的回归结果显示，在发育程度高组，经营风险三个代理变量的回归系数尽管为正，但都不显著，而在发育程度低组则都显著为正。以外部董事比例（Outdir）和外部CEO比例（Outceo）为因变量的回归结果显示，发育程度低组中经营风险代理变量的回归系数值或显著性水平高于发育程度高组。回归结果说明，在经理人市场发育程度较低的地区，经营风险对公司外聘高管规模的影响更大。

表3－5的回归结果还显示，相对于发育程度高组，发育程度低组的员工规模（Lnemploy）和公司规模（Size）回归系数更显著为负，说明在经理人市场发育程度较低的地区，公司更倾向于从内部提拔而不是外部招聘公司高管，也说明内部管理才能供给越丰富，公司聘用外部高管的规模越低，结果同样支持假设H3－2。经理人市场发育（Flow）的回归系数基本为正，但只在发育程度高组显著，说明在经理人市场发育程度较好地区的企业会更多借助外部管理才能来满足企业管理需要，而在发育程度较差地区，管理才能的外部有限供给，导致企业聘用外部高管的比例较低，结果与假设H3－3相符。

表 3-5 按经理人市场发育程度分组的回归结果

变量	Outman		Outdir		Outceo	
	高组	低组	高组	低组	高组	低组
C	0.479** (2.258)	0.762*** (2.348)	0.714*** (2.973)	1.329*** (3.402)	0.197* (1.619)	0.205 (1.231)
Fixed	0.059 (1.119)	0.191*** (3.042)	0.018 (0.273)	0.098* (1.275)	0.057** (1.827)	0.073** (1.976)
Operatle	5.280E-04 (1.211)	0.008** (1.747)	0.001* (1.629)	0.002** (1.685)	1.970E-04 (0.732)	0.002** (1.645)
Herd	0.048 (1.308)	0.051* (1.339)	0.046 (1.021)	0.054* (1.619)	0.035* (1.639)	0.040* (1.642)
Size	-0.014* (-1.410)	-0.029** (-2.000)	-0.016* (-1.312)	-0.037** (-2.094)	-0.010* (-1.621)	-0.012* (-1.439)
Lnemploy	-0.003 (-0.410)	-0.006** (-1.756)	-2.240E-04 (-0.024)	-0.003* (-1.339)	-0.003 (-0.686)	-0.016** (-1.902)
Flow	0.011** (2.054)	-0.001 (-0.180)	0.016** (1.804)	0.009 (0.895)	0.006** (1.834)	0.005 (1.025)
Growth	5.830E-04 (0.394)	-5.190E-04 (-0.297)	-0.003* (-1.369)	6.560E-004 (0.303)	7.03E-05 (0.076)	5.40E-05 (0.048)
ROA	0.001 (0.297)	0.015 (0.930)	-3.520E-04 (-0.068)	-0.011 (-0.518)	1.660E-04 (0.077)	0.009 (0.765)
Leve	1.06E-05 (0.007)	-0.021* (-1.404)	-3.640E-04 (-0.192)	0.001 (0.065)	-9.260E-04 (-1.028)	-0.014** (-1.689)
Old	0.001 (0.344)	0.006 (0.868)	0.003 (0.685)	-0.006 (-0.728)	-2.37E-04 (-0.116)	0.004 (1.252)
Concash	-0.009* (-1.338)	-0.002 (-0.330)	-0.007 (-0.816)	-0.006 (-0.797)	-0.002 (-0.497)	-0.007** (-1.815)
Adj. R^2	0.429	0.588	0.321	0.503	0.439	0.409
F-statistic	29.142	36.867	18.652	26.354	30.339	18.360
Prob	0.000	0.000	0.000	0.000	0.000	0.000
D. W	2.088	1.861	2.249	2.393	1.883	2.410
Obs	580	466	580	466	580	466

注：***、**、*分别表示显著性水平为1%、5%、10%（单尾）；括号内数据分别为t值；采用广义差分法回归及缺失数据导致回归样本量减少。

（三）稳健性检验

我们进行了以下稳健性测试[①]：①内生性检验。上文结果表明，企业经营风险对公司外聘高管规模产生影响。但是，这二者之间也可能存在内生性，即外聘高管被聘后可能会采用较高经营风险的管理策略。为回避可能存在的内生性问题对研究结果的影响，选择上一年度的经营风险指标，同时控制变量中公司成长性、盈利能力和财务杠杆指标也采用上年度数据进行回归分析。②以要素市场发育代替劳动力流动作为外部经理人市场发育指标。③以要素市场发育的均值为标准进行分组检验。上述稳健性检验结果与前文的回归结果并没有实质性变化。④回归结果的 D. W 值与 VIF 值显示，模型的回归结果不存在序列自相关和多重共线性问题。

五、结论与讨论

高管聘用合同历来是公司治理领域的研究热点。高管雇用合同的设计不仅要考虑如何刺激管理者的努力程度，也应考虑如何选择合适的管理者（Chen and Leng，2004）。然而目前我国公司治理的研究主要集中于高管事后道德风险，事前公司如何聘用高管的研究则相对较少。本章主要考察企业经营风险引发的管理才能需求以及企业内部劳动力市场和外部经理人市场发育引致的管理才能供给对民营上市公司外聘高管规模的影响。以 2008 ~ 2012 年我国民营上市公司为样本的研究发现：①经营风险较高的公司对管理才能的需求较大，更愿意从外部聘用高管以补充管理才能缺口；②内部劳动力供给较丰富的公司，外部高管规模较小，更不愿意从外部聘用公司高管；③经理人市场发育较好地区的公司其外聘高管比例较高，但是经理人市场发育对外聘 CEO 比例的影响较弱，对外聘董事比例则没有显著影响；④只有在经理人市场发育较好时，民营企业才会聘用外部高管；⑤在经理人市场发育较差的地区，公司经营风险对其外聘高管规模的影响相对较大，公司选聘高管时也更依赖于内部劳动力市场。

研究结果说明，企业经营风险和内部管理才能供给是民营上市公司外聘高管的重要影响因素，发育较好的外部经理人市场可部分弥补公司管理才能缺口。本章的研究结果与国外研究基本一致。例如，Hermalin（2005）注意到，近年来公司越来越倾向于从外部招聘 CEO，Murphy 和 Zábojník（2007）发现，过去 30 多

① 限于篇幅，本书没有报告具体回归结果。

年来越来越多的公司从外部劳动力市场招聘 CEO，且外部聘用的 CEO 更多来自曾担任 CEO 职位的外部人士。本章的研究也发现近年来民营上市公司外聘高管规模在逐步增加。研究还发现，经理人市场发育对外聘 CEO 比例的影响较弱，而对外聘董事比例并没有显著影响，其原因在于我国经理人市场特别是外部董事市场发育欠佳，民营上市公司实际控制人基于掌握决策权的需要，更愿意聘用执行职能类外部高管，而不太愿意聘用监督或咨询职能类特别是管理决策职能类外部高管。因此，从政策意义上说，强制上市公司聘用外部董事（如独立董事）的效果可能不佳，长远之策应是推进劳动力流动的市场化程度，打破劳动力特别是管理才能流动的政策性障碍。

第四章 经理人市场、管理才能专用性与外聘高管规模

一、引言

企业高层管理者的管理才能对于企业经营的作用一直备受学术界重视。人力资本尤其是高管的管理才能是企业经营不可或缺的重要资本。市场经济的发展使得企业高层的管理工作面临着更大的挑战，高管管理才能对企业业绩的重要性日趋上升（Murphy，1985），高管管理知识与经验对企业经营业绩有着举足轻重的作用。管理者能力对股东价值有重要的影响（Hayes and Schaefer，1999）。管理者才能是一种稀缺资源（Conyon and Read，2006），真正稀缺的是企业家人力资本而不是财务资本（周其仁，1996）。经理人市场是一个管理者才能有限供给的竞争性市场（Baranchuk et al.，2011），具有高超管理能力、能够胜任经营大型及业务复杂公司 CEO 的需求相对无弹性（Himmelberg and Hubbard，2000）。

在管理才能供给有限、需求相对无弹性为特征的经理人市场中，影响企业利用外部管理才能以弥补管理才能缺口的主要因素是什么？资产专用性理论认为，包括企业管理才能在内的企业资产具有一定的资产专用性特性。管理者能力的资产专用性与特定企业相联系（Taylor，2010）。管理者才能呈现出一定的专用性投资特性，此特性会影响企业聘用管理人员的方式（Alberto and Pedro，2006）。另外，我国经济在向市场经济转型过程中，企业产品市场分工细化推动了劳动分工的细化，引发了对专用管理才能的需求。同时经理人市场也得以逐渐发育，管理才能的市场供给日趋丰富，企业可以从市场聘用管理者以弥补企业管理才能的需求缺口。

影响企业成长的重要因素是现有管理资源所能达到的企业扩张极限，吸纳新管理能力的数量和速度限制着企业发展。管理资源这种最重要的人力资本已经成为我国民营企业成长的“瓶颈”（储小平，2002）。基于企业高管管理才能对企

业经营的重要性、我国向市场经济转型过程中企业市场机会拓展和经理人市场化这一制度背景，本章关注企业高管聘用行为的影响因素。具体而言，重点考察企业管理才能资产专用性和经理人市场发育两个因素对民营企业外聘高管规模的影响，同时还考察经理人市场发育能否降低企业管理才能资产专用性对民营企业外聘高管规模的影响程度。我们以 2007 ~ 2013 年民营上市公司为样本的研究发现：①管理才能专用性与公司外部高管比例、外部董事比例显著负相关，说明管理才能专用性较强的公司更不愿意从外部聘用高管以补充管理才能缺口，管理才能专用性较强的公司更需要利用职位来激励公司内部人发挥专用性的管理才能。②经理人市场发育程度与外部高管比例显著正相关，但与外部董事比例的正相关关系不显著。③经理人市场发育程度和管理才能专用性二者的交互项与外部高管比例、外部董事比例正相关，表明发育良好的经理人市场会弱化管理才能专用性所引发的企业聘用内部人为公司高管的意愿。

本章可能的贡献在于：①内部提拔方式在实践中被广泛使用，诸如 Chan（1996）、Waldman（2003）等发展了不同的理论模型对此进行解释，然而为理论模型提供支持的相关经验研究成果却非常缺乏（Pergamit and Veum，1999；Alberto and Pedro，2006），在我国尤其如此。高管雇用合同的设计不仅要考虑如何刺激管理者的努力程度，也应考虑如何选择出合适的管理者（Chen and Leng，2004）。我们关注民营上市公司实际控制人所有权与控制权初步分离过程中外聘高管与外聘董事的影响因素，可丰富有关高管雇用的研究成果。②交易成本理论引起了 Klein（2005）、Macher 和 Richman（2008）等对资产的专用性与一体化关系的研究。在国内，李青原和王永海（2006）考察了资产专用性与资本结构的关系，陈玉罡和李善民（2007）研究了资产专用性对公司并购的影响，方明月（2011）考察了资产专用性对兼并收购过程中权力配置的影响，这些成果主要侧重物质资产专用性方面的研究。少量文献如 Alberto 和 Pedro（2006）对人力资本专用性与企业内部管理岗位空缺弥补方式关系进行了研究，但并没有关注企业高管的管理才能专用性这一影响因素。我们从与企业相关的管理才能专用性和与行业相关的管理才能专用性这两方面考察资产专用性对高管聘用行为的影响，可为资产专用性领域的研究增添新的经验研究成果。③基于我国向市场经济转型背景，研究经理人市场发育对民营上市公司高管管理才能配置的影响，发现经理人市场会提高企业外聘高管的比例，同时降低管理才能专用性对外聘高管规模的影响，此微观方面的证据可为经理人市场甚至人力资源的宏观管理提供可资参考的政策建议。

二、理论分析与研究假设

（一）资产专用性与企业外部高管规模

资产专用性是指资产只能用于某种特定用途的特性。若某项资产被用于特定用途后很难再移作他用，或若改作他用则价值会降低甚至可能变得毫无价值，则此资产具备较强的专用性。Williamson（1985）指出，资产专用性是指在不牺牲资产的生产价值条件下，资产可用于不同用途和由不同使用者利用的程度。也可以理解为一项资产可调配用于其他用途的程度，或由他人使用而不损失生产价值的程度。新制度经济学认为，影响交易成本的因素有三类：资产专用性、交易不确定性、交易频率，其中之一是资产专用性。Williamson（2002）进一步将资产专用性分为五类：地理区位的专用性、人力资产的专用性、物理资产的专用性、完全为特定契约服务的资产专用性、名牌商标资产的专用性。一般地，资产专用性越强，则交易成本越高。资产专用性不仅会引发复杂的事前动态反应，而且还会触发复杂的事后治理结构的反应（钱春海，2002）。

不仅物质资产存在资产专用性，管理者才能这种特殊的人力资本亦如此。由于企业分工的细化，同时人力资本的形成与工作场所相联系的特有知识与特有经验密切相关（Becker，1964），导致不同行业或不同企业的人力资本尤其是管理者才能具有天然的资产专用性特点。决定管理者才能稀缺的一个因素是企业管理工作的特殊性，每一行业甚至每一企业都具有与其他行业或企业所不同的组织结构与管理模式。新入职的高管必须在“干中学”过程中花费较多时间才能熟识企业的管理运行情况。而普通员工只需要花费较短时间就能掌握流水线上某一操作技能或某岗位工作技能。因此，在产品市场细分过程中管理者才能相对于普通员工的工作技能而言，具有相对较高的资产专用性，具备高度资产专用性的管理才能供给与需求形成了经理人这一特殊的劳动力市场。Murphy（1985）也认为，市场经济的发展使企业高层的管理工作面临着更大的不确定性，也导致高管管理才能专用性上升。

管理者通用管理才能与专用管理才能对公司经营相对重要性的变化是企业CEO聘用方式的重要影响因素（Murphy and Zábojník，2007）。管理才能资产专用性程度将影响企业外部高管的聘用规模。第一，管理才能的资产专用性程度将影响公司聘用高管的成本。交易成本理论认为，较高的资产专用性引致较高的交易成本，企业会选择能够降低交易成本的交易方式。企业管理才能的资产专用性越强，从外部引进合适的管理才能将需要花费较高的成本，相对而言，内部提拔是一种满足企业管理岗位空缺的低成本方式。第二，资产专用性影响特有知识转移的难易程度。内部管理知识的专用性程度越强，将此专用管理知识转移给新任高管的难度越大，新任高管需要花费越长的时间才能较好地熟悉、领会并接纳企业的专有管理知识，因此管理知识专用性程度越强的企业较少聘用外部高管。企业填补 CEO 职位空缺的方式与公司将专用知识转移给新任 CEO 的难易程度有关，组织越复杂、多元化经营的公司因专用管理知识转移的难度较大，因而更多采用内部提拔方式选择 CEO（Naveen，2006）。第三，资产专用性程度影响企业人力资本的投资。资产专用性引发的主要问题是，资产移作他用后资产价值大幅度降低，引发资产贬值，因而极容易导致事后的资产套牢。考虑到人力资本套牢的可能性，包括高管在内的企业员工将不愿意发展与企业或行业相关的特有专用性人力资本。为激励企业员工加大专用性人力资本的投资力度，需要降低人力资产套牢的可能性，此时采用内部提拔方式弥补高管职位空缺，既可保护现有专用管理才能不被套牢，也可激励员工加大专用性人力资本的投资力度。Alberto 和 Pedro（2006）的调查发现，长期雇用合同比例较高、技术变化较快的企业更倾向于采用内部提拔方式补充管理岗位空缺。而当企业专用管理技能相对重要性下降时，企业将更乐意外聘 CEO（Murphy and Zábojník，2007）。

基于以上分析，作出如下假设：

假设 H4－1：管理才能资产专业性越强，企业越倾向于从内部聘用高管，外部高管比例就越低。

（二）经理人市场发育与企业外部高管规模

经理人市场是职业企业家才能的雇用市场。经理人市场的发育程度可以反映一经济体或地区利用市场机制配置企业家才能的程度。在发育程度较高的经理人市场，企业家才能的有效供给水平相对较高，企业从市场选择到优秀管理者的机会更多。首先，“干中学”效应将直接提升经理人市场发育良好地区的管理才能供给水平。经理人市场发育程度较高的地区，往往也是市场经济较发达的地区，更激烈的市场竞争环境使企业管理者更加直观地接触、学习先进的管理知识，逐渐积累管理经验，这无疑有利于培育出更能适应市场竞争的高素质管理者。其次，收入效应将使市场化程度较高地区的管理才能供给更丰富。在市场化程度较高地区，劳动力的边际产出较高，员工收入也高于市场化程度低的地区，导致人力资源往市场化程度较高的地区流动，管理者才能亦如此。因此，在经理人市场发育较好的地区，优秀管理者的供给更丰富。

另外，经理人市场的声誉机制也会促使经理人努力工作，从而提升市场中管理才能的供给水平。在竞争程度较高的经理人市场中，当前良好的经营业绩将使经理人获得未来较好的就业机会及较高收入，而低劣的经营业绩将使经理人面临被替换的威胁，对未来收入及职业机会的关注迫使经理人努力工作以提高企业业绩。职业关注引发的声誉机制是有效的经理人市场隐性激励机制（Fama，1980）。Holmstrom（1982）构建的声誉模型认为，经理人在职业初期将努力工作以影响劳动力市场对其能力的信念，但在职业后期经理人不再如前期那么努力工作。不过，Zabojnik（2001）的模型表明，在完全竞争的经理人市场中存在比Holmstrom（1982）结果更有效的均衡，声誉激励将使经理人在职业后期也会努力工作。Brickley 等（1999）的研究甚至发现，已退休的 CEO 在退休后两年内担任公司董事或其他公司外部董事职位的可能性与其 CEO 任职期间的表现正相关，此结果表明声誉激励在 CEO 退休后仍然在发挥作用。Chang 等（2010）的研究也确实发现，公司业绩好的 CEO 离职后能寻找到更好的工作岗位。总之，在竞争的经理人市场中声誉机制对企业高管具有正向的激励作用，可促使管理者努力工作，从而提升劳动力市场中管理才能的有效供给水平。

因此可合理预计，在经理人市场发育程度较好的地区，管理才能的供给更丰富，企业将更多以市场为导向从经理人市场聘用高管以弥补管理才能缺口。

基于以上分析，作出如下假设：

假设 H4－2：在经理人市场发育程度较好的地区，企业外聘高管的比例较高。

（三）经理人市场发育、管理才能专用性与外部高管规模

发育良好的经理人市场将降低管理才能专用性对企业外聘高管规模的影响程度。首先，在发达的经理人市场中，丰富的管理才能供给降低了企业管理才能专用性引发的风险。企业管理才能的资产专用性与企业市场选择机会有关，劳动力市场较丰富的专用性人才供给，会降低管理知识专用性给企业带来的套牢风险。经理人市场越发达，企业面临可替代管理才能的供给越丰富，管理知识专用性引致的套牢风险越低，使得企业利用内部晋升方式选拔高管以职位来激励员工的必要性减弱[①]。更重要的是，在发达的经理人市场中，管理人员的流动使得管理经验更容易在不同企业间迁移，这会直接降低管理才能的资产专用性程度。Murphy（1985）也认为，随着企业管理理论和实践的成熟及模式化，与企业日常营运相关的专用性管理才能日渐减少。

其次，劳动力市场化转型使得通用管理知识的重要性越来越强。当企业专用

---

① 另外，经理人市场发育较高的地区，能够为经理人提供更多的工作机会，这也会降低管理才能的资产专用性给经理人带来的套牢风险，导致经理人加大对通用管理才能的投资力度。

管理技能相对重要性下降时，从外部选择高管所获取的利益超过其机会成本，企业将倾向于聘用更多外部高管。Murphy 和 Zábojník（2007）认为，近几十年来商业环境变化使得对 CEO 的技能要求发生了变化，CEO 更应关注外部事项而非内部的运作管理。这包括：①股东权利运动及大型机构投资者所有权的增加迫使 CEO 为股东利益努力，公司融资也越来越依赖资本市场，导致 CEO 必须学会与外部股东、证券分析师等影响公司股价的外部主体打交道，这些处理外部关系的技能几乎为通用能力而非只为特定企业服务的专门技能。②社会持续积累的经济、管理科学、会计、财务等知识，如果为 CEO 所掌握将实质性地提升 CEO 成功管理现代企业的才能，这些技能可以在不同企业中运用。③随着公司数据库技术的发展，原来深藏于公司内部的专门数据现在可以很方便地通过计算机为管理层所利用，CEO 只需要花费较少时间就可获取企业专门知识，数据技术的发展使得雇用内部人的重要性降低。Murphy 和 Zábojník（2007）认为，美国公司治理中出现的三个显著特点，高管报酬水平的增长、从外部聘用 CEO 的逐渐盛行以及从外部聘用曾担任过 CEO 的高管为公司 CEO 的流行，反映了经理人市场中通用管理才能相对于专用管理才能对公司经营的重要性趋于增加。

基于以上分析，作出如下假设：

假设 H4－3：发育良好的经理人市场会弱化管理才能资产专用性对外部高管规模的影响。

三、研究设计

（一）样本选择与数据来源

由于政府控制权的存在，导致国有企业不只是以利润为目标，还包括稳定就业（曾庆生和陈信元，2006）、地区经济增长和社会稳定等目标（刘慧龙等，2010），地方政府会利用政府所有权追求政治目标（Shleifer，1998）。Lin 等（1998）指出，转型经济中国有企业的主要问题是其承担了政府的多重目标，如经济发展战略、就业、社会养老、社会稳定等。政府对于国企非经济目标的要求主要通过任命国企高层管理人员来实现。政府指派政府官员担任国有控股公司的高管，或者赋予公司高管政治身份，希望通过政治关联高管来加强对公司的控制，在国有企业中，政府通过政治关联高管干预企业的效应居于主要地位（刘慧龙等，2010）。国企高管的“政府化”特征集中表现在高管出任的途径仍然是行政任命（王红领，2006），国有企业的高管任命和解雇权力仍然由政府掌握，较少采用市场化方式。相对而言，民营企业更多以利润最大化为目标，更有提升企业管理水平的需求，经营管理的市场化程度也相对高于国有企业。为排除政府所有权对高管聘用方式的影响，我们选择民营上市公司为研究样本。以2007~2013年中国A股民营上市公司为样本，与吴文锋等（2008）、罗党论和唐清泉（2009）、郭剑花和杜兴强（2011）、唐松等（2011）文献一致，我们将最终控制人为自然人或家族的企业定义为民营上市公司，排除了外资类、集体类、社会团体类和职工持股会控制类等非家族控制的企业。具体标准为：①在CSMAR"中国民营上市公司数据库"中"民营化标志"为"1"；②最终控制权能归结到一个自然人或一个家族；③该自然人或家族对上市公司具有实质控制权；④最终控制人直接或间接是上市公司第一大股东。基于数据的可获得性，我们要求样本公司在2007年以前股票已经公开发行并上市交易，剔除金融保险行业公司的观察值，最后得到461家民营上市公司2547个观察值。样本选择过程如表4-1所示。主要原始数据来自CSMAR数据库，地区经理人市场发育程度数据则来自樊纲等（2011），外部高管数据通过查看上市公司年报中公布的高管简历手工收集而得。

表4-1 样本选择过程

单位：个

初始观察值	7550
减：民营化标志为"0"的观察值	847
在中小板上市的观察值（证券代码以002为首）	2686
在创业板上市的观察值（证券代码以300为首）	1158
沪深B股观察值（证券代码以200、900为首）	37
金融保险行业公司的观察值	24
实际控制人不是自然人或家族的样本	251
最后观察值	2547

注：在CSMAR数据库中，民营化前后上市公司的性质"1"表示"民营"，"0"表示"非民营"。

（二）回归模型和变量定义

我们采用如下两个回归模型对假设进行检验。模型中各变量的定义如表4-2所示。因变量outman为外部高管比例，计算公式为"外部高管数量/公司高管数量"。我们将来自企业外部而非内部提拔且非来源于股东、股东亲属及股东单位的高管定义为外部高管。通过查看CSMAR数据库中"高管兼任信息文件"，将年

表 4-2 回归模型中各变量的定义

变量类型		变量符号	变量定义
因变量		outman	外部高管比例，外部高管数量/公司高管数量
		outdir	外部董事比例，外部董事数量/董事会规模
测试变量	管理才能专用性 spec	growth	管理才能企业专用性，以公司成长性表示，上年度公司营业收入增长率
		indust	管理才能行业专用性，以是否为竞争性行业表示，当公司所处行业为竞争性行业时，定义为 1，保护性行业时，定义为 0
	经理人市场发育	flow	地区经理人市场发育程度，来自樊纲等（2011）的劳动力流动指标
控制变量		roa	公司盈利能力，上年度公司息税前利润与总资产之比
		size	公司规模，公司总资产的自然对数
		leve	财务杠杆，资产负债率，以负债总额/总资产计算
		old	上市年限，观察值年度与公司股票上市年度之差
		concash	控制权与现金流权分离程度，上年度公司实际控制人拥有的公司控制权比例/上市公司实际控制人拥有的公司所有权比例

末在上市公司以外单位担任职务，且不在股东单位、关联股东单位及上市公司所属子公司任职的高管视为外部高管。上市公司独立董事包括已退休而只在上市公司担任独立董事的人士亦视为外部高管。在上市公司中担任董事的外部高管作为外部董事进行统计，并据此计算外部董事比例（outdir）。

$$outman = c + \beta_1 spec + \beta_2 flow + \beta_3 roa + \beta_4 size + \beta_5 leve + \beta_6 old + \beta_7 concash + \varepsilon \quad (4-1)$$

$$outman = c + \alpha_1 spec + \alpha_2 flow + \alpha_3 spec \times flow + \alpha_4 roa + \alpha_5 size + \alpha_6 leve + \alpha_7 old + \alpha_8 concash + \varepsilon \quad (4-2)$$

诸如管理技能、知识与经验等管理才能与特定企业密切相关（Murphy and Zábojník，2007），同时不同行业的管理知识与经验存在显著差异。因此我们从两个角度来衡量管理才能专用性（spec）：

（1）管理才能企业专用性（growth），即与特定企业相关的管理才能专用性。管理才能这种无形资产还无法在企业会计报表中确认，但会体现为公司增长机会的价值。增长机会较高的公司其公司价值中包含了较多的管理才能价值，如果将此类公司的资产移作他用，增长机会的价值则很难实现。Booth 和 Deli（1996）发现，增长率较高的公司 CEO 较少担任外部董事职位，其原因在于此类公司 CEO 的管理才能专用性较强，此管理才能很难移作他用。因此可以认为，成长性较高的企业，其管理才能的资产专用性较强。因此，可以将公司成长性作为管理才能专用性的代理指标。

（2）管理才能行业专用性（indust），即与特定行业相关的管理才能专用性。管理知识专用性指管理某个行业所需的专用知识转移到另一个行业所需要的成本（Jensen and Meckling，1999），管理知识专用性较强的行业需要管理者有更多的行业经验以及与企业相关的特定管理能力。与保护性行业相比，竞争性行业的产品市场细分程度更高，市场变化速度较快，有关企业经营模式、市场营销和成本控制的管理知识更加重要，而且管理知识的获得需要通过长期的经验积累。竞争性行业较高的产品市场细化程度、市场变化较快及管理知识的长期积累特性，使得管理才能在不同的竞争行业之间迁移的难度与成本高于保护性行业，导致竞争性行业的管理才能呈现出更强的资产专用性。Bayo – Moriones 和 Ortín – Ángel（2006）发现，技术变化较快的企业更倾向于采用内部提拔方式补充管理人员，他们认为此结果是技术变化较快的企业其管理才能专用性较强所致。因此我们也将企业是否处于竞争性行业作为管理才能专用性的代理指标。企业所处行业为竞争性行业时则将 indust 定义为 1，否则为 0。参考 Aharony 等（2000）的思路，将以下行业确定为保护性行业，其余为竞争性行业：B 采掘业；C41 石油加工及炼焦业；C65 黑色金属冶炼及压延加工业；C67 有色金属冶炼及压延加工业；D 电力、煤气及水的生产和供应业；F01 铁路运输业；F05 管道运输业；F11 交通运输辅助业；G85 通信服务业；K01 公共设施服务业；K10 邮政服务业；K37 卫生、保健、护理服务业；L 传播与文化产业。行业类别参考中国证券监督管理委员会制定的二级分类标准。

参考 Fahlenbrach 等（2010）文献，将可能影响高管聘用的五个指标作为控制变量纳入回归方程中：①公司盈利能力（roa），盈利能力强的企业，表明现任管理层经营能力较强，企业从外部引进管理才能的需求相对较低；②公司规模（size），规模越大的公司，组织构架越复杂，内部劳动力市场更丰富，更可能利用内部管理才能；③财务杠杆（leve）；④上市年限（old），Fahlenbrach 等（2010）发现，成立时间越久的公司更可能从外部聘用 CEO；⑤控制权与现金流权分离程度（concash），主要是考虑到我国民营上市公司的控股股东普遍利用金字塔结构控制上市公司，此两权分离程度可能会对公司外聘高管规模产生影响。

模型（4 – 1）用于检验假设 H4 – 1 与假设 H4 – 2。根据假设 H4 – 1 与假设 H4 – 2，我们预计管理才能专用性（spec）与外部高管比例（outman）负相关，而经理人市场发育（flow）则与外部高管比例（outman）正相关，即 β_1 应显著为负，β_2 应显著为正。模型（4 – 2）用于检验假设 H4 – 3。在模型（4 – 2）中我们设置了交互项 spec × flow，根据假设 H4 – 3，预计交互项与外部高管比例

（outman）正相关，即 α_3 应显著为正。

四、实证研究结果

（一）描述性统计

表 4-3 列示了各变量的均值。我们还按经理人市场发育（flow）指标为标准，将所在地区经理人市场发育指标高于（低于）均值的样本作为发育程度高（低）样本组，对两组样本各变量的均值分别进行统计，并对均值是否存在差异进行 t 检验。表 4-3 的数据表明，企业大约聘用了近 28.96% 的外部高管，董事会中外部董事比例达 45.35%。发育程度高与发育程度低组间的外部高管比例及外部董事比例都不存在显著的差异，与假设 H4-2 并不一致。

表 4-3 变量均值及分组比较和 t 检验结果

变量	全样本均值	发育程度高组	发育程度低组	均值差异	t 值	Sig.（双尾）
outman	0.2896	0.2881	0.2916	-0.0035	-0.697	0.486
outdir	0.4535	0.4543	0.4524	0.0019	0.352	0.725
growth	10.7932	13.0088	7.6814	5.3273	0.411	0.681
indust	0.9556	0.9660	0.9409	0.0251	2.893	0.004
flow	7.3689	9.6377	4.1290	5.5087	72.493	0.000
roa	0.0613	0.0706	0.0479	0.0227	0.748	0.455
size	21.2775	21.4016	21.1003	0.3013	5.369	0.000
leve	0.9350	1.0415	0.7830	0.2586	1.655	0.098
old	11.5799	11.4246	11.8017	-0.3771	-2.092	0.037
concash	1.9256	1.8384	2.0505	-0.2120	-3.050	0.002

（二）相关性分析

表 4-4 提供了各变量之间的相关系数。表 4-4 左下角的 Spearman 相关系数显示，外部高管比例（outman）与管理才能企业专用性（growth）的相关系数为 -0.072，统计显著性水平为 1%。外部高管比例（outman）与管理才能行业专用性（indust）相关系数为 -0.043，统计显著性水平为 5%，支持假设 H4-1。

表4-4右上角的Pearson相关系数显示，外部高管比例（outman）与管理才能企业专用性（growth）的相关系数为-0.030且统计上弱显著，与管理才能行业专用性（indust）的相关系数为-0.044且统计上显著，结果支持假设H4-1。这四个相关系数基本表明管理才能专用性较强的企业其外部高管比例相对较低，更倾向于从内部提拔公司高管，结果与假设H4-1的预测一致。另外，外部董事比例（outdir）与管理才能的企业专用性（growth）、行业专用性（indust）的四个相关系数都为负且其中三个相关系数显著为负，同样支持假设H4-1。

外部高管比例（outman）与经理人市场发育（flow）的Spearman（Pearson）相关系数为0.015（0.030），其中Pearson相关系数显著为正，表明经理人市场发育较好时，公司外聘高管规模较大，结果与假设H4-2一致。外部董事比例（outdir）与经理人市场发育（flow）的Spearman和Pearson相关系数分别为0.024、0.051，显著性水平分别为10%、1%，同样支持假设H4-2。

另外，各自变量之间相关系数最大的是公司规模（size）与财务杠杆（leve），其Pearson相关系数的绝对值也只有0.293，说明各自变量之间不存在多重共线性问题。相关性分析并没有控制其他影响公司外聘高管规模的因素，需要进行回归分析才能得出较合理的结论。

表4-4　各变量的相关性分析结果

变量	outman	outdir	growth	indust	flow	roa	size	leve	old	concash
outman	1.000	0.743***	-0.030*	-0.044**	0.030*	0.036**	-0.260***	0.050***	0.069***	0.006
outdir	0.720***	1.000	-0.025*	-0.015*	0.051***	0.025*	-0.198***	0.033*	0.044**	0.027*
growth	-0.072***	-0.049***	1.000	0.006	-0.006	-0.001	0.053***	-0.001	0.023	-0.016
indust	-0.043**	-0.010	-0.045**	1.000	0.063***	-0.040**	-0.003	-0.081***	-0.073***	0.052***
flow	0.015	0.024*	0.009	0.076***	1.000	0.031*	0.101***	0.017	-0.045**	-0.080***
roa	-0.014	-0.016	0.156***	-0.021	0.085***	1.000	0.021	-0.216***	0.003	0.013
size	-0.258***	-0.175***	0.214***	-0.016	0.151***	0.182***	1.000	-0.293***	-0.145***	-0.011
leve	0.009	0.010	-0.026*	0.043**	0.048***	-0.072***	0.029*	1.000	0.052***	-0.025*
old	0.043**	0.020	-0.078***	-0.067***	-0.054***	-0.123***	-0.130***	0.139***	1.000	0.042**
concash	-0.064***	-0.081***	-0.018	0.075***	-0.077***	0.012	0.043**	0.025*	0.071***	1

注：右上角为Pearson相关系数，左下角为Spearman相关系数；***、**、*分别表示显著性水平为1%、5%、10%（单尾）。

（三）经理人市场发育和管理才能专用性对企业外部高管比例的影响

模型（4－1）的回归结果如表4－5所示①。管理才能企业专用性指标（growth）在回归结果（1）、（4）和（6）中的回归系数全部为负，且统计显著性水平分别为5%、10%，管理才能行业专用性指标（indust）在三个回归中的系数也全部显著为负，显著性水平分别为5%、1%。无论是与特定企业相关的管理才能专用性还是与特定行业相关的管理才能专用性都与外部高管比例显著负相关，表明管理才能专用性越强的企业，更不愿意从外部聘用高管而是更倾向于采用内部提拔方式选聘高管，假设H4－1得到了经验证据的支持。单独以经理人市场发育（flow）为测试变量的回归结果（3）显示，经理人市场发育（flow）的回归系数为正，统计显著性水平为1%。在把管理才能专用性指标（growth、indust）纳入回归方程的三个回归结果（4）、（5）、（6）也显示，flow的回归系数仍然显著为正。显著为正的flow回归系数支持假设H4－2，表明经理人市场发育越好，企业从外部聘用高管的可能性越大，导致企业外部高管的比例较高。

表4－5　模型（4－1）的回归结果

变量	（1）	（2）	（3）	（4）	（5）	（6）
C	0.770***	0.796***	0.762***	0.767***	0.795***	0.799***
growth	－6.654E－06**			－6.347E－06*		－6.122E－06*
indust		－0.026**			－0.029***	－0.028***
flow			0.002***	0.002***	0.002***	0.002***
roa	0.006**	0.006**	0.006**	0.005**	0.005**	0.005*
size	－0.023***	－0.023***	－0.023***	－0.023***	－0.024***	－0.024***
leve	0.000	－0.001	－0.001	0.000	－0.001*	－0.001
old	0.000	0.001*	0.001*	0.000	0.001*	0.000
concash	0.000	0.000	0.000	0.000	0.001	0.000
Adj. R^2	0.163	0.169	0.171	0.166	0.173	0.168
F－statistic	28.027	32.052	32.714	25.341	29.017	22.919
Prob	0.000	0.000	0.000	0.000	0.000	0.000
D. W	1.944	1.957	1.958	1.945	1.959	1.947

注：***、**、*分别表示显著性水平为1%、5%、10%（单尾）。

① 回归结果中杜宾—瓦尔森检验显示，D. W值小于1，模型存在序列自相关问题，为此我们对回归模型（4－1）和模型（4－2）全部采用广义差分法进行回归。

(四) 经理人市场发育对管理才能专用性与外部高管比例关系的影响

在发育良好的经理人市场，其丰富的管理才能供给能否弱化管理才能专用性对企业外部高管规模的影响程度？我们利用回归模型（4－2）对假设 H4－3 进行检验，结果如表4－6所示。在表4－6回归结果（1）中，管理才能企业专用性与经理人市场发育交互项（growth × flow）的回归系数显著为正。表4－6回归结果（2）中，管理才能行业专用性与经理人市场发育的交互项（indust × flow）其回归系数为正，统计显著性水平为1%。在回归结果（3）中，无论是管理才能企业专用性还是管理才能行业专用性与经理人市场发育的交互项其回归系数都显著为正。总之，管理才能专用性与经理人市场发育交互项的回归系数符号（正）与表4－5、表4－6中管理才能专用性的回归系数符号（负）相反。结合表4－5与表4－6的结果，可以认为，经理人市场发育较好地区的企业，管理才能专用性对企业外聘高管规模的影响程度较低，结果支持假设 H4－3。

表4－6　经理人市场发育对管理才能专用性与外部高管规模关系的影响

变量	(1)		(2)		(3)	
	Coefficient	t	Coefficient	t	Coefficient	t
C	0.767	18.622***	0.798	17.668***	0.802	17.207***
growth	－3.642E－07	－2.011**			－9.896E－07	－2.031**
indust			－0.033	－1.423*	－0.032	－1.373*
flow	0.002	1.954**	0.002	1.572*	0.002	1.544*
growth × flow	9.388E－07	2.013**			9.950E－07	2.226***
indust × flow			0.002	2.667***	0.001	2.198**
roa	0.005	1.660**	0.006	1.719**	0.005	1.498*
size	－0.023	－12.457***	－0.024	－13.153***	－0.024	－12.575***
leve	0.000	－0.356	－0.001	－1.237	－0.001	－0.541
old	0.000	0.659	0.001	1.520*	0.000	0.531
concash	0.000	0.096	0.001	0.405	0.000	0.243
Adj. R^2	0.166		0.172		0.167	
F－statistic	22.171		25.383		18.329	
Prob	0.000		0.000		0.000	
D.W	1.946		1.959		1.947	

注：***、**、*分别表示显著性水平为1%、5%、10%（单尾）。

（五）对外部董事规模的拓展性检验

Hermalin（2005）注意到公司董事会中出现了越来越多的外部董事，Murphy和Zábojník（2007）发现20世纪70年代以来公司外聘CEO的比例逐渐上升。公司存在积极寻找外部CEO到公司担任外部董事的现象（Fahlenbrach et al.，2010）。由此，一个有趣的问题是，公司聘用外部董事是否受到管理才能专用性和地区经理人市场发育状况的影响。我们以外部董事比例（outdir）替换外部高管比例（outman）为因变量对此进行经验分析，回归结果如表4-7所示。

表4-7回归结果（1）中，管理才能企业专用性（growth）和行业专用性（indust）的回归系数都显著为负，说明管理才能的资产专用性越强，企业外聘董事的比例也越低，支持假设H4-1。经理人市场发育（flow）的回归系数为正但统计上不显著，表明经理人市场发育对外部董事市场影响并不大，可能的原因是我国民营企业在控制权与所有权初步分离过程中，民营上市公司实际控制人需要通过董事会牢牢掌握公司的控制权，因此除非政策强制性要求，公司实际控制人不愿意聘用过多的外部董事，以免权力被分散。值得一提的是，经理人市场发育（flow）与外部高管比例显著正相关，而与外部董事比例不显著正相关，说明公司相对更乐意从外部聘用执行董事会决策的公司高管，而不太愿意从外部聘用具有决策权力类的董事会成员。

表4-7　以外部董事比例为因变量的拓展性检验结果

变量	(1)			(2)		
	Coefficient	t	p	Coefficient	t	p
C	0.869	18.408***	0.000	0.867	17.052***	0.000
growth	-5.587E-06	-1.669*	0.072	-8.935E-06	-2.253***	0.008
indust	-0.013	-1.978**	0.024	-0.011	-1.428*	0.075
flow	0.003	0.830	0.295	0.003	0.973	0.165
growth×flow				4.686E-07	1.986**	0.022
indust×flow				0.001	1.784**	0.038
roa	0.004	1.019	0.154	0.004	1.010	0.157
size	-0.020	-9.871***	0.000	-0.020	-9.865***	0.000
leve	-0.001	-0.549	0.291	-0.001	-0.554	0.290
old	0.000	0.161	0.436	0.000	0.155	0.438
concash	0.002	1.386*	0.083	0.002	1.384*	0.084

续表

变量	(1)			(2)		
	Coefficient	t	p	Coefficient	t	p
Adj. R^2	0.143			0.142		
F - statistic	14.514			11.603		
Prob	0.000			0.000		
D.W	2.028			2.028		

注：***、**、*分别表示显著性水平为1%、5%、10%（单尾）。

在回归结果（2）中，管理才能企业专用性与经理人市场发育交互项（growth×flow）的回归系数显著为正，管理才能行业专用性与经理人市场发育交互项（indust×flow）的回归系数亦显著为正，结果与假设 H4-3 一致，表明在经理人市场发育良好的地区，企业因管理才能专用性而提拔内部人员到高管职位的动机减弱，经理人市场发育会弱化管理才能专用性对外聘高管规模的影响程度。

（六）稳健性检验

以樊纲等（2011）提供的要素市场发育指标代替劳动力流动指标（flow）进行稳健性检验，结果并无差异。为回避可能存在的内生性问题对研究结果的影响，在变量设计时我们选择了上一年度的公司成长性指标作为管理才能专用性的代理变量。相关性分析发现自变量之间相关系数最大的为公司规模（size）与财务杠杆（leve）的 Pearson 相关系数，其绝对值较小（0.293），说明自变量之间不存在多重共线性问题，各回归结果的 D.W 说明模型不存在序列自相关性问题。

五、结论与讨论

选聘具有职业化、市场化、国际化的高管是企业成败的关键（周评和刘震伟，2013），而企业特征差异会引致对高管需求的差异，经理市场的变化也会影响企业对高管需求方式。公司资产具有专用性特征，管理才能的资产专用性会影响企业外聘高管规模。基于我国市场经济转型中民营企业市场机会的拓展以及劳动力市场化转型，本章关注管理才能专用性及经理人市场发育是否会影响企业外聘高管规模，以及经理人市场发育是否会弱化管理才能专用性对外聘高管规模的影响程度。以 2007～2013 年我国民营上市公司样本的研究发现：①无论是管理才能企业专用性还是管理才能行业专用性越强的公司都越不愿意从外部聘用高管以补充管理才能，管理才能专用性越强的公司越倾向于利用职位来激励公司内部人发挥管理才能专用性；②处于经理人市场发育程度较好地区的企业，更倾向于聘用较多的外部高管和外部董事，同时经理人市场发育对外部高管聘用的影响比外部董事更明显；③发育良好的经理人市场会降低管理才能专用性所引发的企业聘用内部人为公司高管的意愿。

本章的研究结果从高管聘用角度验证了交易成本经济学关于资产专用性对公司治理行为影响的论断。同时也发现管理才能专用性与外聘高管规模的关系受到经理人市场的影响，表明外部经济环境对优化公司治理行为存在显著影响，公司治理状况的改善需要从改善经理人市场、产品市场等企业外部经济环境着手。本章研究结果的政策含义是：在微观层面，企业聘用外部高管如外部董事时，应尽量选择对企业所在行业比较熟悉或者与企业经营有关联的其他企业高管，如此才能够更好地借助外部高管的管理经验与管理专长为企业发展提供有价值的管理决策咨询，提升企业管理水平，降低企业投资失败的概率。在宏观层面，国家应尽量创造公平竞争的劳动人事政策环境，打破管理者才能流动的政策障碍，如应简化养老保险的跨地区转移手续，户籍管理上也尽量放宽落户政策，诸如此类有助于推进劳动力流动的政策，将有利于企业乃至社会人力资源的优化配置。对于国有企业改革而言，可以考虑改革国有企业高管的聘用方式，打破国有企业与民营企业之间管理才能相互流动的障碍。例如，可以考虑将政府直接任命国有企业高管的方式改为市场化聘用方式，处于竞争性行业的国有企业更应该采用市场化方式招聘企业高管；政府在国有企业中主要担当股东角色而非通过任命国有企业高管直接管理企业。

第五章　经理人市场、外部董事与企业资本投资

一、引言

近年来公司存在积极寻找外部 CEO 到公司担任外部董事的现象（Fahlenbrach et al.，2010），大型公司董事会中出现了越来越多的外部董事（Hermalin，2005），外部董事占董事会比例越来越高已成为公司治理变迁的显著特征之一。一些研究表明，聘用外部董事可提升股东价值。股东可以从外部高管被聘为公司 CEO 中获利，而当内部人士替代已解雇的外部 CEO 时，股东利益受损（Borokhovich et al.，1996），而且相对于任命其他外部董事而言，公司第一次任命外部 CEO 担任公司董事时股票价格反应更高（Fahlenbrach et al.，2010）。Huang 等（2008）发现，外部董事任命引致的累计异常收益达 4.776%，此现象在业绩低劣、两职合一、自由现金流量较大以及信息不对称程度较高的公司更显著。Choi 等（2007）利用韩国公司为样本的研究进一步发现，外部董事可提升公司股市业绩。通用管理才能对企业经营重要性的增加是外部董事比例增长的重要原因（Murphy and Zábojník，2007），外部董事甚至被认为是有效公司治理的标识（Geletkanycz and Boyd，2011），并影响着代理成本与审计需求。

与此同时，经理人市场的治理作用备受学术界与实务界关注（Fee and Hadlock，2003），经理人市场竞争会通过公司首席执行官（CEO）、董事和高级管理层的行为影响公司业绩。此方面原创性思想来自 Fama（1980）、Fama 和 Jensen（1983）等文献，并可追溯至 Jensen 和 Meckling（1976）。此思想认为，来自竞争性管理才能市场的学习机制、替换机制及管理者的未来职业关注对公司董事等高管具有约束作用，经理人市场可以充当隐性激励手段并部分替代显性激励。许多经验研究也支持经理人市场是一种有效的公司治理机制：业绩良好公司 CEO 或董事成员未来更容易在规模大、声望高的公司获得新职位（Brickley et al.，1999；Yermack，2004），而业绩低下的公司高管则很可能会被终止聘用合

同，而且难以谋取到新职位（Kaplan and Reishus，1990；Harford，2003）。

经过30多年的发展，我国大批家族企业面临着接班传承问题（何轩等，2011；陈德球等，2013），管理能力缺口问题日渐显现，一些民营企业开始以市场化方式从经理人市场引进高管，那么民营企业能否通过外聘高管提升资本投资效率呢？另外，市场经济转型过程中，我国经理人市场逐渐得以发育，并呈现出显著的二元化特征，东部经济发达地区经理人市场发育较成熟，而中西部地区经理人市场发育相对落后。在不同经理人市场发育情况下，外部高管在提升企业资本投资效率方面是否存在差异？目前我国鲜有研究考察经理人市场发育对高管与资本投资效率关系的影响。考虑到资本投资是公司的重大决策事项，此决策权主要为董事会所掌握，而公司经理在资本投资上的权限通常仅限于执行董事会的资本投资决策，因此本章主要考察外部董事在资本投资决策中的作用。利用2007～2013年民营上市公司为样本，从资本配置效率、投资机会和投资规模三方面检验外部董事对公司资本投资的影响。此外，本章还考察地区经理人市场发育对资本投资以及对外部董事与资本投资关系的影响。研究发现：外部董事比例与企业市盈率、托宾Q值、投资规模变化显著正相关，说明外部董事可以拓展企业投资机会，并加大投资力度以抓住投资机会；外部董事比例越高，企业销售毛利率与投资规模的正相关关系越强；经理人市场发育程度与企业投资机会、投资规模、资本配置效率显著正相关；在经理人市场发育较差的地区，外部董事拓展企业投资机会与投资规模、提升企业资本配置效率的效果更好。上述结果总体表明：发育良好的经理人市场有助于提升企业资本投资，经理人市场是一种有效的外部公司治理机制；企业聘用的外部董事能够改善企业资本投资，并且在经理人市场发育较差时外部董事改善企业资本投资的效果更佳，外部管理才能对民营企业经营至关重要。

本章可能的贡献在于：①尽管 Huang 等（2008）、Choi 等（2007）以及 Fahlenbrach 等（2010）发现外部董事可提升公司经营业绩及股市业绩，但并没有对其提升企业经营业绩及股市业绩的来源进行检验。外部董事促进公司业绩改善的源泉应在于外部董事能凭借其优秀管理决策才能改善公司投资效率，我们考察外部董事与企业资本配置效率、投资机会和投资规模的关系，结果发现外部董事能够改善企业的资本投资，从而对上述文献形成了有益的补充。②已有研究发现市场化进程有助于改善企业资本配置效率（方军雄，2006），但市场化进程通过何种具体机制改善企业资本配置效率仍然有待明确。通过分析经理人市场发育对投资效率的影响及其对外部董事与投资效率关系的影响，发现经理人市场发育较好时企业投资效率较高，且经理人市场发育会降低企业资本投资对外部董事管理才能的依赖程度，研究细化了市场化进程如何影响企业资本投资的相关研究。

二、理论分析与研究假设

（一）成长约束、外部董事与公司投资

高素质经理对于企业成长与发展有着至关重要的作用（张建琦和汪凡，2003），当企业现有管理能力无法满足成长需要时，吸纳新管理能力的数量和速度将决定企业未来的发展前景。我国民营企业管理人才严重匮乏，已经成为制约民营企业成长的“瓶颈”（储小平，2002）。企业发展与管理能力“瓶颈”的冲突随着企业规模扩张而日益严重，更需要得到有声望的外部董事的帮助以确保企业发展战略不至于出现重大失误（Fahlenbrach et al.，2010），需要借助外部董事的管理决策对企业进行有效的管理和控制以维持公司成长（Napoli，2012）。从外部劳动力市场中引入管理才能是民营企业提升管理能力的重要途径，我国越来越多的民营企业聘用了外部高管。许静静和吕长江（2011）的数据表明，已上市家族企业中约有25%的企业高管来自非家族成员。

相对于从有限的内部劳动力市场中选拔管理人员进入董事会，借助外部董事的优秀管理决策能力更能改善企业投资机会与决策效率。首先，外部董事的管理决策能力通常高于内部提拔高管。尽管在外部董事选聘过程中关于董事能力的信息呈高度不对称，但企业会根据经营业绩来推断其管理能力。业绩低下公司的董事不太容易被聘任为其他公司的外部董事（Kaplan and Reishus，1990），而业绩优良的CEO即使退休后也容易在其他公司中担任外部董事职位（Brickley et al.，1999）。因此，只有能力较强的外部管理者才会被公司聘为外部董事。同时，外部董事市场相对丰富的管理才能供给也为公司选择外部董事提供了更大空间，选择到高能力董事的概率较高，而内部提拔容易造成近亲繁衍，企业管理决策水平不容易得到提升。其次，外部董事更可能给企业带来不同的管理理念与方法。外聘董事会改变企业优柔寡断、犹豫不决的决策方式（Miller and Shamsie，2001），能够以其独特的权威和经验为公司现任管理层提供有效的监督和管理咨询服务（Fahlenbrach et al.，2010）。最后，市场化招聘的董事更能适应市场竞争的变化及时对企业经营战略做出适当调整。外部董事对企业发展往往有不同于内部管理者的新视野，更可能帮助企业对经营战略进行重新定位、整合资源。可以预计，外部董事能够凭借其管理决策才能提升民营企业的资源配置效率。

基于以上分析，提出如下假设：

假设H5－1：外部董事能够帮助企业改善资本投资效率。

（二）经理人市场与企业投资

我国经理人市场存在显著的二元化特征。中西部的劳动资源出现过度流失，东部则过度流入（王飞等，2006）。樊纲等（2011）编制的数据显示，我国各地区劳动力市场流动性呈现出两个基本特征：一是不同区域的劳动力市场流动性差异显著，表现为东部地区劳动力流动大于中部地区，中部地区大于西部地区；二是随着我国市场化进程的深入，大部分地区劳动力市场流动性都越来越高。与沿海地区相比，内陆地区经济发展相对滞后，二者之间的经济发展差距非常明显。东部与中西部地区经济发展的巨大差异形成了收入的巨大差异，管理者追求高工资使管理才能的流动表现出从西部和中部向东部流动的特征，这造成我国东部地区经理人市场发育程度相对高于中西部地区。

来自外部经理人市场的竞争会对企业投资效率产生正面影响。其一，在经理人市场发育程度较高的地区，优秀管理者的供给相对较丰富，管理者更具备识别和实施有价值投资机会的能力。其二，在经理人市场发育程度较高的地区，企业在任管理者面临潜在竞争者的替代威胁更强，业绩差的管理者更容易被替换（Kaplan and Reishus，1990），来自企业外部的管理者其被替换的可能性更高。例如，Hermalin（2005）发现，外聘 CEO 平均任期短于内部提拔的 CEO，且外聘 CEO 更替频率越来越高。因此，发育良好的经理人市场所产生的替代威胁将迫使在任管理者减少无效投资，过度投资以谋求自身利益的行为将较少发生。其三，在发育良好的经理人市场中，丰富的外部管理才能供给可为企业评估在任管理者能力提供可资参考的比较基准，经理能力信息不对称状态得以缓解，导致优秀的高管将更加努力工作并得到更高报酬（Baranchuk et al.，2011），业绩差的经理人则更容易被终止聘用合同且难以谋得新职位（Kaplan and Reishus，1990；Harford，2003）。总之，在发达的经理人市场中，高管报酬与声誉的激励效果更佳，此激励作用会促使高管进行有效投资。

基于以上分析，提出如下假设：

假设 H5－2：在经理人市场发育较佳的地区，企业资本投资效率较高。

（三）经理人市场、外部董事与企业投资

外部董事提升企业资本投资的效果，受到经理人市场发育程度的影响。其一，从企业内部管理资源状况观察，内部管理才能相对丰富的企业，能够凭借自身的管理资源作出恰当的资本投资决策，外部董事的管理决策服务显得不太重要。在我国东部沿海地区，经济市场化程度较高，较高的收入导致经理人市场中有着相对丰富的管理才能供给，企业内部管理资源也较丰富，而中西部欠发达地

区的企业其内部管理才能供给相对稀缺。其二，从企业外部经济资源状况看，当企业可获取的外部经济资源较丰富时，不必借助外部董事即可获取较高的投资回报。经理人市场发育较好的地区往往也是经济较发达的地区，我国东部地区的企业可获取的外部经济资源相对丰富，而中西部地区企业外部经济资源相对欠缺。我国中西部经济欠发达地区的企业无论是内部管理资源还是外部经济资源禀赋上都相对欠缺，更需要借助外部董事的优秀管理决策才能为企业提供决策与管理咨询服务，以降低企业投资失误带来的经营损失。而在经理人市场发育较好的东部地区，企业内部管理资源及外部经济资源供给相对丰富，导致外部董事改善企业投资效率的作用不如经理人市场欠发达地区的企业明显。

基于以上分析，提出如下假设：

假设 H5-3：在经理人市场欠发达的地区，外部董事改善企业资本投资的效果更显著。

三、样本选择与研究设计

（一）样本选择与数据来源

国有企业不只是以利润为目标，还包括稳定就业（曾庆生和陈信元，2006）、地区经济增长和社会稳定等政府目标（刘慧龙等，2010）。政府主要通过任命国企高层管理人员来实现对国企的非经济目标。政府通过指派政府官员担任国有控股公司的高管，或者赋予公司高管一个政治身份来加强对国有企业的控制。国企高管的“政府化”特征集中表现为高管多是行政任命而来（王红领，2006），国有企业高管任命和解雇权力仍然由政府掌握，较少采用市场化。相对而言，民营企业更多以利润最大化为目标，经营管理的市场化程度也相对高于国有企业，更有提升企业管理水平的需求。

考虑到本章研究目标是经理人市场二元化背景下企业引入的外部董事对企业资本配置效率的影响，而民营企业聘请外部董事的市场化程度相对高于国有企业，因此选择 2007 ~ 2013 年民营上市公司为研究样本。与郭剑花和杜兴强（2011）、唐松等（2011）文献一致，我们将最终控制人为自然人或家族的企业定义为民营上市公司，排除了外资类、集体类、社会团体类和职工持股会控制类等非家族控制的企业。具体标准为：①在 CSMAR 中国民营上市公司数据库中“民营化标志”为“1”；②最终控制权能归结到自然人或家族；③该自然人或家族对上市公司具有实质控制权；④最终控制人直接或间接是上市公司第一大股东。另外，剔除金融保险行业的观察值以及相关数据缺失的观察值，最后得到2174个观察值。主要原始数据来自CSMAR数据库，地区经理人市场发育程度数据来自樊纲等（2011）。我们通过查看CSMAR数据库“高管兼任信息文件”，将年末在上市公司以外单位担任职务，且不在股东单位、关联股东单位及上市公司所属子公司任职的董事视为外部董事。

（二）回归模型和变量定义

利用模型（5－1）从资本配置效率方面考察外部董事对企业资本投资的影响，即检验假设H5－1。模型中变量定义如表5－1所示。

资本配置效率模型：

$$IS = \delta_0 + \delta_1 sale + \delta_2 sale \times outdir + \delta_3 leve + \delta_4 size + \delta_5 inter + \delta_6 cash + \delta_7 compen + \delta_8 right + \sum \beta_i year_i + \sum \beta_j industry_j + \varepsilon \quad (5-1)$$

为避免单一指标可能存在的偏差，我们同时用固定资产变动和资本资产变动衡量企业投资规模变动（IS）。为检验假设H5－2和假设H5－3，分别在模型（5－1）的基础上加入经理人市场发育（market）及其与外部董事比例、销售毛利率的交互项（market × outdir × sale）。参考魏锋和刘星（2004）等文献，将如下可能影响企业投资效率的变量作为控制变量：①偿债能力指标资产负债率；②融资约束指标，包括公司规模、利息保障倍数、现金流量；③公司治理指标，包括高管报酬和两权分离程度；④样本所处年度以及行业，以控制行业及年度差异。

表5－1　模型（5－1）中相关变量定义表

变量类型	变量名称	变量符号	变量定义
因变量	资本规模变动IS	fixed	固定资产变动，ln（本年固定资产原值/上年固定资产原值）
		capital	资本资产变动，ln［（本年固定资产原值＋在建工程＋工程物资）/（上年固定资产原值＋在建工程＋工程物资）］
	投资机会IO	PE	市盈率，每股市价/每股收益
		Tobin Q	托宾Q值，（股权市值＋净债务市值）/期末总资产，其中非流通股权市值用净资产代替计算
测试变量	外部董事比例	outdir	外部董事人数/董事会规模
	销售毛利率	sale	（营业收入－营业成本）/营业收入
	经理人市场发育	market	地区经理人市场发育程度，来自樊纲等（2011）提供的劳动力流动指标

续表

变量类型	变量名称	变量符号	变量定义
控制变量	财务杠杆	leve	资产负债率，负债总额/总资产
	公司规模	size	公司总资产的自然对数
	利息保障倍数	inter	（利润总额 + 财务费用）/财务费用
	现金流量	cash	经营活动现金流量，经营活动现金流量净额/总资产
	高管报酬	compen	董事、监事及高管年薪总额的自然对数
	两权分离程度	right	控制权与现金流权分离程度，公司实际控制人拥有的公司控制权比例/上市公司实际控制人拥有的公司所有权比例
	年度	year	样本所处年度的虚拟变量
	行业	industry	样本所处行业的虚拟变量

假设 H5－1 认为外部董事能够改善企业资本投资，体现在资本配置效率方面，外部董事应能够优化企业资源配置。在资本配置效率模型（5－1）中，我们借鉴 Wurgler（2000）的做法，构造反映投资规模变动与销售毛利率之间关系的投资反应系数 δ_1。δ_1 符号为正，说明销售毛利率较高的企业其投资规模增加较快；δ_1 值越大，说明投资增减变化对销售毛利率的反应越灵敏，企业资本配置效率越高。外部董事对企业资本配置效率的影响体现为外部董事比例与销售毛利率交互项（outdir × sale）的系数 δ_2，根据假设 H5－1，预计 δ_2 显著为正。根据假设 H5－2 和假设 H5－3，预计经理人市场发育（market）的系数为正，经理人市场、外部董事比例与销售毛利率交互项（market × outdir × sale）的系数为负。

四、实证研究结果

（一）描述性统计

表 5－2 提供了主要变量均值的描述性统计结果。我们同时以经理人市场发育指标的均值为标准，将样本分为发育程度高组和发育程度低组，对此两组样本主要变量的均值进行比较。表 5－2 显示经理人市场发育程度高组样本公司的销售毛利率（sale）显著高于发育程度低组，资本规模变动（fixed、capital）也高于发育程度低组，与假设 H5－2 预计的方向基本一致但不显著。另外，发育程度高组样本公司的市盈率（PE）显著高于发育程度低组样本公司，也与假设 H5－2 一致，但托宾 Q 值（Tobin Q）并没有呈现出显著差异。

表 5-2 主要变量均值及差异分析

变量	全样本均值	发育程度高组	发育程度低组	均值差异	t 值	Sig.（双尾）
fixed	0.039	0.044	0.032	0.011	0.367	0.714
capital	0.047	0.050	0.042	0.008	0.272	0.786
PE	146.581	175.472	127.027	48.445	2.890***	0.004
Tobin Q	3.923	4.098	3.672	0.426	0.529	0.597
outdir	0.464	0.465	0.463	0.003	0.403	0.687
sale	0.264	0.286	0.249	0.037	4.311***	0.000

注：***表示显著性水平为1%。

（二）相关性分析

表5-3列示了因变量与测试变量之间的Spearman相关系数。Spearman相关系数显示，市盈率（PE）与外部董事比例（outdir）显著正相关，说明外部董事比例较高的公司拥有的投资机会也较多，与假设H5-1相符合，托宾Q值(Tobin Q)与外部董事比例的显著正相关关系也支持此结论。固定资产变动(fixed)、资本资产变动（capital）都与外部董事比例正相关，说明外部董事比例较高的公司固定资产、在建工程及工程物资增长速度较高，同样支持假设H5-1。销售毛利率（sale）与固定资产变动、资本资产变动显著正相关，说明销售毛利率较高的企业资本投资规模较高。经理人市场发育（market）与市盈率、托宾Q值正相关关系显著，表明在经理人市场发育较好地区的企业其投资机会较多，经理人市场发育与固定资产变动、资本资产变动显著正相关，表明经理人市场发育会促进企业资本投资，结果支持假设H5-2。经理人市场发育与外部董事比例正相关关系不显著，意味着经理人市场发育对企业聘用外部董事并无显著影响。相关性分析并未控制其他影响因素，还需要对测试变量与因变量之间的关系进行回归分析，如此才能得到更可靠的结果。

表 5-3 主要变量的 Spearman 相关系数

变量	PE	Tobin Q	fixed	capital	outdir	sale
Tobin Q	0.420***					
fixed	-0.213***	-0.253***				
capital	-0.234***	-0.268***	0.852***			
outdir	0.051**	0.124***	0.076***	0.090***		
sale	-0.091***	0.114***	0.060***	0.083***	-0.002	
market	0.163***	0.108***	0.039*	0.047**	0.024	-0.069***

注：***、**、*分别表示显著性为1%、5%、10%（双尾）。

（三）回归分析

1. 经理人市场、外部董事与资本配置效率

利用资本配置效率模型（5－1）进行回归的结果如表5－4所示。表5－4中回归结果（1）与（3）显示，外部董事比例与销售毛利率交互项（outdir × sale）的回归系数显著为正，即外部董事比例越高，企业投资规模变动对销售毛利率的反应系数越大，资本配置效率越高，表明外部董事可以改善企业投资效率，此结果与假设H5－1一致。回归结果（3）显示，经理人市场发育的回归系数显著为正，意味着经理人市场较发达地区的企业其投资增量较高，此结果支持假设H5－2。经理人市场、外部董事比例与销售毛利率三者交互项（market × outdir × sale）的回归系数显著为负，说明处于经理人市场发育欠佳地区的企业，外部董事对企业资本配置效率的影响较大，支持假设H5－3，可能的原因是经理人市场发育欠佳地区的企业，内部管理资源较稀少，因此其资本配置效率的提升对外部董事管理决策才能的依赖程度相对较高。

表5－4 经理人市场、外部董事与资本配置效率回归结果

变量	（1）fixed		（2）capital		（3）fixed		（4）capital	
	B	t	B	t	B	t	B	t
常数项	－2.538	－9.662***	－2.695	－10.836***	－2.626	－9.890***	－2.776	－11.047***
sale	－0.106	－0.573	0.026	0.148	－0.120	－0.648	0.013	0.075
outdir × sale	0.571	1.648**	0.483	1.475*	0.996	2.508***	0.880	2.341***
market × outdir × sale					－0.057	－2.180**	－0.053	－2.148**
market					0.056	1.678*	0.439	1.736*
leve	－0.004	－0.814	－0.004	－0.913	－0.003	－0.591	－0.003	－0.693
size	0.130	8.565***	0.137	9.525***	0.131	8.628***	0.137	9.588***
inter	1.347E－06	0.089	1.884E－06	0.132	1.242E－06	0.083	1.786E－06	0.125
cash	0.195	1.830**	0.166	1.641**	0.201	1.885**	0.171	1.696**
compen	－0.014	－0.674	－0.014	－0.729	－0.008	－0.407	－0.009	－0.465
right	－0.011	－1.285*	－0.012	－1.439*	－0.015	－1.662**	－0.015	－1.807**
year	控制		控制		控制		控制	
industry	控制		控制		控制		控制	
D.W	1.961		1.956		1.960		1.957	
Adj. R^2	0.066		0.083		0.068		0.085	
F	17.173***		21.606***		15.824***		19.756***	

注：***、**、*分别表示显著性为1%、5%、10%（单尾）。

2. 经理人市场、外部董事与投资机会

前文结果表明，外部董事能够提升企业资本配置效率。考虑到董事会的主要职能是管理决策，外部董事的主要作用之一在于为公司提供投资机会。为此，我们进一步利用投资机会模型（5－2）对外部董事能否拓展企业投资机会进行检验，同时用市盈率和托宾Q值衡量企业投资机会（IO）。外部董事提升企业资本配置效率的作用，体现在投资机会方面，预计外部董事能帮助企业拓展投资机会，因此模型（5－2）中 α_1 应为正。我们还在模型（5－2）的基础上加入经理人市场发育（market）及其与外部董事比例的交互项（market × outdir），根据假设H5－2和假设H5－3，预计经理人市场发育的系数显著为正，而交互项（market × outdir）的系数则显著为负。回归结果如表5－5所示。

投资机会模型：

$$IO = \alpha_{0+}\alpha_1 outdir + \alpha_2 leve + \alpha_3 size + \alpha_4 inter + \alpha_5 cash + \alpha_6 compen + \alpha_7 right + \sum \alpha_i year_i + \sum \alpha_j industry_j + \varepsilon \quad (5-2)$$

表5－5中前两个回归为直接利用投资机会模型（5－2）的回归结果，后两个回归中加入了经理人市场发育及其与外部董事比例的交互项（market × outdir），以考察经理人市场发育与企业投资机会的关系及其对外部董事比例与投资机会关系的影响。四个回归显示，外部董事比例（outdir）与市盈率、托宾Q值皆显著正相关，说明外部董事比例较高的企业拥有较多的投资机会，意味着外部董事能帮助企业拓展投资机会，结果支持假设H5－1。在后两个回归中，经理人市场发育的系数显著为正，说明经理人市场发育越好，企业投资机会越多，结果支持假设H5－2。经理人市场发育与外部董事比例交互项的回归系数皆显著为负，说明在经理人市场欠发达的地区，外部董事改善企业投资的效果更显著，结果与假设H5－3相符，表明在管理才能供给欠丰富的地区，企业投资机会对外部管理才能的依赖程度较高，也间接证明了外部董事对于拓展企业投资机会的重要作用。

表5－5　经理人市场、外部董事与投资机会的回归结果

变量	PE		Tobin Q		PE		Tobin Q	
	B	t	B	t	B	t	B	t
常数项	1593.962	10.069***	12.569	2.741***	1532.256	9.550***	9.723	2.095**
outdir	160.618	2.533***	3.701	2.038**	254.829	3.358***	7.937	3.670***
market × outdir					－11.067	－2.252**	－0.524	－3.580***
market					2.077	1.673*	0.646	1.723*

续表

变量	PE		Tobin Q		PE		Tobin Q	
	B	t	B	t	B	t	B	t
leve	-8.904	-4.291***	2.466	45.874***	-8.838	-4.264***	2.473	46.117***
size	-62.558	-7.203***	-1.569	-6.223***	-62.456	-7.200***	-1.570	-6.249***
inter	-0.009	-1.085	5.411E-05	0.213	-0.010	-1.131	3.988E-05	0.157
cash	-179.212	-6.847***	-7.427	-8.951***	-178.064	-6.811***	-7.380	-8.922***
compen	-13.055	-1.165	1.395	4.151***	-9.114	-0.805	1.591	4.687***
right	8.456	1.646**	0.021	0.149	6.948	1.343*	-0.039	-0.270
year	控制		控制		控制		控制	
industry	控制		控制		控制		控制	
D. W	1.800		1.861		1.803		1.868	
Adj. R^2	0.100		0.113		0.102		0.116	
F	25.883***		418.142***		23.341***		369.834***	

注：***、**、*分别表示显著性为1%、5%、10%（单尾）。

3. 经理人市场、外部董事与投资规模

民营企业可能因外部融资约束等原因，导致即使存在较多投资机会也难以把握投资机会。前文研究表明，外部董事能拓展企业投资机会，那么外部董事能否帮助企业把握投资机会？在发育程度不同的经理人市场中，外部董事抓住投资机会的能力是否有差异？我们利用投资规模模型（5-3）进行检验，预计外部董事应能够推动企业扩大投资规模，即 β_1 为正；我们还在模型（5-3）基础上加入经理人市场发育（market）及其与外部董事比例的交互项（market × outdir），以检验经理人市场发育对外部董事比例与投资规模关系的影响。根据假设 H5-2 和假设 H5-3，预计经理人市场发育的系数显著为正，交互项（market × outdir）的系数则显著为负。回归结果如表 5-6 所示。

表 5-6 经理人市场、外部董事与投资规模回归结果

变量	（1）fixed		（2）capital		（3）fixed		（4）capital	
	B	t	B	t	B	t	B	t
常数项	-2.665	-9.567***	-2.809	-10.597***	-2.800	-9.918***	-2.918	-10.855***
outdir	0.183	1.668**	0.196	1.871**	0.381	2.911***	0.355	2.849***
market × outdir					-0.024	-2.763***	-0.020	-2.340***
market					0.032	1.784*	0.027	1.673*

续表

变量	(1) fixed		(2) capital		(3) fixed		(4) capital	
	B	t	B	t	B	t	B	t
leve	0.003	0.866	0.004	1.011	0.004	0.992	0.004	1.117
size	0.126	8.264 ***	0.131	9.004 ***	0.126	8.279 ***	0.131	9.015 ***
inter	3.839E-07	0.025	9.060E-07	0.062	-3.238E-07	-0.021	3.352E-07	0.023
cash	0.246	2.277 **	0.226	2.197 **	0.254	2.351 ***	0.232	2.260 **
compen	-0.004	-0.182	0.000	-0.022	0.005	0.267	0.007	0.357
right	-0.009	-1.006	-0.010	-1.150	-0.012	-1.322 *	-0.012	-1.415 *
year	控制		控制		控制		控制	
industry	控制		控制		控制		控制	
D.W	1.932		1.923		1.932		1.924	
Adj. R^2	0.061		0.073		0.065		0.076	
F	18.139 ***		21.759 ***		16.883 ***		19.770 ***	

注：***、**、*分别表示显著性为1%、5%、10%（单尾）。

投资规模模型：

$$IS = \beta_0 + \beta_1 outdir + \beta_2 leve + \beta_3 size + \beta_4 inter + \beta_5 cash + \beta_6 compen + \beta_7 right + \sum \beta_i year_i + \sum \beta_j industry_j + \varepsilon \quad (5-3)$$

表5-6中以固定资产变动（fixed）为因变量的回归结果（1）与（3）中，外部董事比例与固定资产变动显著正相关，即外部董事可推动企业扩大固定资产投资规模。结合表5-5的结果可以认为，外部董事既能拓展企业投资机会，又能帮助企业扩大投资以抓住有价值的投资机会，这是外部董事帮助企业优化资本配置效率的源泉，结果与假设H5-1一致。回归结果（3）显示，经理人市场发育的系数显著为正，表明在经理人市场较发达的地区，企业投资增量较高，与假设H5-2一致。经理人市场发育和外部董事的交互项（market × outdir）与固定资产变动显著负相关，表明在经理人市场欠发达地区的企业，外部董事扩大企业投资规模的程度较高，改善企业资本投资的效果更显著，此结果与假设H5-3一致。

（四）稳健性检验

本章进行了以下稳健性检验：①考虑到企业投资增加并不一定表现为固定资产原值增加，也可能表现为在建工程及工程物资的增加。为此我们再以资本资产变动（capital）代替固定资产变动作为投资规模变动的代理变量进行回归，结果分别列示于表 5 - 4 和表 5 - 6 中的回归结果（2）和（4）。②利用樊纲等（2011）提供的各省（直辖市、自治区）年度劳动力流动数据的均值为标准，将劳动力流动数据大于（小于）均值的样本作为经理人市场发育程度高（低）组样本，以分组样本进行回归。③以樊纲等（2011）提供的要素市场发育指标代替劳动力流动作为经理人市场发育代理指标进行回归。上述稳健性检验结果并不改变本章的基本结论。

五、结论与讨论

近年来，我国民营上市公司逐渐从经理人市场引入外部董事。外部董事以及经理人市场发育能否改善企业资本投资效率？不同经理人市场发育程度下外部董事改善企业投资效率的作用是否存在差异？本章从资本配置效率、投资机会和投资规模三方面展开研究。研究发现：外部董事比例越高，企业销售毛利率与投资规模变动的正相关关系越强；外部董事比例与企业市盈率、托宾 Q 值、投资规模变化显著正相关；经理人市场发育程度与企业投资机会、投资规模、资本配置效率显著正相关；在经理人市场发育较差的地区，外部董事提升企业资本配置效率的效果更好，外部董事更能帮助企业拓展投资机会与投资规模。上述结果总体表明：引入外部董事能够改善企业资本配置效率，此效应来源于帮助企业拓展投资机会，并加大投资力度以把握投资机会；发育良好的经理人市场有助于提升企业资本投资，经理人市场是一种有效的外部治理机制；在经理人市场发育较差时民营企业更需要借助外部董事的管理决策能力以改善企业资本配置效率。

本章研究结果的政策含义是：第一，对于内部管理资源比较匮乏的企业，可通过从外部经理人市场聘请经验丰富的成功管理者为公司董事，凭借外部董事的管理决策才能改善公司的投资效率。不过，民营上市公司在聘用外部董事时，需要特别关注外部董事是否具有丰富的企业管理经验，毕竟不同类型的外部董事提升企业经营业绩的作用可能存在较大的差异，如从高校等渠道聘用的外部董事由于没有实际的企业经营管理经验，可能并不能帮助企业提高公司管理决策、战略规划以及管理执行效率，因此民营上市公司应该更多地从实业界引入具有丰富企业管理经验的外部董事。第二，企业聘用外部董事时，要特别关注外部董事过去的经营业绩。管理者才能对企业经营业绩至关重要，但管理者才能的信息极度不对称，因此企业在聘用外部董事时，需要关注外部董事过去的经营业绩，据此评估外部董事的管理才能，以尽量提高聘用到高管理才能外部董事的概率。第三，国家应该着力破除劳动力特别是管理才能流动的制度障碍，推进劳动力流动的市场化改革。发育良好的经理人市场的主要功能之一是通过市场化的高管选聘机制，将合适的管理者才能配置到公司管理层。推进劳动力流动的市场化改革，破除人力资源流动障碍，既有利于为企业聘用外部高管创造条件，也可以为公司内部治理改革提供良好的外部治理环境。此方面，国家可以着力破除户籍管理的地区性限制、推动全国范围内医疗保险、养老保险转移的政策统一，从而破除劳动力流动的政策障碍。

未来研究方面，第一，由于高管对未来劳动力市场中工作机会的关注将影响公司投资、盈余操纵、风险承担、资本结构、公司控制及管理战略等诸多方面（Fee and Hadlock，2003），考虑到董事在公司重大事项中的战略决策地位，可关注不同类型董事对企业战略、资本结构等方面的影响与差异。第二，我国不同经济发展区域、不同性质企业面对的经理人市场存在较大差异，可能会导致高管聘用与激励机制特征等方面存在差异。因此，一方面可关注不同地区经理人市场发育程度差异在公司内部治理机制塑造中所起的作用；另一方面还可在详细考察国有企业与民营企业高管聘用机制、高管替换机制等差异的基础上，进一步比较分析国有企业与民营企业经理人市场的差异对高管激励机制、业绩评价机制等公司内部治理机制运行效率的影响。这方面的研究有利于挖掘出导致国有企业与民营企业经营效率差异的管理才能配置原因，从而为国有企业未来改革方向提供可资参考的政策建议。

第六章　外部高管能否改善公司员工的雇用政策

——基于超额雇员与员工报酬的研究

一、引言及文献述评

高管决定着企业的资源配置，对企业经营业绩和股东价值有着至关重要的影响。在我国民营经济发展初期，其管理能力主要来自国有或集体企业的转移（李新春，2003）。经过30多年发展，大批家族企业面临着接班传承的问题（何轩等，2011），管理能力缺口日渐突出，导致大量家族企业开始聘用非家庭成员担任企业高管（许静静和吕长江，2011），企图凭借外部高管的管理才能来提升企业管理效率。国外研究发现，聘用外部董事可提高公司股票价格（Fahlenbrach et al.，2010）和经营业绩（Choi et al.，2007）。Geletkanycz和Boyd（2011）甚至认为，是否存在外部董事是判断公司治理优劣的有效标识。员工配置效率是企业要素配置的核心内容（刘慧龙等，2010），良好的公司治理能够促使经理人调整企业员工福利政策，使之与股东利益一致（钟宁桦，2012）。那么，作为有效公司治理的标志以及弥补企业管理能力缺口的手段，民营上市公司引入的外部高管能否优化公司员工雇用政策？

国内早已出现有关企业员工雇用政策的研究文献。方军雄（2011）认为，高管权力会影响高管与普通员工之间的薪酬差距，中国上市公司存在严重的薪酬尺蠖效应。黎文靖和胡玉明（2012）的研究表明，国有企业内部较小的薪酬差距可对职工形成激励作用，但是较大的薪酬差距则不能对职工形成正向激励作用。钟宁桦（2012）认为，较好的福利可激励员工努力工作、吸引高素质员工加入企业、激发员工加大与企业相关的专用人力资本投资力度，基于此，其探讨了公司治理与员工福利以及公司业绩之间的关系。陈冬华等（2011）基于隐性契约理论分析了高管继任与职工薪酬之间的关系，研究发现，在高管继任当年职工工资的增长非常显著，并且相对于内部提拔的高管，外部高管提高职工工资的幅度更大。刘慧龙等（2010）、梁莱歆和冯延超（2010）分析了高管政治关联对员工冗余程度的影响，但两篇文献的部分结论存在差异①。已有研究结论表明，公司治理特别是高管类型对员工雇用政策存在较大影响。与上述文献不同，本章从外部高管角度对员工雇用政策进行研究，并考察外部劳动力市场供给在其中的调节作用。

公司员工雇用政策主要体现为雇员规模和雇员报酬两方面。本章以中国民营上市公司为样本，考察外部高管对超额雇员规模和员工报酬的影响，以及劳动力市场供给对外部高管与企业员工雇用政策关系的影响。结果发现：聘用外部高管越多的企业其超额雇员规模越少，员工报酬也越高；在劳动力供给较丰富的地区，聘用外部高管较多的企业其超额雇员较少，员工报酬也相对较低。结果表明外部高管采用减少企业冗余雇员并提高在职员工报酬的雇用政策，同时根据外部劳动力市场供给对员工雇用政策进行灵活调整，外部高管改善了公司员工雇用政策，提升了员工配置效率。

本章可能的贡献在于：一是已有文献将外部高管如外部董事和外部 CEO 作为重要研究内容，发现聘用外部高管可提升公司业绩（Choi et al.，2007），帮助股东获利（Fahlenbrach et al.，2010），但并没有说明公司业绩提升和股东获利的来源，我们发现外部高管能够改善企业员工雇用政策，对上述文献形成有益补充。二是已有文献仅从员工规模或劳动力成本等单方面检验高管类型对员工雇用政策的解释能力，同时从超额雇员规模及员工报酬两方面进行考察，可避免研究结论的局部性问题。三是既有研究表明市场化进程可以优化企业资本配置效率（方军雄，2006），但并没有检验其内在机制，我们发现丰富的外部劳动力市场供给有助于企业灵活调整员工雇用政策，从而细化了市场化进程对企业生产要素配置效率影响的相关研究。

二、理论分析与研究假设

（一）外部高管与超额雇员

员工雇用是企业高管的重要决策事项，外部高管应有能力且有动力改善民营企业员工雇用政策。首先，只有能力远高于内部管理者的外部候选人才有可能被

① 刘慧龙等（2010）发现，在非国有控股公司中，政治关联的公司员工冗余程度较低。梁莱歆和冯延超（2010）以民营企业为样本，研究发现存在政治关联的企业雇员规模、薪酬成本均显著高于非关联企业。

选聘为企业高管（Agrawal et al.，2006），成功选任的外部高管其管理能力通常高于内部管理者（Alberto and Pedro，2006），因此，外部高管有能力改进公司员工雇用政策，减少员工冗余程度。其次，外部高管有较强的动力减少企业超额雇员规模。民营企业股东往往对外部高管寄予厚望，期望借助其管理能力尽快提升企业业绩，并给予其基于业绩的报酬。同时，外部高管通过减少超额雇员能够提升企业业绩，巩固其高管职位，并提高自身在职业市场的声誉；而业绩不佳的高管不仅很可能被终止聘用，而且很难谋得新职（Kaplan and Reishus，1990；Harford，2003）。严重的员工冗余会给企业业绩带来负面影响，基于业绩的报酬激励和基于市场声誉的激励促使外部高管具有减少企业冗员的强烈动机。再次，与内部高管相比，外部高管与企业员工的情感联系较少，更可能雷厉风行地裁减冗员。最后，民营企业引入外部高管，通常会赋予外部高管较多权力。权力的增强意味高管掌握着企业内部大部分资源配置权（张军和王祺，2004），此资源配置权体现在员工雇用政策上，外部高管会比较直接且彻底地解雇冗余员工，以降低企业成本。可以预期，以市场化方式引入的外部高管有能力、有动力且有权力推行减员增效政策，优化企业员工雇用政策。

基于以上分析，提出如下假设：

假设 H6－1：在其他条件相同的情况下，聘用外部高管较多的民营企业其冗余员工较少。

（二）外部高管与雇员报酬

人力资本的形成与特定工作岗位的经验密切相关，员工工作技能具有资产专用性特点，人力资本专用性使得报酬激励对于提升员工工作效率尤为重要。一方面，人力资本所有权属于个人，企业拥有的只是使用权，因此人力资本的使用效率受制于员工的工作态度。另一方面，发展专用性人力资本既需要员工付出较高成本，又可能使员工面临较高的套牢风险，容易导致专用性人力资本投资不足，因此企业需要强化激励促使员工加大专用性人力资本投资。通常，民营企业引入的外部高管承受着较高的业绩提升压力，基于业绩报酬的激励使得其报酬业绩敏感度高于内部高管，因此，基于提升经营业绩的愿望，外部高管更需要在裁减员工的情况下通过报酬工具稳定核心员工。提升员工报酬不仅可以获得员工支持，也可以减轻裁员给员工带来的心理压力。同时，较高的福利还能激励员工进行专用性人力资本投资，吸引外部优秀员工加入企业（钟宁桦，2012）。因此，可以预期，外部高管会采用强度较大的激励性报酬。

此外，外部高管更需要利用薪酬工具与员工建立良好的心理契约，以顺利推行改革措施。高管与员工之间不仅存在以显性契约为基础的工作关系，也存在以隐性契约为基础的私人关系（陈冬华等，2011），高管与员工之间的隐性契约是形成员工工作态度和工作行为的重要因素，会影响外部高管与员工之间的工作关系，进而影响企业业绩。新任高管尤其是外部高管往往会改变公司战略（Huson et al.，2004），战略变革过程中的组织变革会打破员工与组织之间的原有心理契约，导致员工士气低落，对组织的信任降低（朱晓妹和王重鸣，2006）。因此，在改变企业经营战略、推行新的管理体制过程中，外部高管需要通过与员工建立互惠的保障报酬增长的隐性契约来赢得员工认同，争取员工支持。与员工保持良好关系可以降低谈判与管理等成本（陈冬华等，2011），保障外部高管的工作得以顺利开展。陈冬华等（2011）发现，相对于内部来源高管，来自外部的CEO会提高约7%的职工工资，表明外部高管具有更强烈的争取职工政治同盟的动机。

基于以上分析，提出如下假设：

假设 H6-2a：在其他条件相同的情况下，外部高管比例较高的民营企业其员工劳动报酬较高。

然而，提高员工报酬无疑会增加企业劳动力成本，对业绩造成负面影响。民营企业外部高管在员工报酬决策上，也可能会根据边际成本与收益的原则与员工谈判，重新制定员工薪酬。大多数情况下，普通员工在薪酬谈判中处于弱势地位，是薪酬方案的被动接受者（郭正模和李晓梅，2006）。当企业外部高管较多时，外部高管掌控的权力也越大，导致员工的薪酬谈判能力越低。基于业绩的考虑，外部高管也可能会利用所掌握的权力，采取减少冗员并支付员工较低报酬的方法来降低劳动力成本。相关文献表明，管理层权力越大，越可能凌驾于董事会而自定薪酬（Bebchuk et al.，2002），企业内部薪酬差距也将扩大（黎文靖和胡玉明，2012）。外部高管更可能利用个人声望或掌握的权力追求短期利益，致力于建造企业帝国（Jensen and Meckling，1976），同时削减企业员工福利（钟宁桦，2012）。

基于以上分析，提出如下假设：

假设 H6-2b：在其他条件相同的情况下，外部高管比例较高的民营企业其员工劳动报酬较低。

（三）劳动力供给、外部高管与员工雇用政策

我国不同地区的劳动力市场供给存在较大差异，经济发达的东部地区劳动力供给较丰富，中部地区次之，而西部地区则呈现出劳动力净流出。丰富的劳动力市场供给往往导致员工议价能力减弱，企业可以根据劳动力市场的变化对员工雇用数量和工资水平做出快速调整（李小瑛和赵忠，2012）。丰富的劳动力市场供

给有助于民营企业外部高管更加灵活地配置人力资源，这体现在：员工雇用数量方面，在劳动力供给丰富的市场中，外部高管不必为企业后续发展而特意储备劳动力，更容易实施削减超额员工措施；员工报酬方面，市场中充足的劳动力供给为外部高管与企业在职员工报酬的谈判提供了更大的余地，试图给予高报酬以留住优秀员工的激励作用也将减弱。相关研究发现，市场化进程有助于改善企业资本配置效率（方军雄，2006），市场化程度较高地区的企业其员工配置效率较高（刘慧龙等，2010）。因此，可以预期，在劳动力供给丰富的市场中，外部高管更可能减少企业超额员工数量，同时降低员工报酬。

基于以上分析，提出如下假设：

假设 H6－3：当劳动力市场供给较丰富时，外部高管比例较高的民营企业更倾向于减少企业超额雇员并降低员工报酬。

三、样本选择与研究设计

（一）样本选择与数据来源

国有企业高管出任的途径主要是行政任命（王红领，2006），较少从劳动力市场聘用高管，民营企业则更多是基于利润最大化目标采用市场化方式引入外部高管。同时，国有企业目标不仅是利润最大化，还承担着经济发展、就业、社会养老、社会稳定等政府目标（Lin et al.，1998），导致国有企业超额雇员较多和劳动成本较高（曾庆生和陈信元，2006），也降低了雇员尤其是高管的薪酬业绩敏感度（薛云奎和白云霞，2008）。考虑到国有企业与民营企业在高管及员工雇用上存在的差异，而本章主要考察劳动力市场化流动情况下企业引入的外部高管对员工雇用政策的影响，因此选取 2007～2012 年民营上市公司为研究样本。与郭剑花和杜兴强（2011）等一致，我们将最终控制人为自然人或家族的认定为民营企业，排除由外资、集体、社会团体或职工持股会等非家族控制的企业，得到 2174 个观察值。民营上市公司原始样本及其财务数据来自 CSMAR 数据库；地区劳动力流动数据来自樊纲等（2011）；地区企业人均收入数据来自历年《中国统计年鉴》；外部高管数据通过 CSMAR 数据库中“高管兼任信息文件”并查看上市公司年报中的高管简历进行手工收集而得。

（二）变量定义

已有文献对外部高管的定义大致可分为两类：一是按高管是来自企业内部还

是外部进行判断，将来自企业外部的高管界定为外部高管，而内部提拔的高管为内部高管。如Yermack（2004）针对外部董事的判断主要依据其是来自企业外部还是内部，陈冬华等（2011）将来自企业外部的新任CEO或新任董事长认定为外部高管。二是根据高管与股东的关系判断，将非来源于股东、股东亲属及股东单位的高管确定外部高管。如许静静和吕长江（2011）将家族企业分为由家族成员担任高管的企业和由外部人士担任高管的企业。

考虑到本书的研究目的以及选取的样本为民营上市公司，而民营上市公司最终控制人往往通过金字塔结构控制上市公司，因此综合上述两种外部高管的判断方法，将来自企业外部而非内部提拔且非来源于股东、股东亲属及股东单位的高管定义为外部高管。通过查看CSMAR数据库“高管兼任信息文件”，将年末在上市公司以外单位担任职务，且不在股东单位、关联股东单位及上市公司所属子公司任职的高管视为外部高管。上市公司独立董事包括已退休而只在上市公司担任独立董事的人士亦视为外部高管。在上市公司中担任董事的外部高管作为外部董事进行统计①。

有关变量定义如表6－1所示。

表6－1 各变量的符号与定义表

变量类型	变量符号	变量定义
因变量	Exemp	超额雇员，为模型（6－2）回归所得残差，包括Exemp_ asset和Exemp_ sale两个指标，分别以员工数量除以年末总资产再乘以10000（emp_ asset）、员工数量除以营业收入再乘以10000（emp_ sale）表示员工规模（emp）对模型（6－2）回归所得残差
	emp	员工规模，以员工数量除以年末总资产再乘以10000（emp_ asset）、员工数量除以营业收入再乘以10000（emp_ sale）两种方法计算
	pay	员工报酬，支付给职工以及为职工支付的现金与营业收入之比
测试变量	outman	外部高管比例，外部高管人数/公司高管人数
	outdir	外部董事比例，外部董事人数/董事会规模
	indep	独立董事比例，独立董事人数/董事会规模
	flow	劳动力供给，樊纲等（2011）提供的各地区分年度劳动力流动数据

① 通过此数据收集过程，可将公司高管（董事）中来自股东派出的高管（董事）、上市公司内部提拔的高管（董事）排除。

续表

变量类型	变量符号	变量定义
控制变量	conright	控制权与现金流权分离程度，实际控制人拥有的公司控制权比例/实际控制人拥有的公司所有权比例
	compen	高管薪酬，管理层年薪总额的自然对数
	dual	两职合一，当董事长和总经理两职合一时，定义为“1”，否则为“0”
	profit	销售毛利率，（营业收入 - 营业成本）/营业收入
	old	上市年数，样本年度与公司股票上市年度之差
	year	样本所处年度的虚拟变量
	industry	样本所处行业的虚拟变量
	size	公司规模，公司总资产自然对数
	level	资产负债率，年末负债总额/总资产
	roa	盈利能力，净利润/年末总资产
	growth	成长性，营业收入增长率
	PPE	资本密度，固定资产占总资产比重
	wage	地区人均年收入，《中国统计年鉴》中各省（直辖市、自治区）的“职工平均货币工资合计”

（三）回归模型

我们分别采用超额雇员模型（6－1）和员工报酬模型（6－3）检验假设H6－1和假设H6－2。

1. *超额雇员模型*

$$Exemp = \alpha_0 + \alpha_1 out + \alpha_2 conright + \alpha_3 compen + \alpha_4 dual + \alpha_5 profit + \alpha_6 old + \sum \alpha_i year_i + \sum \alpha_j industry_j + \varepsilon \qquad (6-1)$$

模型（6－1）中，Exemp为超额雇员变量，参考曾庆生和陈信元（2006）、刘慧龙等（2010），分年度进行回归，以回归所得残差来估计。Exemp越大，表明公司员工冗余程度越高。公司规模（size）、资本密度（PPE）、成长性（growth）和行业是影响员工规模的重要因素（曾庆生和陈信元，2006），盈利能力（roa）、债务水平（level）和不同年度宏观经济状况也会影响公司人力资本需求（刘慧龙等，2010），因此，我们控制公司规模、资产负债率、盈利能力、成长性、资本密度以及行业分年度进行回归。模型（6－1）中out为外部高管变量，包括外部高管比例（outman）和外部董事比例（outdir）。此外，我们还利用独立董事比例（indep）进行稳健性检验。根据 H6－1，外部高管变量的系数 α_1 应显著为负。

$$emp = \beta_0 + \beta_1 size + \beta_2 level + \beta_3 roa + \beta_4 growth + \beta_5 PPE + \sum \beta_i industry_i + \varepsilon \quad (6-2)$$

2. 员工报酬模型

$$pay = \delta_0 + \delta_1 out + \delta_2 Exemp + \delta_3 wage + \delta_4 profit + \delta_5 level + \delta_6 growth + \delta_7 conright + \sum \delta_i year_i + \sum \delta_j industry_j + \varepsilon \quad (6-3)$$

在员工报酬模型（6－3）中，参考曾庆生和陈信元（2006）等，选取以下控制变量：超额雇员规模（Exemp）、地区人均年收入（wage）、销售毛利率（profit）、资产负债率（level）、公司成长性（growth）、控制权现金流权分离程度（conright）。另外，还控制样本所处年份（year）和行业（industry）。根据 H6－2a，外部高管的系数 δ_1 应显著为正；根据 H6－2b，外部高管的系数 δ_1 应显著为负。

采用模型（6－4）和模型（6－5）检验 H6－3。我们分别在模型（6－1）和模型（6－3）的基础上加入劳动力供给变量（flow）以及劳动力供给变量与外部高管变量的交互项（flow × out）而形成的。根据 H6－3，模型（6－4）和模型（6－5）中交互项的回归系数 α_3、δ_3 应显著为负。

$$Exemp = \alpha_0 + \alpha_1 out + \alpha_2 flow + \alpha_3 flow \times out + \alpha_4 conright + \alpha_5 compen + \alpha_6 dual + \alpha_7 profit + \alpha_8 old + \sum \alpha_i year_i + \sum \alpha_j industry_j + \varepsilon \quad (6-4)$$

$$pay = \delta_0 + \delta_1 out + \delta_2 flow + \delta_3 flow \times out + \delta_4 Exemp + \delta_5 wage + \delta_6 profit + \delta_7 level + \delta_8 growth + \delta_9 conright + \sum \delta_i year_i + \sum \delta_j industry_j + \varepsilon \quad (6-5)$$

四、实证检验结果

（一）描述性统计

表 6－2 为主要变量描述性统计结果。外部高管比例（outman）均值表明，样本公司外部高管比例大致为 30.11%；外部董事比例（outdir）均值为 46.24%，大于独立董事比例（indep）的均值（36.97%）；这表明，2007～2012 年民营上市公司聘用了较多外部高管，董事会中非独立的外部董事约占董事会规模的 10%，独立董事约占外部董事数量的 79.95%（36.97%/46.24%）。外部高管比例与外部董事比例的最大值为 1，即少数上市公司高管或董事全部来自外

部，此数据与许静静和吕长江（2011）研究中的数据一致。另外，可以观察到，一些变量描述性统计结果存在极端值，如员工报酬最大值为 71.61，资产负债率最大值是 7.2402，总资产利润率与营业收入增长率的最大值与最小值都比较极端，因此我们在后续计算中对所有的连续变量在 1% 和 99% 分位进行了 Winsorize 处理。

表 6－2 描述性统计结果

变量	均值	中位数	最小值	最大值	标准差
Exemp_ asset	0. 0000	－0. 0016	－0. 0312	0. 2402	0. 0128
Exemp_ sale	0. 0000	－0. 0102	－11. 5337	28. 9873	7. 2807
emp_ asset	0. 0105	0. 0077	0. 0000	0. 2700	0. 0144
emp_ sale	0. 2018	0. 0139	0. 0000	15. 0500	7. 2585
pay	0. 5381	0. 0717	0. 0000	71. 6100	14. 9243
outman	0. 3011	0. 2667	0. 1000	1. 0000	0. 1292
outdir	0. 4624	0. 4286	0. 2500	1. 0000	0. 1367
indep	0. 3697	0. 3333	0. 1429	0. 6667	0. 0542
flow	7. 3647	7. 2500	0. 3600	17. 0300	3. 4576
conright	1. 9745	1. 4445	1. 0000	21. 6000	1. 6358
compen	14. 3971	14. 4121	10. 5000	17. 7700	0. 9779
dual	0. 2186	0. 0000	0. 0000	1. 0000	0. 4134
profit	0. 2643	0. 2263	－0. 1080	0. 6100	0. 1958
old	11. 2406	12. 0000	0. 0000	22. 0000	4. 2828
size	21. 1723	21. 2224	14. 1600	24. 8900	1. 3927
level	0. 7135	0. 5291	0. 0100	7. 2402	4. 7489
roa	0. 3947	0. 0311	－20. 5500	758. 7400	16. 3131
growth	10. 4949	0. 1045	－1. 0000	14883. 0600	329. 1747
PPE	0. 2218	0. 1902	0. 0000	0. 9200	0. 1771
wage	37756. 4867	36128. 0000	18400. 0000	84742. 0000	12816. 1171

（二）相关性分析

表 6－3 列示了因变量和解释变量之间的 Spearman 相关系数及其显著性水平。表 6－3 显示，外部董事比例（outdir）与二个超额雇员变量（Exemp_ asset、Exemp_ sale）的相关系数分别为－0. 078、－0. 057，显著性水平皆为 1%。外部高管比例（outman）与超额雇员变量的相关系数亦在 1% 的水平上显著为负。结

果表明，外部高管较多的民营上市公司其超额雇员规模较低，外部高管有助于企业减少冗余员工，结果支持假设 H6－1。

外部董事比例、外部高管比例与员工报酬（pay）的相关系数分别为 0.061、0.044，显著性水平分别为 1%、5%，说明外部董事或外部高管越多的企业，在职员工的劳动报酬越高，支持假设 H6－2a，而与假设 H6－2b 相反。综合外部高管变量与超额雇员变量、员工报酬变量的相关性结果，可以认为，民营上市公司外部高管采用了类似效率工资的员工雇用政策：外部高管既会减少企业冗余员工，同时又会提升在职员工报酬。

劳动力供给（flow）与 Exemp_ asset 呈强显著正相关，而与 Exemp_ sale 的正相关关系不显著，表明当劳动力市场供给较为丰富时，企业会聘用更多员工。劳动力供给与员工报酬（pay）显著负相关，说明处于供给丰富的劳动力市场中，企业会减少员工报酬。劳动力供给与超额雇员规模、员工报酬的关系符合经济学供求规律。当然，劳动力供给如何影响外部高管采用的员工雇用规模与员工报酬还有待进一步回归分析。

表 6－3　主要变量的 Spearman 相关系数分析表

变量	Exemp_ asset	Exemp_ sale	pay	outdir	outman	flow
Exemp_ asset	1.000					
Exemp_ sale	0.298（**）	1.000				
pay	0.178（**）	0.055（*）	1.000			
outdir	－0.078（**）	－0.057（**）	0.061（**）	1.000		
outman	－0.116（**）	－0.100（**）	0.044（*）	0.731（**）	1.000	
flow	0.063（**）	0.032	－0.066（**）	0.024	0.012	1.000

注：**、*分别表示统计显著性水平为 1%、5%（双尾）。

（三）回归分析

1. 外部高管与超额雇员

表 6－4 是利用超额雇员模型（6－1）对外部高管与超额雇员关系进行多元回归的结果。表 6－4 的结果显示，外部高管比例与两个超额雇员变量的回归系数分别为－0.0048、－0.4884，显著性水平分别为 5%、1%。外部董事比例也与两个超额雇员变量显著负相关。这些结果表明，外部高管较多的民营上市公司超额雇员规模较小，外部高管可以帮助民营上市公司减少员工冗余程度，从而提高员工配置效率。假设 H6－1 得以验证。

表6－4　外部高管变量与超额雇员的回归结果

变量	Exemp_ asset	Exemp_ sale	Exemp_ asset	Exemp_ sale
C	－0.0021 (－0.4285)	－0.6398* (－1.4022)	－0.0052 (－1.0933)	－0.7839** (－1.7221)
outman	－0.0048** (－2.2561)	－0.4884*** (－2.4037)		
outdir			－0.0710*** (－3.3737)	－0.2308** (－2.2723)
conright	0.0003* (1.6157)	0.0131 (0.8215)	0.0003* (1.6082)	0.0137 (0.8558)
compen	9.41E－05 (0.3103)	0.0234 (0.8090)	0.0002 (0.6880)	0.0314 (1.0941)
dual	0.0001 (0.1721)	0.0973* (1.5496)	－0.0001 (－0.1580)	0.0887* (1.4111)
profit	0.0034*** (2.3996)	0.0826 (0.6016)	0.0036*** (2.4844)	0.0806 (0.5852)
old	4.74E－05 (0.5421)	－0.0019 (－0.2318)	4.62E－05 (0.5270)	－0.0022 (－0.2608)
年度	控制	控制	控制	控制
行业	控制	控制	控制	控制
Adj. R^2	0.0909	0.0282	0.0659	0.0261
F－statistic	3.8000	3.5592	3.5787	3.3628
Prob	0.0000	0.0000	0.0000	0.0000

注：括号内为回归系数的T检验值；***、**、*分别表示统计显著性水平为1%、5%、10%（单尾）。

2. 外部高管与员工报酬

表6－5列示了员工报酬模型（6－3）的回归结果。表6－5的结果显示，外部高管比例的回归系数分别为0.4454、0.4221，显著性水平皆为1%。外部董事比例的回归系数也全部在1%水平上显著为正，说明公司外部高管越多，支付给职工的报酬占营业收入的比重越高，假设H2a得到验证。综合表6－4和表6－5的回归结果可以发现，外部高管不仅会着力减少企业冗员规模，还会提高在职员工报酬以激励员工努力工作。另外，表6－5中超额雇员变量（Exemp_ asset、Exemp_ sale）的4个回归系数为负，且有2个回归系数统计上显著，表明员工

冗余程度较高的企业支付给员工的报酬较低，这正是外部高管采取减少超额雇员规模并提高员工报酬可起到激励效果的基础。此结果与薛云奎和白云霞（2008）一致，超额雇员给企业带来的主要影响是员工激励不足而并非劳动力成本过高。

表 6 – 5　外部高管变量与员工报酬的回归结果

变量	pay	pay	pay	pay
C	−0.1412 (−1.1559)	−0.1131 (−0.9528)	−0.1512 (−1.1841)	−0.1142 (−0.9187)
outman	0.4454*** (3.4920)	0.4221*** (3.4006)		
outdir			0.3089*** (2.6365)	0.2725*** (2.3875)
Exemp_ asset	−0.0961 (−0.0689)		−0.3633 (−0.2603)	
Exemp_ sale		−0.0266** (−1.8661)		−0.0281** (−1.9731)
wage	−9.36E−07 (−0.5644)	−1.78E−06 (−1.0988)	−8.79E−07 (−0.5288)	−1.74E−06 (−1.0707)
profit	0.4643*** (5.2921)	0.4392*** (5.1435)	0.4676** (5.3141)	0.4405*** (5.1447)
level	0.0186*** (4.7218)	0.0060* (1.4971)	0.0189*** (4.7869)	0.0063* (1.5770)
growth	−1.32E−05 (−0.2771)	−1.11E−05 (−0.2412)	−1.77E−05 (−0.3719)	−1.52E−05 (−0.3290)
conright	0.0156* (1.5318)	0.0167** (1.6896)	0.0150* (1.4696)	0.0161* (1.6277)
年度	控制	控制	控制	控制
行业	控制	控制	控制	控制
Adj. R^2	0.0313	0.0199	0.0287	0.0169
F − statistic	3.7404	2.7163	3.5010	2.4529
Prob	0.0000	0.0000	0.0000	0.0001

注：括号内为回归系数的 T 检验值；***、**、*分别表示统计显著性水平为1%、5%、10%（单尾）。

3. 劳动力供给、外部高管与超额雇员

表6－6为模型（6－4）的回归结果。在前两个回归中，劳动力供给与外部高管比例交互项（flow × outman）的回归系数皆为负，显著性水平都为10%。后两个回归中，劳动力供给与外部董事比例交互项（flow × outdir）的回归系数也都显著为负。这说明，劳动力供给较丰富时，外部高管更倾向于减少企业超额雇员规模，支持假设H6－3。其中的原因可能是：①在劳动力供给较丰富的情况下，企业可能雇用更多的员工，因而外部高管存在减少冗员的空间。从回归结果看，劳动力供给（flow）的回归系数基本上显著为正，说明劳动力供给较丰富时，企业存在较多冗余雇员，也说明劳动力供给会影响企业员工雇用政策，考虑劳动力供给十分必要。②劳动力供给较丰富时，外部高管不必担心裁减冗余员工给企业造成的员工短缺成本，因而更可能实施裁减冗员行动。总之，结果表明，劳动力供给较丰富时，外部高管会充分利用劳动力市场丰富的供给而灵活调整员工规模，优化员工雇用政策。

表6－6　劳动力供给对外部高管与超额雇员关系的影响

变量	Exemp_ asset	Exemp_ sale	Exemp_ asset	Exemp_ sale
C	－0.0027 （－0.5492）	－0.6800* （－1.4334）	－0.0072* （－1.3972）	－1.0446** （－2.1270）
outman	7.27E－05 （0.0151）	－0.4180 （－0.9074）		
flow	0.0004** （1.9235）	－0.0014 （－0.0721）	0.0005** （2.0108）	0.0269* （1.5725）
flow × outman	－0.0007* （－1.4810）	－0.0090* （－1.5635）		
outdir			－0.0062* （－1.4393）	0.2637 （0.6390）
flow × outdir			－0.0008* （－1.4748）	－0.0673* （－1.3175）
conright	0.0003* （1.6444）	0.0121 （0.7549）	0.0003* （1.5509）	0.0100 （0.6191）
compen	－4.33E－05 （－0.1397）	0.0268 （0.9052）	9.54E－05 （0.3100）	0.0365 （1.2441）
dual	2.55E－05 （0.0387）	0.0995* （1.5807）	－0.0002 （－0.2902）	0.0909* （1.4428）

续表

变量	Exemp_ asset	Exemp_ sale	Exemp_ asset	Exemp_ sale
profit	0. 0038 *** (2. 6121)	0. 0765 (0. 5544)	0. 0039 *** (2. 6782)	0. 0767 (0. 5544)
old	5. 17E - 05 (0. 5918)	-0. 0019 (-0. 2303)	5. 22E - 05 (0. 5957)	-0. 0018 (-0. 2123)
年度	控制	控制	控制	控制
行业	控制	控制	控制	控制
Adj. R^2	0. 0121	0. 0274	0. 0297	0. 0262
F - statistic	3. 9779	3. 2729	3. 7860	3. 1698
Prob	0. 0000	0. 0000	0. 0000	0. 0000

注：括号内为回归系数的 T 检验值；***、**、*分别表示统计显著性水平为 1%、5%、10%（单尾）。

4. 劳动力供给、外部高管与员工报酬

表 6 - 7 报告了模型（6 - 5）的回归结果。前两个回归结果中，外部高管比例（outman）的回归系数都显著为正，表明外部高管较多的民营上市公司支付给职工的报酬较高，与假设 H6 - 2a 一致。劳动力供给与外部高管比例交互项（flow × outman）的回归系数分别为 - 0. 0986、 - 0. 0887，显著性水平都为 1%，说明在劳动力供给较丰富时，外部高管提供给员工的报酬相对较低，与假设 H6 - 3 一致。后两个回归结果显示，外部董事比例（outdir）与员工报酬正相关，外部董事比例与劳动力供给的交互项则与员工报酬负相关，同样说明外部董事较多的企业其员工报酬较高，而当劳动力供给较为丰富时，外部董事为企业员工提供高工资的幅度有所降低，这些结果支持假设 H6 - 2a 与假设 H6 - 3。

表 6 - 7　劳动力供给、外部高管与员工报酬

变量	pay	pay	pay	pay
C	-0. 3714 *** (-2. 5244)	-0. 3283 ** (-2. 2933)	-0. 3670 * (-2. 1839)	-0. 3151 ** (-1. 9085)
outman	1. 1487 *** (3. 9376)	1. 0557 *** (3. 7135)		
flow	0. 0340 ** (2. 7868)	0. 0317 *** (2. 6830)	0. 0319 ** (1. 9748)	0. 0294 ** (1. 8726)
flow × outman	-0. 0986 *** (-2. 6878)	-0. 0887 *** (-2. 4864)		

变量	pay	pay	pay	pay
outdir			0.7489 *** (2.7836)	0.6600 *** (2.5155)
flow × outdir			-0.0606 ** (-1.8329)	-0.0535 ** (-1.6618)
Exemp_ asset	-0.2526 (-0.1810)		-0.4871 (-0.3486)	
Exemp_ sale		-0.0265 ** (-1.8595)		-0.0285 ** (-1.9994)
wage	-9.05E-07 (-0.5462)	-1.73E-06 (-1.0739)	-8.13E-07 (-0.4885)	-1.67E-06 (-1.0314)
profit	0.4742 *** (5.3995)	0.4488 *** (5.2528)	0.4752 *** (5.3909)	0.4484 *** (5.2283)
level	0.0185 *** (4.6989)	0.0059 * (1.4873)	0.0187 *** (4.7418)	0.0062 * (1.5439)
growth	-1.40E-05 (-0.2956)	-1.20E-05 (-0.2593)	-1.82E-05 (-0.3821)	-1.57E-05 (-0.3390)
conright	0.0135 * (1.3166)	0.0150 * (1.5027)	0.0130 (1.2627)	0.0146 * (1.4538)
年度	控制	控制	控制	控制
行业	控制	控制	控制	控制
Adj. R^2	0.0466	0.0225	0.0296	0.0177
F-statistic	3.7663	2.7938	3.3815	2.4063
Prob	0.0000	0.0000	0.0000	0.0001

注：括号内为回归系数的 T 检验值；***、**、*分别表示统计显著性水平为 1%、5%、10%（单尾）。

（四）稳健性检验

为简单清晰地观察外部高管与雇员规模的关系，以及劳动力市场对此关系的影响，我们直接采用员工数量的自然对数 ln（empn）作为因变量进行稳健性检验，同时还将独立董事比例（indep）也作为测试变量进行回归分析，结果如表 6-8所示。前三个回归考察外部高管与员工数量的关系，后三个回归考察劳动力市场供给对外部高管与员工数量关系的影响。前三个回归结果显示，外部高管比例（outman）、外部董事比例（outdir）、独立董事比例（indep）的系数皆显著为负，此结果与相关性分析及表6－4结果相同，说明外部高管较多的民营上市公司其员工数量较少，外部高管可以帮助民营上市公司减少雇员规模，结果进一步支持假设H6－1。在后三个回归结果中，劳动力市场供给与外部高管比例交互项（flow×outman）的回归系数显著为负，与外部董事比例、独立董事比例交互项的系数也显著为负，表明劳动力市场供给较丰富时，外部高管比例较高的民营企业更倾向于减少企业雇员规模，此结果与假设H6－3一致。

表6－8 直接以员工数量自然对数为因变量的检验

变量	ln（empn）	ln（empn）	ln（empn）	ln（empn）	ln（empn）	ln（empn）
C	－10.931*** （－24.612）	－11.118*** （－24.918）	－10.988*** （－23.737）	－11.076*** （－24.354）	－11.433*** （－24.410）	－10.987*** （－20.870）
outman	－0.691*** （－4.119）			－0.190 （－0.511）		
outdir		－0.388*** （－2.509）			0.299 （0.862）	
indep			－0.989*** （－2.534）			－1.019 （－1.160）
flow				0.020* （1.317）	0.042** （2.049）	－0.004 （－0.087）
flow×outman				－0.071* （－1.506）		
flow×outdir					－0.093** （－2.212）	
flow×indep						－0.004* （－1.533）
size	0.731*** （32.650）	0.734*** （32.647）	0.741*** （33.323）	0.730*** （32.624）	0.732*** （32.525）	0.741*** （33.133）
level	－0.023*** （－3.215）	－0.024*** （－3.276）	－0.024*** （－3.274）	－0.023*** （－3.202）	－0.024*** （－3.317）	－0.024*** （－3.235）
roa	－0.023 （－0.834）	－0.025 （－0.910）	－0.023 （－0.863）	－0.023 （－0.830）	－0.027 （－0.976）	－0.023 （－0.848）

续表

变量	ln（empn）	ln（empn）	ln（empn）	ln（empn）	ln（empn）	ln（empn）
growth	4.087E-05 (0.668)	4.566E-05 (0.744)	3.945E-05 (0.643)	4.004E-05 (0.654)	4.451E-05 (0.725)	3.913E-05 (0.637)
PPE	1.312*** (9.902)	1.319*** (9.927)	1.313*** (9.874)	1.303*** (9.778)	1.308*** (9.790)	1.307*** (9.769)
conright	0.013 (1.063)	0.015 (1.151)	0.014 (1.118)	0.011 (0.900)	0.011 (0.825)	0.014 (1.092)
compen	0.162*** (5.486)	0.169*** (5.681)	0.162*** (5.464)	0.164*** (5.462)	0.174*** (5.775)	0.164*** (5.451)
dual	0.002 (0.032)	-0.009 (-0.167)	-0.015 (-0.285)	0.003 (0.054)	-0.009 (-0.176)	-0.013 (-0.257)
profit	0.471*** (4.102)	0.476*** (4.131)	0.498*** (4.332)	0.470*** (4.064)	0.470*** (4.053)	0.494*** (4.259)
old	-0.009* (-1.588)	-0.010** (-1.650)	-0.010** (-1.646)	-0.009* (-1.525)	-0.009* (-1.526)	-0.010** (-1.651)
年度	控制	控制	控制	控制	控制	控制
行业	控制	控制	控制	控制	控制	控制
Adj. R^2	0.654	0.652	0.647	0.649	0.648	0.647
F-statistic	140.519	139.305	139.318	130.925	130.056	129.594
Prob	0.000	0.000	0.000	0.000	0.000	0.000

注：括号中为回归系数的 T 值及显著性水平；***、**、*分别表示统计显著性水平为 1%、5%、10%（单尾）。

我们还执行了如下稳健性检验[①]：①考虑到总经理往往在企业员工雇用政策中起到较大的决策作用，按总经理是否为家族企业成员来定义外部高管；②采用樊纲等（2011）提供的各地区分年度要素市场发育程度指数代替劳动力流动数据。上述稳健性检验结果并不改变本章的研究结论。另外，我们利用分别两种方法估计企业超额雇员，利用外部高管比例、外部董事比例和独立董事比例三个指标衡量外部高管变量，所得结果一致，也说明了结果的稳健性。

① 限于文章篇幅，没有报告具体回归结果。

五、结论与启示

规模扩大后的民营企业为弥补管理才能缺口而从外部聘用高管，外部高管能否改善企业员工雇用政策呢？本章以 2007 ~ 2012 年民营上市公司为样本，从超额雇员规模和员工报酬两方面对此进行考察，同时还分析了劳动力市场供给状况对外部高管与企业超额雇员规模、员工报酬关系的影响。研究发现：①聘用外部高管较多的民营上市公司其超额雇员规模较小；②聘用外部高管较多的民营上市公司员工报酬相对较高；③当劳动力市场供给较丰富时，聘用外部高管较多的企业会进一步减少企业超额雇员规模，同时给予员工的报酬也相对较低。结果说明，外部高管采用减少冗余员工并提高在职员工报酬的人力资源雇用政策，此员工雇用政策类似效率工资，并且雇用员工过程中还考虑了劳动力市场供给状况，当外部劳动力市场供给较丰富时，外部高管灵活地调整了企业员工雇用政策，表现为进一步减少企业冗余员工并降低员工报酬。这些结果表明，外部高管的引入改善了民营上市公司的员工雇用政策，提升了员工配置效率，这是外部高管提升企业业绩和股东利益的重要来源。

本章研究结果的启示在于：①政策方面。劳动力市场的发展可以提升企业人力资源管理政策的灵活性，企业要根据需求和劳动力市场变化及时调整员工雇用规模和员工薪酬，从而可改善和优化员工雇用政策。不过，这些改进在宏观上将提高社会的摩擦性失业率，因此，国家政策上既要破除劳动力流动的障碍，还要完善失业救济政策以及沟通劳动力市场供需双方的信息系统。②后续研究方面。外部高管改进了企业员工雇用政策，其效果还需体现在企业业绩上，因此，未来可进一步检验外部高管能否通过影响员工雇用政策而提升业绩。另外，还可从投资效率、企业战略等方面对外部高管的作用进行拓展研究。

第七章　外部董事的代理成本与审计需求

一、引言

所有权与经营权的分离引发了高管代理问题，表现为企业高管基于自身私利考虑，享受超出股东预期的在职消费（Yermack，2006）、构建企业帝国（Jensen and Meckling，1976）、工作消极渎职或偷懒甚至操纵信息蒙蔽投资者（姜付秀等，2009），而独立审计可缓和代理冲突（Jensen and Meckling，1976），如何降低管理层代理冲突是我国上市公司迫切需要解决的现实问题（姜付秀等，2009）。我国目前大批家族企业面临着接班传承问题（何轩等，2011），许多民营上市公司从外部引入高管（许静静和吕长江，2011）。那么，我国民营上市公司在所有权与控制权初步分离阶段聘请的外部董事是否会引发较高的代理成本？公司是否倾向于聘请高质量独立审计以缓和代理冲突？

Fama（1980）、Fama 和 Jensen（1983）与 Jensen 和 Meckling（1976）等都认为，来自经理人市场的竞争对企业高管具有约束力，引入外部董事可以激励和监督企业高管间的竞争，并防止高管间的合谋，经理人市场竞争为一种有效的外部治理机制。目前，我国鲜有研究考虑市场力量特别是对高管行为产生直接影响的经理人市场因素对代理成本及审计需求的影响。在向市场经济转型过程中，我国经理人市场得以逐渐发育，各地区之间经理人市场发育存在较大的差异，这为检验经理人市场的治理功能提供了契机。为此，本章还关注经理人市场能否缓和外部董事的代理成本、能否引发对高质量独立审计的强烈需求。

本章以 2007 ~2012 年中国民营上市公司为样本，考察外部董事比例与代理成本和高质量审计需求的关系，并进一步分析经理人市场发育对外部董事比例与代理成本、审计需求关系的影响。研究发现：①外部董事比例越高，公司绝对代理成本越高，但是外部董事比例与相对代理成本并无显著相关关系；②外部董事比例较高的公司更倾向于选择十大会计师事务所进行报表审计，支付的绝对审计费用也较高，但外部董事比例与相对审计费用并无显著相关关系；③经理人市场较发达地区的公司，外部董事引发的代理成本低于经理人市场发育欠佳地区的公司，公司也更倾向于选择十大会计师事务所，支付的审计费用较低。结果总体表明：虽然外部董事引致较高的绝对代理成本，但相对代理成本并不高；外部董事较多的公司更倾向于选择大规模审计师鉴证其代理责任的履行，并支付较高的绝对审计费用，但支付的相对审计费用并不高；经理人市场是减少代理成本的有效治理机制，并可促使公司选择高质量审计师，并降低审计费用。

二、理论分析与研究假设

（一）外部董事与代理成本

民营企业通常经历个人独资企业—家族企业—经理人企业的演化过程（钱德勒，1977），随着所有权与经营权的初步分离，我国民营上市公司正处于家族企业向经理人企业演化的初始阶段。此过程中大量民营上市公司从经理人市场引入外部高管（许静静和吕长江，2011），以提升管理水平。然而追求效用最大化的经理人会偏离股东利益，外部董事的引入将导致较严重的代理冲突，引致较高的代理成本。其一，信息不对称程度更严重。与家族成员高管相比，企业对外部董事的了解程度更低。在信息严重不对称的情况，外部引入的董事相对于内部高管更容易出现道德风险问题。其二，代理问题更严重。信息不对称情况下所有权与控制权的分离，导致管理层缺乏努力工作的必要激励（Jensen and Meckling，1976）。外聘董事努力工作的成本由其自己承担，但产生的收益却为民营企业所有者享有，因此外聘董事不可能像家族成员高管那么努力工作，导致剩余损失较高。其三，因高管工作难以监督，信息不对称情况下监督外聘董事会导致相对较高的监督成本。我们预计，外部董事的引入将导致较高的绝对代理成本。

基于以上分析，提出如下假设：

假设 H7 -1：外聘董事比例较高的公司绝对代理成本较高。

但是，外部董事可以凭借其优秀管理才能帮助企业高速成长，弥补绝对代理成本上升给企业带来的负效应。首先，外部董事的管理能力通常高于内部高管。尽管在外部董事选聘过程中关于其能力的信息高度不对称，但企业会根据经营业绩来推断其管理能力，导致业绩低下的经理人不容易被聘为外部董事（Kaplan and Reishus，1990），而业绩优良的 CEO 即使退休后也更容易谋求到外部董事职位（Brickley et al.，1999），外部人士只有在能力远高于内部候选人时才有可能被聘用（Agrawal et al.，2006）。而且外部市场丰富的管理才能供给使公司选择到高能力外部董事的概率相对较高。平均而言，外部董事的能力要高于内部高管。其次，外部董事能够以其独特的权威和经验为公司现任管理层提供有效监督和咨询服务，聘用业绩良好的外部高管担任公司外部董事，可确保企业处于正确的发展道路。外部董事可提升公司业绩（Choi et al.，2007）和公司股票价格（Fahlenbrach et al.，2010），帮助企业实现其增长潜能（Fich，2005）。尽管聘请外部董事会引致较高的绝对代理成本，但外部董事能够凭借其优秀管理才能帮助企业实现其增长潜能，从而较高的绝对代理成本会被公司收益的增长所弥补，导致相对代理成本并不会高于内部高管。

基于以上分析，提出如下假设：

假设 H7－2：外部董事比例与公司相对代理成本并不存在显著相关关系。

（二）外部董事、代理冲突与审计需求

代理理论认为，独立审计的产生是基于委托人与代理人的共同需求，目的是降低代理冲突（Jensen and Meckling，1976）。代理冲突越严重，降低代理成本的动机越强，导致公司对高质量审计的需求越大（DeFond，1992）。民营上市公司引入外部董事将引发对高质量审计的较大需求。首先，民营上市公司引入外部董事，导致公司所有权与控制权进一步分离，两权分离带来相对严重的代理冲突，公司所有者期望利用高质量的独立审计以约束外部董事的自利行为。在此意义上，独立审计是约束机会主义行为从而降低代理成本的制度安排。其次，与内部高管相比，民营企业对外部董事的熟识程度相对较低。民营企业家族主义的组织特性导致职业经理难以获取雇主的信任（黄文锋和张建琦，2009），外部董事为证明代理责任的履行和获取雇主信任，也存在主动要求被监督的激励。独立审计通过对公司提供的财务信息及其背后所隐含的代理人经济行为进行鉴证，既可发现和阻止代理人机会主义行为，确保代理人代理责任的履行，又可解除委托人对代理人的疑虑，因此民营企业及其外部董事都有较强烈的高质量审计需求动机。Carey 等（2000）以澳大利亚家族企业为样本的研究也表明，管理层和董事会中非家族成员所占比例越大，企业越自愿接受审计。综上，民营上市公司引入外部董事过程中，企业与外部董事都存在选择高质量审计的强烈动机，借此降低代理成本、鉴证外部董事代理责任的履行，也将愿意为此支付较高的审计费用。

基于以上分析，提出如下假设：

假设 H7－3：外部董事比例较高的公司更倾向于选择高质量审计师。

（三）经理人市场、外部董事的代理成本与审计需求

经理人市场是职业企业家的雇佣市场。经理人市场对高管具有约束力

(Fama,1980)，此约束力来自于两方面：一是经理人市场的报酬激励。发达的经理人市场依据业绩给管理者支付报酬。经营业绩良好的外部董事得到更多的现金报酬（Yermack，2004），而且市场化进程会增强管理者报酬业绩敏感度（辛清泉和谭伟强，2009）。二是经理人市场的职业前景。业绩良好且稳定的公司其高管在职业前景上有更多机会，未来更可能在规模大且声望高的公司任职，而业绩不佳公司高管则很可能被替换且难以谋得新职位（Kaplan and Reishus，1990），原因在于，业绩差的公司高管通常被认为没有很好地履行职责。此方面的研究发现，被兼并的公司其董事更可能被迫离职，离职后难以找到新的董事职位（Harford，2003），而业绩优良公司的董事离职后更容易得到新职位（Yermack，2004）。因此，Fama（1980）认为，经理人市场的压力是两权分离状态下促使高管按股东利益行事的必要机制。

我国不同经济区域的经理人市场发育存在显著差异，此外部环境对高管代理成本和公司审计师选择产生不同影响。其一，在经理人市场较发达的地区，竞争的经理人市场可为外部董事业绩评价提供了更可信的比较基准，能力不足的董事更容易被替代，因此，经理人市场竞争能降低高管偷懒程度，并刺激管理层对高质量审计的需求。而在经理人市场欠发达地区，来自竞争对手的替代威胁相对较弱，高管降低企业代理成本和追求高质量审计的动机不强烈。其二，经理人市场会影响其他治理机制的效果。尽管来自控制权市场、产品市场和经理人市场的压力都是较有效的外部治理机制，但控制权市场和产品市场竞争的压力却需要通过经理人市场向高管传递才能发挥作用。经理人市场越活跃，高管被替换的压力越大，维持良好声誉的动机越强烈，控制权市场和产品市场竞争才能更好发挥治理作用。因此，在发达的经理人市场中，外聘高管更有努力工作的激励（Fama，1980；Fama and Jensen，1983），寻求高质量审计的动机也更强烈。可以合理预期，发达的经理人市场可抑制外部董事的高代理成本，并促使外部董事选择高质量审计师。

基于以上分析，提出如下假设：

假设 H7－4：经理人市场较发达时，外聘董事的代理成本相对较低，选择高质量审计师的可能性较高。

三、研究设计

（一）样本选择与数据来源

考虑到国企领导人通常是行政任命（钱颖一，1995），而民营企业引入外部董事更多采用市场化方式。而且国有企业承担的地方经济发展、社会就业与稳定等目标会导致国有企业代理成本表现出与民营企业不同的特性，如超额雇员较多、劳动力成本较高（曾庆生和陈信元，2006），薪酬缺乏激励效果，较高在职消费（陈冬华等，2005），也影响对独立审计的需求。本章目的是考察我国经理人市场渐次发育背景下从市场引入的外部董事与代理成本、审计需求的关系，因此选择2007～2012年民营上市公司为样本，并排除外资类、集体类、社会团体类和职工持股会类等非家族控制的企业，得到2174个观察值。样本及其财务数据来自CSMAR数据库，地区经理人市场发育数据来自樊纲等（2011）的劳动力流动数据，会计师事务所综合评价排名来自中国注册会计师协会网站，外部董事数据通过查看年报手工收集。

（二）代理成本的衡量

代理成本包括委托人监督支出、代理人保证支出和剩余损失（Jensen and Meckling，1976），目前还没有精确的计量办法，多数文献是用管理费用率（罗炜和朱春艳，2010）、营业费用率（Ang et al.，2000）、资产周转率（姜付秀等，2009）、管理者持股和自由现金流量（罗炜和朱春艳，2010）等指标来间接计量。依据理论分析，外部董事的绝对代理成本较高，但又可帮助企业实现快速增长，导致相对代理成本并不高。上述计量指标中，资产周转率综合了绝对代理成本与收入两个因素，管理者持股和自由现金流量实际上是代理成本的影响因素，不适合于本章研究。根据研究目的，我们采用管理费用自然对数和营业费用自然对数两个绝对指标、管理费用率和营业费用率两个相对指标来衡量代理成本。

（三）审计质量的衡量

1. 审计师规模

大规模审计师审计质量通常较高，DeAngelo（1981）认为审计师规模可以度量审计质量，此方法也为众多研究所采用（DeFond，1992；王艳艳等，2006），因此我们采用事务所是否为十大事务所来衡量审计质量。

2. 审计费用

Firth（1985）认为，审计费用高通常意味着审计质量高，Gul等（2003）以审计费用代表审计质量。根据研究目的，我们采用审计费用自然对数和审计费用率来计量。

（四）回归模型和变量设计

采用多元回归模型（7－1）检验外部董事的代理成本和审计费用，用

Logistic模型（7－2）检验审计师选择，即假设H7－1、假设H7－2和假设H7－3。另外，我们依据经理人市场数据的均值，将样本分为经理人市场发育程度高组（由经理人市场指标高于均值的样本组成）和经理人市场发育程度低组，对两组子样本分别运行模型（7－1）与模型（7－2），以检验经理人市场发育对外部董事代理成本与审计需求的影响，即假设H7－3。参考罗炜和朱春艳（2010）等文献，将可能影响代理成本、审计师选择和审计费用的指标作为控制变量：控制权与现金流权分离程度、董事会规模、独立董事比例、监事会规模、两职合一、公司规模、资产负债率、成长性、现金流量、上市年数，同时控制样本所处年份及行业，以消除年度和行业的影响。

$$\begin{aligned}cost = {} & \alpha_0 + \alpha_1 outdirect + \alpha_2 conright + \alpha_3 bodsize + \alpha_4 indepen + \\ & \alpha_5 bossize + \alpha_6 dual + \alpha_7 size + \alpha_8 level + \alpha_9 growth + \alpha_{10} cash + \\ & \alpha_{11} old + \sum \alpha_i year_i + \sum \alpha_j industry_j + \varepsilon \end{aligned} \tag{7-1}$$

$$\begin{aligned}Logistic(auditor) = {} & \alpha_0 + \alpha_1 outdirect + \alpha_2 conright + \alpha_3 bodsize + \alpha_4 indepen + \\ & \alpha_5 bossize + \alpha_6 dual + \alpha_7 size + \alpha_8 level + \alpha_9 growth + \\ & \alpha_{10} cash + \alpha_{11} old + \sum \alpha_i year_i + \sum \alpha_j industry_j + \varepsilon \end{aligned} \tag{7-2}$$

研究中各变量定义如表7－1所示。

表7－1　研究中各变量符号与定义

变量类型	变量符号		变量定义
因变量	cost	lnmexpen	绝对代理成本的管理费用，管理费用的自然对数
		lnoexpen	绝对代理成本的营业费用，营业费用的自然对数
		mexpen	相对代理成本的管理费用率，管理费用/营业收入
		oexpen	相对代理成本的营业费用率，营业费用/营业收入
		lnafee	绝对审计费用，审计费用的自然对数
		afee	相对审计费用，审计费用率＝审计费用/总资产
	auditor		审计师规模，当审计师为十大会计事务所时，取值为1，否则为0
测试变量	outdircet		外部董事比例，外部董事人数/董事会规模。如果某董事没有在上市公司控股股东及关联股东单位任职，则认定为外部董事
	flow		经理人市场发育，各地区分年度劳动力流动数据
控制变量	conright		控制权与现金流权分离程度，实际控制人控制权比例/所有权比例
	bodsize		董事会规模，董事会人数的自然对数
	indepen		独立董事比例，独立董事人数/董事会人数

续表

变量类型	变量符号	变量定义
控制变量	bossize	监事会规模，监事会人数的自然对数
	dual	两职合一，当董事长和总经理两职合一时，定义为1，否则为0
	size	公司规模，公司总资产的自然对数
	level	资产负债率，年末负债总额/总资产
	growth	成长性，营业收入增长率
	cash	经营活动现金流量净额/总资产
	old	上市年数，样本年度与公司股票上市年度之差
	year	样本所处年度的虚拟变量
	industry	样本所处行业的虚拟变量

四、实证检验结果

（一）单变量分析

表7－2提供了主要变量均值及按经理人市场发育程度分组的均值差异及t检验结果。表7－2显示，经理人市场发育欠佳地区，公司管理费用（lnmexpen）、营业费用（lnoexpen）以及营业费用率（oexpen）显著高于经理人市场发育程度较好地区的公司，表明经理人市场发育较好时，公司代理成本较低。不过两组样本的管理费用率（mexpen）并无显著差异。在经理人市场发育较佳地区，聘请十大会计师事务所的公司比例为27.54%，显著高于经理人市场欠发达地区公司（24.89%），审计费用（lnafee）也显著高于经理人市场欠发达地区公司。不过两类公司之间审计费用率（afee）并不存在显著差异。这些结果总体表明，经理人市场发育较好地区的公司，其绝对代理成本较低，且更倾向于聘请大规模审计师，并支付较高的绝对审计费用，结果支持假设H7－4，表明经理人市场竞争是有效的公司外部治理机制。

（二）相关性分析

表7－3报告了主要变量的Pearson相关系数。Pearson相关系数显示，外部董事比例（outdircet）与管理费用（lnmexpen）、营业费用（lnoexpen）的相关系数分别为0.154、0.162，显著水平皆为1%，表明外部董事比例越高，企业绝对

代理成本越高，支持假设 H7－1。外部董事比例与营业费用率（oexpen）显著正相关，但与管理费用率（mexpen）的正相关关系并不显著，假设 H7－2 还有待进一步验证。外部董事比例与审计师规模（auditor）呈显著正相关，与审计费用（lnafee）、审计费用率（afcc）也显著正相关，这些结果说明，外部董事更愿意支付较高的审计费用聘请大规模审计师进行审计，支持假设 H7－3。

表 7－2　主要变量均值比较及差异

变量符号	全样本均值	发育程度高组	发育程度低组	均值差异	t 值	Sig.（单尾）
lnmexpen	17. 9383	17. 8071	18. 0296	－0. 2225	－4. 256 ***	0. 000
lnoexpen	17. 2232	16. 9378	17. 4253	－0. 4875	－5. 132 ***	0. 000
mexpen	1. 5734	0. 3385	3. 3311	－2. 9926	－1. 220	0. 112
oexpen	0. 0792	0. 0684	0. 0945	－0. 0260	－1. 902 **	0. 029
auditor	0. 2645	0. 2754	0. 2489	0. 0265	1. 385 *	0. 083
lnafee	13. 2179	13. 2753	13. 1357	0. 1396	5. 872 ***	0. 000
afee	0. 0010	0. 0011	0. 0009	0. 0002	0. 910	0. 182

注：***、**、* 表示显著性水平分别为 1%、5%、10%。

表 7－3　主要变量 Pearson 相关系数分析表

变量	lnmexpen	lnoexpen	mexpen	oexpen	lnafee	afee	auditor
lnoexpen	0. 742 ***						
mexpen	－0. 032	－0. 065 ***					
oexpen	－0. 019	0. 058 ***	0. 919 ***				
lnafee	0. 651 ***	0. 492 ***	－0. 044 *	－0. 048 **			
afee	－0. 178 ***	－0. 165 ***	0. 099 ***	0. 114 ***	－0. 116 ***		
auditor	0. 195 ***	0. 122 ***	－0. 018	－0. 009	0. 227 ***	0. 005	
outdirect	0. 154 ***	0. 162 ***	0. 019	0. 039 *	0. 121 ***	0. 046 **	0. 022 *

注：***、**、* 表示显著性水平分别为 1%、5%、10%（双尾）。

（三）回归分析

1. 外部董事比例与代理成本

表 7－4 为外部董事比例与代理成本关系的回归结果。在回归结果（1）与（2）中，外部董事比例与管理费用、营业费用的回归系数分别为 0. 248、0. 493，显著性水平分别为 1% 和 5%，说明外部董事比例越高，公司绝对代理成本也越

高，结果支持假设 H7－1。在回归结果（3）和（4）中，外部董事比例与管理费用率、营业费用率的回归系数在统计上都不显著，与假设 H7－2 相符。结果表明，外部董事的引入虽然导致民营上市公司较大的绝对代理成本，但其相对代理成本并不高，原因在于外部董事可以凭借其优秀管理才能帮助企业实现增长，从而较高绝对代理成本被营业收入的增长所摊薄。

表 7－4　外部董事与代理成本关系的回归结果

变量	（1） lnmexpen	（2） lnoexpen	（3） mexpen	（4） oexpen
常数项	1.161***	－5.964***	53.434**	0.577***
outdirect	0.248***	0.493**	－1.151	0.014
conright	0.008	0.043**	－0.339	0.004
bodsize	0.365***	0.056	3.862	0.030
indepen	－0.124	－1.205*	19.243	0.157
bossize	0.085*	－0.111	0.344	－0.033*
dual	0.095***	0.070	3.523*	0.026**
size	0.730***	1.087***	－3.167***	－0.029***
level	0.032***	0.053***	－0.484**	－0.007***
growth	－1.304E－05	4.323E－05	0.000	－2.363E－06
cash	0.078*	1.389***	－53.123***	－0.439***
old	－0.003	－0.017**	0.010	－0.001
年度	控制	控制	控制	控制
行业	控制	控制	控制	控制
F	199.559***	79.425***	3.083***	4.996***
Sig.	0.000	0.000	0.000	0.000
Adj. R^2	0.722	0.517	0.027	0.052

注：***、**、*表示显著性水平分别为 1%、5%、10%（单尾）。

2. 外部董事与审计需求

外部董事与审计需求关系的回归结果如表 7－5 所示。回归结果（1）中，外部董事比例的回归系数为正且显著性水平为 5%，表明外部董事比例越高，企业越倾向于选择大规模审计师进行财务报表审计，支持假设 H7－3。回归结果（2）中，外部董事比例的回归系数为 0.102，显著性水平为 1%，同样支持假设 H7－3。不过，回归结果（3）中，外部董事比例的回归系数并不显著为正。三个回归结果总体表明，外部董事比例较高的民营上市公司，越倾向于选择大规模审计师，支付的绝对审计费用也较高，不过单位资产承担的审计费用并不高。

表 7－5　外部董事与独立审计关系的回归结果

变量	（1） auditor	（2） lnafee	（3） afee
常数项	－8.083 ***	7.135 ***	0.010 ***
outdirect	0.163 **	0.102 ***	0.000
conright	－0.031	－0.006	2.588E－05
bodsize	0.098	0.013	0.000
indepen	－0.068	0.075	0.003 *
bossize	－0.273	－0.065 **	0.000
Dual	0.091	0.026	0.000 **
size	0.227 ***	0.278 ***	－0.001 ***
level	0.016	0.016 ***	0.001 ***
growth	0.001 **	－1.386E－05	5.752E－08
cash	0.268	0.002	－0.003 ***
old	－0.023 **	0.005 **	－3.106E－05 *
年度	控制	控制	控制
行业	控制	控制	控制
F（Chi－square）	37.280 ***	69.780 ***	169.696 ***
Sig.	0.008	0.000	0.000
Adj. R^2 （Cox & Snell R^2）	0.121	0.501	0.711

注：***、**、*表示显著性水平分别为1%、5%、10%（单尾）。

3. 经理人市场发育、外部董事的代理成本与审计需求

表7－6报告了不同经理人市场发育程度下外部董事比例与代理成本的关系。绝对代理成本方面，以管理费用（lnmexpen）为因变量的回归结果（1）显示，在经理人市场发育程度高组，外部董事比例的回归系数虽然为正但不显著，而在经理人市场发育程度低组外部董事比例的回归系数显著为正，且其系数大于经理人市场发育程度较高组。以营业费用（lnoexpen）为因变量的回归结果亦是如此。对比结果表明，在经理人市场发育程度较差地区，外部董事的引入导致更高的绝对代理成本。以管理费用率（mexpen）和营业费用率（oexpen）为因变量的回归结果显示，经理人市场发育较好时，外部董事比例与相对代理成本不显著负相关，而在经理人市场发育欠佳时，外部董事比例的回归系数显著为正，即相对代理成本较高。上述不同经理人市场发育程度下外部董事比例与代理成本关系的

对比结果说明，发达的经理人市场可以降低引入外部董事而产生的代理成本，结果支持假设 H7－4。

表 7－6 经理人市场发育、外部董事与代理成本

变量	(1) lnmexpen		(2) lnoexpen		(3) mexpen		(4) oexpen	
	高	低	高	低	高	低	高	低
常数项	1.009**	0.858*	-5.765***	-6.194***	6.036***	98.311*	0.326***	0.801***
outdirect	0.191	0.265**	0.177	1.254***	-8.525	0.341**	-0.028	0.037**
conright	0.000	0.018*	-0.018	0.046*	-0.009	-0.656	2.280E-05	0.003
bodsize	0.486***	0.189*	-0.114	0.155	0.199	7.455	0.017	0.065
indepen	0.199	-0.019	-1.005	-1.303	-0.831	71.112*	-0.068	0.519**
bossize	0.032	0.225**	-0.421***	0.413*	0.213	-3.889	-0.042***	-0.027
dual	0.089**	0.142***	-0.159*	0.487***	0.163	9.655*	-0.003	0.066**
size	0.724***	0.751***	1.116***	1.067***	-0.318***	-6.282***	-0.013***	-0.049***
level	0.027***	0.066***	0.063***	0.040*	0.001	0.563	0.000	-0.009*
growth	-7.318E-06	0.000	3.233E-05	0.000	-1.568E-05	-0.006	-2.800E-07	-9.837E-05
cash	0.066	0.075	1.474***	1.503***	-1.252**	-88.585***	0.003	-1.026***
old	-0.005	0.002	-0.005	-0.026*	0.029*	0.153	-0.001	0.001
年度	控制	控制	控制	控制	控制	控制	控制	控制
行业	控制	控制	控制	控制	控制	控制	控制	控制
F	116.416	85.907	55.007	29.851	2.717	2.411	3.836	4.401
Sig.	0.000	0.000	0.000	0.000	0.000	0.000	0.000	0.000
Adj. R^2	0.726	0.730	0.557	0.488	0.037	0.043	0.062	0.101

注：***、**、*表示显著性水平分别为 1%、5%、10%（单尾）。

表 7－7 报告了不同经理人市场发育程度下外部董事比例与审计需求的关系。结果显示，在经理人市场发育程度高组，外部董事比例与事务所规模（auditor）呈显著正相关，但与绝对审计费用（lnafee）、审计费用率（afee）的相关性不显著。在经理人市场发育程度低组，外部董事比例与审计师规模则不相关，而与绝对审计费用、审计费用率显著正相关。结果表明，在经理人市场发育较佳时，外部董事较多的公司更倾向于选择大规模审计师，公司绝对审计费用及单位资产所承担的审计费用则较低，发达的经理人市场促使外部董事选择高质量审计师，并可降低公司审计费用，结果支持假设 H7－4。

表 7－7　经理人市场发育、外部董事与审计需求

变量	(1) auditor		(2) lnafee		(3) afee	
	高	低	高	低	高	低
常数项	－7.076***	－9.617***	6.571***	8.141***	0.011***	0.010***
outdirect	0.229**	0.021	0.016	0.108*	－0.001	0.001***
conright	－0.159***	0.008	－0.007	－0.007	2.261E－05	2.307E－05
bodsize	0.950**	－0.929**	0.135**	－0.186***	0.001	0.000*
indepen	1.516	－2.366	0.294	0.007	0.002	0.003**
bossize	－0.039	－0.492	－0.031	－0.141***	0.000	0.000
dual	0.232*	－0.110	0.029	0.019	0.000	0.000**
size	0.094*	0.383***	0.290***	0.256***	－0.001***	－0.001***
level	－0.138**	0.120***	0.013***	0.033***	0.001***	0.001***
growth	0.002**	0.001	－1.679E－05	0.000	6.785E－08	2.119E－07
cash	0.137	1.258*	0.064	－0.039	－0.004***	－0.003***
old	－0.004	－0.044**	0.008***	0.000	－5.502E－05**	6.316E－06
年度	控制	控制	控制	控制	控制	控制
行业	控制	控制	控制	控制	控制	控制
F（Chi－square）	15.693	15.439	42.971	28.648	96.299	87.508
Sig.	0.000	0.000	0.000	0.000	0.000	0.000
Adj. R^2（Cox & Snell R^2）	0.132	0.174	0.511	0.494	0.704	0.754

注：***、**、*表示显著性水平分别为1%、5%、10%（单尾）。

4. 稳健性检验

我们还执行了如下稳健性检验，结果并不改变结论：①利用公司高管中外部高管所占比例代替外部董事比例；②利用樊纲等（2011）提供的各地区分年度要素市场发育指标代替劳动力流动指标作为经理人市场发育程度的代理变量；③利用审计师是否为国内“四大”事务所代替“十大”事务所；④在审计费用为因变量的回归中进一步控制审计师规模。

五、结论与政策含义

所有权与控制权的分离导致股东与管理层的代理问题，代理冲突越严重，公

司对高审计质量的需求越强烈。我国民营上市公司正处于所有权与控制权初步分离阶段，大量民营上市公司开始聘请外部董事，这为检验所有权与控制权分离背景下外部董事的代理成本与审计需求提供了契机。为此，本章利用 2007 ~ 2012 年民营上市公司的样本考察外部董事与代理成本、审计需求之间的关系以及经理人市场发育对外部董事与代理成本、审计需求关系的影响。研究发现：外部董事比例较高的公司绝对代理成本较高，但相对代理成本并不高；外部董事比例越高，企业越倾向于选择大规模审计师，并支付较高的绝对审计费用，但单位资产审计费用率并不高；经理人市场较发达时，外部董事引发的代理成本相对较低，公司选择大规模审计师的可能性更高，支付的审计费用较低。

本章研究结果意味着：第一，虽然外部董事的引入会导致较高的绝对代理成本，但不会导致较高的相对代理成本，可能的原因是外部董事可以帮助企业实现较高的增长速度，从而引入外部董事的收益弥补了绝对代理成本的增加。第二，经理人市场可以减少高管的代理成本，可促使公司选择大规模审计师，并降低审计费用，来自外部经理人市场的监督是减少企业高管代理成本的有效治理机制，此研究结果的政策意义在于，国家应在养老保险、户籍管理等方面破除阻碍管理者才能甚至普通劳动力迁移的政策障碍，以促进经理人市场的发育。

第八章　外部董事与高管薪酬激励：经理人市场的调节作用

一、引言

作为缓解委托代理问题的措施，上市公司高管薪酬一直备受学术界和社会的密切关注。有关研究表明，近几十年来高管薪酬呈现出显著的变迁特征：一是高管薪酬快速增长（Bebchuk and Fried，2003）。标准普尔500的公司中首席执行官（CEO）的平均现金薪酬由1970年的90万美元增长到2005年330万美元（Murphy and Zábojník，2007），1980～2003年美国公司CEO薪酬增长了6倍，此期间增长速度远高于20世纪70年代增长速度（Gabaix and Landier，2008）。二是高管薪酬的快速增长导致高管与普通员工的收入差距进一步扩大。1970年美国公司CEO平均现金薪酬是生产工人的28倍，而2005年CEO平均现金薪酬为生产工人平均现金薪酬的115倍（Murphy and Zábojník，2007）。三是高管薪酬业绩敏感度持续降低。Jensen和Murphy（1990）观察到，CEO薪酬业绩敏感度约为0.325%，CEO薪酬业绩敏感度从30年代一直在下降。Yermack（2004）的研究发现，企业价值增加1000美元，董事个人财富才增加11美分。四是高管薪酬与公司规模越来越相关。20世纪40～70年代高管实际薪酬与公司规模增长之间只有微弱联系，但在过去的30年间，薪酬与公司规模显著相关（Frydman and Saks，2010），公司规模可以解释大多数CEO薪酬方式以及不同公司、不同时间、不同国别之间CEO薪酬存在的差异（Gabaix and Landier，2008）。

在我国，近年来社会公众对上市公司特别是国有上市公司高管高额年薪的质疑不断。2007年中国平安高管天价年薪事件直接导致政府加强对国有企业高管年薪的管制。2009年9月16日人力资源与社会保障部等6部委联合发布《关于进一步规范中央企业负责人薪酬管理的指导意见》，对所有行业央企高管发出“限薪令”。2014年8月29日中共中央政治局审批通过《中央管理企业负责人薪酬制度改革方案》和《关于合理确定并严格规范中央企业负责人履职待遇、业务支出的意见》，对中央企业负责人薪酬分配进行改革，并要求中央各部门所属企业和地方国有企业负责人薪酬制度改革也要参照《中央管理企业负责人薪酬制度改革方案》的精神积极稳妥推进。

公众对企业高管薪酬的质疑更多源于高管高额年薪及其导致的社会收入差距日益扩大。理论界则更关注企业高管薪酬是否与其经营业绩相匹配，即高管薪酬业绩敏感度问题，对此国内研究并无一致结论。早期研究如魏刚（2000）没有发现高管薪酬与公司绩效存在相关关系，高管薪酬更多由公司规模及所在地区决定。此后杨青等（2010）的研究却发现高管薪酬与绩效呈显著正相关，王华和黄之骏（2006）则发现高管股权激励与企业业绩之间存在稳定的倒 U 型关系。此类研究结果冲突的原因可能是没有注意到市场化进程的影响，后续研究逐渐将此因素考虑进来。方军雄（2009）研究表明，随着薪酬制度改革的深入，我国上市公司高管薪酬已呈现出显著的业绩敏感性，不过高管薪酬的粘性特征也很明显，其中民营上市公司高管薪酬粘性相对较弱。市场化进程对企业高管薪酬存在着显著影响，增强了国企高管薪酬业绩敏感度，而且随着市场化程度的提高，市场业绩相对于会计业绩在薪酬契约中的作用在逐渐增加，但是行业保护和政府控制降低市场力量在塑造国企高管薪酬的作用（辛清泉和谭伟强，2009）。

上市公司高管薪酬与业绩的关系受到诸如产权、地区、行业、市场化进程等因素的影响（陈冬华等，2005，2010；Firth et al.，2006）。以上研究有助于理解企业高管薪酬的激励效果，但是仍然需要进一步分析高管类型不同可能导致的差异，如不同选任方式的高管面临的压力完全不同，从而其激励机制效果存在较大差异。而且，这些研究虽然识别了决定薪酬契约的部分重要因素，但还需要考虑推动薪酬契约变迁背后的市场力量特别是对高管行为产生直接影响的劳动力市场因素。2009 年 6 部委颁布的“限薪令”效果不佳，可能的原因是忽略了上述因素。中共中央政治局审批通过的《中央管理企业负责人薪酬制度改革方案》也强调要建立与中央企业负责人选任方式相匹配的差异化薪酬制度，通过市场化方式选任的企业负责人不受新制度调节①。因此，虽然近年来部分研究特别关注我国市场化进程对高管激励机制的影响，但仍需要进一步研究市场化进程特别是劳动力市场如何通过高管选任方式影响高管薪酬激励机制的效果。

近年来，我国经理人市场已经逐步形成（陈冬华等，2005），市场中优秀管理人才的供给逐渐增加，民营上市公司也越来越倾向于借助经理人的管理才能以提升企业管理水平。例如，许静静和吕长江（2011）的数据表明，已上市家族企

① 中国银行 2010 年年度补充公告显示，职业经理人、中行信贷风险总监詹伟坚年薪高达 1101.9 万元，是时任中行行长李礼辉年薪 155.44 万元的 7.1 倍，为董事长肖钢年薪 170.58 万元的 6.46 倍。此例表明市场化引入与行政任命的国企高管薪酬存在着较大差异。

业中约有25%的企业高管来自非家族成员。规模越大的民营企业，因管理需要而外聘总经理的需求越大（王常柏，2007）。那么，民营企业外聘的高管是否能够起到优化企业高管薪酬激励机制的作用？经理人市场在塑造高管薪酬激励机制中扮演着什么角色？此方面的研究将有助于为民营企业甚至国有企业高管薪酬的制订提供参考。为此，本章以民营上市公司为样本，分析外部董事对公司管理层薪酬业绩敏感度及薪酬粘性的影响，以及经理人市场对外部董事与管理层薪酬业绩敏感度、薪酬粘性关系的影响。

本章可能的贡献在于：①尽管一些研究发现外部董事有助于提升公司经营业绩（Choi et al.，2007），可提高公司股票价格（Fahlenbrach et al.，2010），有助于提升公司治理水平，但外部董事在企业高管薪酬决定中的角色仍然需要明确。外部董事更易与高管合谋推动高管薪酬上涨并降低了高管薪酬业绩敏感度，不过外部董事与其他董事会成员的合谋程度高于与经理层的合谋程度，研究结果丰富了有关外部董事的研究成果。②尽管诸如Jensen和Mekling（1976）与Fama和Jensen（1983）等经典文献强调市场竞争对于约束公司高管、改进公司治理的重要作用，但我国却鲜有文献对此直接进行研究。我们在方军雄（2009）、辛清泉和谭伟强（2009）等文献的基础上，进一步分析经理人市场在塑造高管薪酬激励机制中扮演的角色。发现经理人市场发育越好，高管报酬越高，经理人市场可促使外部董事提升经理薪酬业绩敏感度、降低经理薪酬粘性，但经理人市场促使外部董事改善董事报酬激励的效果有限，表明我国经理人市场的治理作用正初步显现，这些结果验证了Jensen和Mekling（1976）、Fama和Jensen（1983）等关于经理人市场可约束公司高管的论断，深化了我国市场化进程在企业这一微观层面存在治理作用的相关研究。

二、制度背景与研究假设

（一）制度背景

1. 我国市场化改革的治理作用

自1978年改革开放以来，中国经济保持了30多年的高速增长，GDP增长速度位列同时期世界前列，被誉为“增长奇迹”（周黎安，2007），这主要得益于从计划经济向市场经济的转轨，用市场手段代替计划手段来配置经济资源。市场化程度的提高有助于经济增长（哈勒根和张军，1999），经济市场化能为企业带来利润最大化的激励，并降低政府在配置资源中的高昂成本（高明华，2003）。

特别是近20年来，我国市场化进程进一步加快，经济的市场化程度已经显著提高（樊纲等，2011）。随着市场化进程的深入，我国企业的资本配置效率得到了改善（方军雄，2006），使社会整体经济资源的利用效率得到提高。

市场机制是公司治理研究的基础，外部市场环境影响公司治理结构，进而影响公司财务政策。①资本结构方面，夏立军和陈信元（2007）的研究发现，市场化进程越快地区的上市公司更可能由低级别地方政府控制、政府持股比例更低，而大规模公司和管制性行业公司更可能由高级别地方政府控制且政府持股比例更高，结果表明市场化进程可减轻地方政府控制公司的经济动机。孙铮等（2005）的研究显示，所在地区市场化程度越高，企业长期债务比重越低，这主要归因于政府对企业干预程度的不同：当司法体系不能保证长期债务契约有效执行时，政府关系成为一种重要的替代机制。②代理成本方面，罗党论和唐清泉（2007）的研究发现，市场环境显著影响了控股股东的“掏空”行为：政府干预市场越少、金融市场越发达地区的上市公司越不会发生控股股东“掏空”行为。③高管激励方面，市场化进程可增强经理薪酬业绩敏感度，而且市场化进程中股票市场业绩在经理薪酬契约中的作用逐渐增加（辛清泉和谭伟强，2009）。陈冬华等（2010）发现，市场化程度对不同激励方式的契约成本存在影响，随着市场化进程的深入，在激励契约中货币薪酬对在职消费呈现出边际替代趋势。姜付秀和黄继承（2011）发现，经理薪酬激励与负债的约束机制之间存在着显著的替代关系，此替代关系只存在于市场化程度较高地区的企业。④资产配置方面，顾乃康和孙进军（2009）发现，我国上市公司的现金持有量与所在地区的市场化总体进程、产品市场发育程度、信贷市场发育程度显著正相关，他们认为，导致此结果的根本原因在于各地区的市场化进程并没有改善投资者保护程度，从而使企业代理人倾向于持有更多易被侵占的现金资产。而方军雄（2006）则发现，市场化进程的深入可以改善我国企业资本配置效率。这些研究表明，市场化进程对企业资本结构、代理成本、激励机制等存在治理作用，并最终影响企业资本配置效率。

2. 我国经理人市场的分割

中国经济的快速增长主要依靠投资推动的粗放型增长模式，以及人口红利的支撑。全要素生产率对中国经济增长的贡献很小（郭庆旺和贾俊雪，2005），持续30多年的高投资驱动经济增长的模式行将结束（中国经济增长前沿课题组，2012）。我国自1978年底开始的以双轨制为特征的渐进式改革进程中，计划经济体制下的一些制度安排并不能适应市场经济发展的要求，成为制约经济发展的制度障碍。其中较突出的方面是劳动力市场特别是经理人市场分割严重。表现之一为国有企业与民营企业高管的选任方式存在较大差异。国有企业高管的聘用仍然主要为上级政府部门行政任命方式。国有企业高管的任命和解雇权力仍然由政府掌握，较少采用市场化方式选择国企高管（Fan et al.，2007；Chang and Wong，2009），国有企业改革并没有解决企业高管选拔问题，而民营企业更愿意采用市场化方式选择企业高管。王常柏（2007）的调查显示，民营企业对两权分离有着巨大需求，已聘任总经理的企业占到调查总数的41.9%，另有25.9%的企业有此需求，而且规模越大的企业外聘总经理的需求越大。表现之二为不同性质企业间高管流动的单向性。具体来说，国有企业与民营企业高管之间在相互流动方向上存在不对称性，国有企业高管向民营企业流动相对于民营企业高管向国有企业流动的体制性障碍更少。表现之三是我国不同经济区域的经理人市场发育程度存在较大差距，经济发达的东部地区经理人市场发育程度较高，中西部地区经理人市场发育程度较低，主要原因是优秀管理人才追求更高收入而向市场经济较发达的东部沿海地区流动，以及东部沿海经济发达地区市场竞争本身也促进了管理人才的培育。

我国经理人市场的分割可能是影响不同性质企业高管激励效果差异的重要因素。Firth等（2006）以中国上市公司为样本的研究发现，大股东为民营企业的上市公司更多地采用了基于业绩的薪酬机制以增加股东财富和提升盈利能力。相对于国有企业，民营上市公司高管具有较高的薪酬业绩敏感性和更少的薪酬粘性（方军雄，2009）。进一步地，姜付秀和黄继承（2011）发现企业所有权性质影响经理激励机制与债务约束机制的替代关系，在非国有企业中，经理薪酬作为显性激励与负债在提高企业价值时存在替代关系，而在职消费作为隐性激励与负债的替代关系并不显著，在国有企业中，在职消费与负债之间存在显著替代关系，而经理薪酬与负债的替代关系并不显著。刘慧龙等（2010）分析了高管政治联系这一特殊形式的高管聘用市场对高管报酬业绩敏感度与员工冗余程度的影响，发现国有控股公司中政治关联公司的高管报酬业绩敏感性低于非政治关联企业，政治关联公司的员工冗余程度更高，但在非国有控股公司中则正好相反，此结果表明国有企业与民营企业高管聘用效果存在差异。

企业高管的选任方式差异及国有企业与民营企业高管相互流动的体制性障碍，有悖于市场化资源配置方式，导致经理人市场失灵并将影响企业家精神的发挥，而地区间经理人市场的差异则更多是以市场方式配置管理才能所引致的结果。但我国鲜有研究考察市场力量特别是对高管行为产生直接影响的经理人市场因素如何影响高管薪酬规模及薪酬激励的效果。在向市场经济转型过程中，我国经理人市场得以逐渐发育，各地区之间经理人市场发育存在较大的差异，经理人市场的地区间差异主要体现为民营企业所面对的经理人市场，而国有企业面对的经理人市场则相对固化。同时，市场化进程中，规模较大的民营企业为缓解管理能力不足而从市场聘用企业高管，民营企业高管来源存在内部提拔与市场招聘两种渠道。经理人市场发育的地区差异和民营企业外部高管的存在为直接检验外部高管和经理人市场的治理功能提供了契机，本章在此方面进行研究。具体而言，本章关注民营上市公司外聘董事对公司高管薪酬激励效果的影响及经理人市场在其中的治理作用。

（二）研究假设

1. 外部董事、监督与高管薪酬

企业聘用外部董事的目的之一在于借助外部董事的管理能力以提升企业管理水平与公司治理效率。首先，外部董事具备改善公司治理、强化对高管监督的能力。通常，企业对内部管理者管理才能信息的了解程度远高于外部候选人，导致企业更愿意从内部提拔管理者而不是从外部招聘高管（Agrawal et al.，2006），而且内部提拔往往被企业充当隐性激励机制用于诱使内部管理者努力工作，因此外部候选人只有在能力远高于内部管理者时才有可能被选聘为企业外部董事（Agrawal et al.，2006）。另外，外部董事往往具备较强的独立性，避免董事会被经理层所控制。引入外部董事可以使董事会对公司的控制不因管理者的介入而受到影响，外部董事可在公司治理中扮演重要的监督角色。因此，好的公司治理应该是董事会中外部人员占主导地位（白重恩等，2005），外部董事比例是反映董事会独立性与董事会效率的关键指标。一些研究也发现，外部董事为主的董事会比内部董事为主的董事会更容易撤换公司 CEO（Weisbach，1988），外部董事有助于提升公司经营业绩（Choi et al.，2007），可提高公司股票价格（Fahlenbrach et al.，2010）。Geletkanycz 和 Boyd（2011）甚至认为，是否存在外部董事可以作为公司治理好坏的有效标识。

上市公司高管薪酬过高、薪酬业绩敏感度较低是学术界与公众质疑高管自定薪酬的主要焦点（Bebchuk and Fried，2003），引入外部董事成为强化公司治理、提高高管薪酬业绩敏感度的手段之一。外部董事提升公司治理、强化监督的作用，体现在高管薪酬制订上，一方面可以降低高管薪酬制订过程中的机会主义行为。相对于内部董事，外部董事更能在实质上独立于公司管理层，外部董事比例的提高可有效提升董事会独立性，改善董事会的监督效率，从而削弱高管自定薪酬的能力，而公司薪酬委员会缺乏独立性则容易导致 CEO 薪酬制定过程中存在机会主义行为。另一方面，外部董事可为董事会合理制订高管薪酬提供参考意见。在与高管签订薪酬合约过程中，外部董事能给董事会提供来自企业外部的有关高管薪酬结构更丰富的可比信息，改善董事会与高管谈判地位，从而有利于公司制订出将高管薪酬与股东利益紧密结合的较高业绩敏感度、较低薪酬粘性的高管薪酬激励方案。此方面 Fernandes 等（2013）发现，美国公司 CEO 薪酬溢价主要反映了机构投资者及独立董事要求的基于业绩的薪酬。董事会独立性的增强，尤其外部独立董事比重的增加有助于缓解高管薪酬的粘性（方军雄，2009）。

基于外部董事在改进公司治理、帮助企业完善高管薪酬激励中所能发挥的正向作用，提出如下假设：

假设 H8－1：外部董事比例越高的民营上市公司，高管薪酬越低，高管薪酬业绩敏感度越高。

2. 外部董事、合谋与高管薪酬

关于公司高管高额薪酬的经济解释，存在最优合同和管理者权力两种不同理论。最优合同理论认为，高管薪酬是最小化高管与股东之间代理成本的制度设计，董事会利用薪酬计划激励经理人以实现股东价值最大化的目的。优秀的经理人得到更多资本配置，并获取较高的薪酬，公司规模扩大能解释 20 世纪 80 年代以来 CEO 薪酬的提高（Gabaix and Landier，2008），超出市场平均的薪酬是高管能力的体现。然而，Frydman 和 Saks（2010）质疑，管理者管理能力提升的速度随着时间变化很慢，管理能力改变的幅度和时间跨度并不足以解释 80 年代后 CEO 薪酬的快速增长。管理者权力理论认为，董事会易受管理层影响或控制，且董事会对薪酬合同的监督无效率，导致高管薪酬经常偏离最优合同理论的设计，高管获得的薪酬通常远远超过使股东利益最大化的最优薪酬水平（Bebchuk and Fried，2003）。尽管民营上市公司董事会中吸纳了越来越多的外部董事，改善了公司的监督效率，但在公司高管薪酬决定这一事项上，外部董事也可能与公司其他高管合谋。

上市公司存在股东—董事—经理双层代理关系。在董事—经理层面的委托代理关系中，相对于董事，经理拥有企业经营的信息优势，董事如同股东一样为委托人，而经理为代理人。在股东—董事层面，董事相对于股东拥有企业经营状况的信息优势，二者关系中股东为委托人，董事则为代理人。因此，董事与经理都是股东的代理人，董事是介于股东和经理人之间的一个管理层次，代表股东监督经理人。在监督经理的同时，董事成员也存在自身利益最大化的动机。体现在高管薪酬决定上，董事成员也可能会与经理层合谋自定高额薪酬。外部董事虽然有利于改善股东—经理的委托代理关系，但在公司高管薪酬决定方面，外部董事也可能默许甚至与内部董事、公司经理合谋，造成高管得到高额薪酬。考虑到合谋情形，外部董事监管高管薪酬制订的效率可能并不佳，原因在于，其一，外部董事的聘用受制于董事会，而董事会在聘用公司高管过程中往往存在裙带文化。而中国是典型的关系型社会结构，外部董事的聘用更可能是由内部董事基于关系所决定。其二，外部董事的薪酬实际上也是内部董事所决定，远高于应获取金额的薪酬规模相当于金钱贿赂，将削弱外部董事的监督意愿。高管薪酬制定与实施过程如果受控于企业高管则可能加剧高管薪酬粘性（王克敏和王志超，2007），任人唯亲的文化将导致经理获得超额薪酬（郑志刚等，2012）。我国民营上市公司主要高管通常由控股股东亲自或其亲属担任，此类高管天然地享有较大的管理者权力，他们决定着外部董事的聘用与否以及津贴的高低，与股东董事有异质性意见的外部董事在后期将不容易被继续聘用，可以推断，外部董事的聘用及津贴都受制于内部高管。在此情况下，外部董事越多，越可能会强化控股股东董事的管理权力，导致外部董事在实质上并不能保持独立性，在高管薪酬决定这一事项上保持沉默、默许甚至合谋，这将会提高企业高管薪酬，且不利于提升高管薪酬业绩敏感度。

基于以上分析，提出如下假设：

假设 H8－2：外部董事比例越高的民营上市公司，高管薪酬越高，高管薪酬业绩敏感度越低。

3. 经理人市场、外部董事与高管薪酬

自 1978 年改革开放以来，我国民营经济得到了较快发展，民营企业面临的经理人市场呈现出不同地域之间巨大差异的特征。具体而言，经济发达的东部地区经理人市场发育较好，中部地区次之，而西部地区经理人市场则相对欠发达。其中原因在于，与经济发达的东部沿海省份相比，中西部地区特别是西部地区的经济发展相对落后，三个区域之间的经济发展程度差异非常明显。巨大的经济发展差距对经理人市场发育形成的影响体现在两方面：一是就业机会与劳动收入的巨大差异造成人力资源的单向流动。东部地区更多的就业机会、相对较高的工资收入使我国劳动力区域间流动表现出从西部地区和中部地区向经济发达东部地区流动的特征，导致中部与西部的管理才能供给较稀缺，而东部地区的管理才能供给相对丰富。二是经济发达地区民营企业面临着相对更加激烈的产品市场竞争，民营企业管理者也面临着相对激烈的经理人市场竞争压力，促使管理者需要不断学习优秀企业的管理经验、创新企业管理方法，此“干中学”过程使企业管理者的管理能力得到不断提升。因此，经理人市场发育程度较高的东部地区优秀管理人才的供给相对丰富，现任管理层的管理能力也相对较强。

高管薪酬及其与业绩的关系，受到市场化进程等因素的影响（陈冬华等，2005，2010；Firth et al.，2006），下面具体分析经理人市场发育如何影响高管薪酬以及外部董事与高管薪酬的关系。管理者才能是一种稀缺资源，经理人市场是管理者才能有限供给的市场（Baranchuk et al.，2011），发育良好的经理人市场有助于缓解管理者才能的稀缺程度。首先，发育良好的经理人市场可以提高优秀管理人才的供给水平。管理才能培养存在“干中学”的特性，存在长期学习过程，竞争性的经理人市场中传播的管理经验与技能更加丰富，管理者也乐于主动学习、积累管理经验以应对市场竞争。竞争性市场中经理人有机会接触到不同的公司管理风格，便于不同企业间管理知识的转移与商业技巧的学习，从而有利于培养锻炼出优秀管理者。其次，竞争性市场有利于缓解企业高管的逆向选择问题，帮助企业选择出优秀的高层管理者。在管理者才能有限供给的经理人市场中，能力强的管理者付出更多努力且经营更多项目（Baranchuk et al.，2011），而业绩差公司的 CEO 更容易被替换（Kaplan and Minton，2012）。由此，发育良好的经理人市场中，企业高管平均能力较强，产出水平也较高，管理者将得到较高薪酬（Baranchuk et al.，2011）。因此可以合理预计，发育较好的经理人市场中，管理者薪酬相对较高。

基于以上分析，提出如下假设：

假设 H8－3：发育良好的经理人市场中，民营上市公司高管的薪酬相对较高。

来自外部经理人市场的压力和声誉机制对企业高管具有约束作用（Jensen and Mekling，1976；Fama and Jensen，1983），市场竞争能降低企业高管偷懒的程度，从而减轻高管的道德风险问题。发育较好的经理人市场能够促使外部董事着力于改善企业高管薪酬的激励效果。一方面，代理问题的产生源于委托代理关系中代理人的自利动机和委托人的信息劣势，竞争性的经理人市场可为外部董事为主的薪酬委员会在确定企业高管薪酬时提供高管相对能力及薪酬方面更丰富的可比信息，减少噪声对高管业绩薪酬机制的影响，提升显性薪酬激励契约的激励效果。陈冬华等（2010）发现，市场化程度越高的年份和地区，虽然高管货币薪酬和在职消费绝对量均更多，但货币薪酬更多地代替了在职消费。另一方面，发育良好的经理人市场中外部董事本身也面临着来自众多潜在竞争对手的竞争以及市场声誉的压力。劳动力市场会利用外部董事所在企业的产出等信息来更新外部董事能力的信念并给予基于业绩的薪酬或津贴，影响外部董事在董事市场中的未来工作机会。在业绩差公司任职的董事往往会被认为没有很好地履行公司管理职责，因此不太容易被其他公司聘任为外部董事（Kaplan and Reishus，1990）。由此，在发达的经理人市场中，为获取未来更好的外部董事职位及更多的报酬，外部董事会更注意履行董事职责，加强对公司高管薪酬制订过程的监督，以基于业绩的报酬机制强化高管激励。经理人市场对外部董事的声誉激励甚至在其退休后仍在发挥作用，如 Brickley 等（1999）发现 CEO 退休前的经营业绩对其退休后外部董事职位有很大影响。可以预计，发育良好的经理人市场，不仅有利于外部董事强化对公司高管的监督，还可减轻外部董事与高管的合谋程度，从而有助于提升高管薪酬激励机制的有效程度。

基于以上分析，提出如下假设：

假设 H8－4：经理人市场越发达，外部董事提升高管薪酬业绩敏感度的效果越好。

三、研究设计

（一）样本选择与数据来源

国有企业领导人主要采用行政任命方式。高管任命和解雇权力仍然由政府掌握，较少采用市场化方式选择国有企业高管（Fan et al.，2007；Chang and Wong，2009），国有企业改革并没有解决管理层选拔问题，而民营企业更愿意采用市场化方式选择高管（王常柏，2007）。同时，国有企业并不只是以盈利为目标，还包括稳定就业、地区经济增长和社会稳定等目标（刘慧龙等，2010）。高管选任方式及企业目标差异导致国有企业高管薪酬激励表现出与民营企业不同特性，如较高在职消费（陈冬华等，2005）、薪酬粘性较强（方军雄，2009）、薪酬缺乏激励效果。国有企业面临的行政干预、承担的扩大就业等政策目标，会削弱基于业绩薪酬机制的有效性（陈冬华等，2005）。考虑到本章目的是考察我国经理人市场渐次发育背景下，以市场方式引入的外部董事与经理人市场在高管薪酬决定中的治理角色，因此民营企业更适合研究目的，为此我们选择 2007～2013 年中国 A 股民营上市公司为样本。与郭剑花和杜兴强（2011）等文献一致，将最终控制人为自然人或家族的企业定义为民营上市公司，排除外资类、集体类、社会团体类和职工持股会类等非家族控制的上市公司。还剔除金融保险行业的观察值，最后得到 461 家民营上市公司 2547 个观察值。样本选择过程如表 8－1 所示，主要原始数据来自 CSMAR 数据库，地区经理人市场发育数据来自樊纲等（2011），外部董事数据通过查看高管兼职文件及高管简历手工收集。另外，我们参考韩洪灵和袁春生（2007）的方法，通过《中国统计年鉴》、《中国证券期货统计年鉴》等途径收集各省（直辖市、自治区）国内生产总值（GDP）、人均 GDP、上市公司家数、民营上市公司家数等数据，采用因子分析法评估地区经理人市场发育程度，以供稳健性检验。

（二）高管薪酬与公司业绩指标选择

我们考察两类公司高管：董事与经理。董事薪酬采用“董事前三名薪酬总额”的自然对数来计量，没有考虑股票或股票期权的报酬，主要是因为研究目标

表 8-1 研究样本的选择过程 单位：个

初始观察值	7550
减：民营化标志为“0”的观察值	847
在中小板上市的观察值（证券代码以 002 为首）	2686
在创业板上市的观察值（证券代码以 300 为首）	1158
沪深 B 股观察值（证券代码以 200、900 为首）	37
金融保险行业公司的观察值	24
实际控制人不是自然人或家族的样本	251
最后观察值	2547

注：在 CSMAR 数据库中，民营化前后上市公司的性质“1”表示“民营”，“0”表示“非民营”。

之一在于考察股东—董事—经理双层代理关系中外部董事在高管薪酬决定中的治理作用。民营上市公司中实际控制人往往亲自或委派家属担任内部董事或经理，董事持有的股权更多体现为股东地位，而工资和奖金等则更多体现为股东的代理人地位。经理薪酬采用“高管前三名薪酬总额”的自然对数计量，不包括股票或股票期权，主要是考虑到我国上市公司中股权激励并不普遍（魏刚，2000），且很难根据公开数据区分经理所持股票是来自激励计划还是来自公开市场购买（方军雄，2009）。我国相关研究中也普遍采用“董事前三名薪酬总额”或者“高管前三名薪酬总额”的自然对数来计量高管薪酬（辛清泉和谭伟强，2009；王克敏和王志超，2007；方军雄，2009）。

公司业绩通常可采用会计业绩指标与股市业绩指标来计量。会计业绩指标方面，众多学者采用资产营业利润率（辛清泉和谭伟强，2009），净利润或扣除非非经常性损益后的净利润（方军雄，2009），总资产收益率（杨青等，2010）等指标。采用何种会计业绩更能有效计量公司业绩存在争议，Firth 等（2006）认为与净利润（总资产）相比，营业利润（营业收入）更不容易被管理者操纵，采用营业收入利润率（营业利润/营业收入）更合适。我们也采用营业收入利润率作为会计业绩计量指标。另外，参考 Firth 等（2006）、辛清泉和谭伟强（2009）等文献，用年度普通股获利率作为股市业绩计量指标。

（三）外部董事的界定

有关文献对外部董事的定义可分为两类：一是按董事来自企业内部还是外部为标准进行判断，将来自企业外部的董事确定为外部董事。如 Johnson 等（1996）将外部董事定义为董事会中所有非管理层成员的董事，Yermack（2004）通过董事是来自企业外部还是企业内部来判断是否为外部董事，并将外部董事分为两类：独立董事与灰色董事。二是按与股东的关系判断，将非来源于股东、股东亲属及股东单位的董事确定外部董事。如许静静和吕长江（2011）将家族企业分为由家族成员担任高管的企业和外部人士担任高管的企业。考虑到本章研究目的及样本为民营上市公司，而民营上市公司股东特别最终控制人往往通过金字塔结构并亲自或委派家属担任董事及管理层来控制上市公司，因此综合上述两种判断方法，将来自企业外部而非内部提拔且并非来源于股东、股东亲属及股东单位的董事定义为外部董事。CSMAR 数据库中“高管兼任信息文件”提供了上市公司高管在外单位任职情况，通过查看“高管兼任信息文件”，将年末在上市公司以外单位担任职务且不在股东单位、关联股东单位及上市公司所属子公司任职的董事视为外部董事，独立董事包括已退休而只在上市公司担任独立董事的人士亦包括在外部董事范围之内。

（四）回归模型和变量定义

我们采用薪酬业绩敏感度模型（8－1）和模型（8－2）检验外部董事及经理人市场在高管薪酬决定中的治理作用。模型中各变量定义如表 8－2 所示。通过模型（8－1）中交互项 Perf × Out 考察外部董事比例对高管薪酬业绩敏感度的影响。模型（8－2）在模型（8－1）的基础上加入经理人市场发育因素，通过交互项 Flow × Perf × Out 考察经理人市场发育对外部董事比例与高管薪酬业绩敏感度关系的影响。

$$Pay = \alpha_0 + \alpha_1 \times Perf + \alpha_2 \times Out + \alpha_3 \times Perf \times Out + \alpha_4 \times Control + \varepsilon \qquad (8-1)$$

$$Pay = \alpha_0 + \alpha_1 \times Perf + \alpha_2 \times Out + \alpha_3 \times Perf \times Out + \alpha_4 \times Flow + \alpha_5 \times Flow \times Perf \times Out + \alpha_6 \times Control + \varepsilon \qquad (8-2)$$

表 8－2 模型（8－1）和模型（8－2）中变量符号与定义表

变量类型	变量符号	变量定义
因变量 Pay	Paydire	董事薪酬，“董事前三名薪酬总额”的自然对数
	Payexec	经理薪酬，“高管前三名薪酬总额”的自然对数
测试变量	Perf	公司业绩，分别采用营业利润率（ROS）与普通股获利率（ASR）计量，其中 ROS = 营业利润/销售收入，ASR = （每股股息 + 期末股票市价 − 期初股票市价）/期初股票市价
	Out	外部董事比例，外部董事人数/董事会规模
	Flow	经理人市场发育，樊纲等（2011）提供的各地区分年度劳动力流动数据

续表

变量类型	变量符号	变量定义
控制变量 Control	Right	控制权与现金流权分离程度，实际控制人控制权比例/实际控制人所有权比例
	Bsize	董事会规模，董事会人数的自然对数
	Spvboard	监事会规模，监事会人数的自然对数
	Dual	两职合一，当董事长和总经理两职合一时，定义为1，否则为0
	Size	公司规模，公司总资产的自然对数
	Level	资产负债率，年末负债总额/总资产
	Growth	成长性，营业收入增长率 =（本年营业收入 - 上年营业收入）/上年营业收入
	Cashf	现金流量，经营活动现金流量净额/总资产
	Old	上市年数，样本年度与公司股票上市年度之差
	Year	样本所处年度的虚拟变量
	Industry	样本所处行业的虚拟变量。以中国证监会颁布的上市公司行业分类指引（2012 年修订）为准

借鉴 Firth 等（2006）、辛清泉和谭伟强（2009）、方军雄（2009）等文献，将以下可能会影响公司高管薪酬的因素作为控制变量：①公司治理变量：控制权与现金流权分离程度（Right）、董事会规模（Bsize）、监事会规模（Spvboard）、两职合一（Dual）；②财务状况变量：公司规模（Size）、资产负债率（Level）、成长性（Growth）、现金流量（Cashf）。另外，我们还控制公司股票上市年数（Old）以及样本所处年度和行业的虚拟变量，以消除年度和行业可能造成的影响。

四、实证研究结果

（一）描述性统计

有关变量的描述性统计如表 8 - 3 所示，我们同时按各年度经理人市场发育均值为标准，将经理人市场发育指标大于（小于）年度均值的样本确定为发育程度高组（低组），对高低组各变量均值的差异进行检验。从 Panal A 看，样本公司前三名董事薪酬总额自然对数（Paydire）的平均数为 13.57，且经理人市场发育程度高组的董事薪酬显著高于经理人市场发育程度低组，前三名经理薪酬总额自然对数（Payexec）的平均值13.62，且经理发育程度高组的经理薪酬显著高于经理人市场发育程度低组，表明经理人市场发育程度越好，企业高管报酬越高，与假设H8-3一致。外部董事比例（Out）达45.35%，但不同的经理人市场发育程度组之间并没有显著差异。Panal B提供了分年度的董事薪酬、经理薪酬及外部董事比例均值数据。数据显示，无论是董事薪酬还是经理薪酬都呈逐年上升趋势，2007~2013年各年外部董事比例均值都在41%以上。另外，考虑到变量可能存在的极端值，我们在后续的分析中对所有连续变量在1%和99%分位进行Winsorize处理以消除极端值的影响。

表8-3　变量描述性统计分析表

Panel A：全样本

变量	全样本	发育程度高组	发育程度低组	均值差异	t值	Sig.（双尾）
Paydire	13.5721	13.6543	13.4525	0.2018	4.951	0.000
Payexec	13.6155	13.6956	13.5011	0.1945	5.337	0.000
ROS	0.0324	0.2838	-0.5356	0.8194	1.042	0.298
ASR	0.3155	0.3253	0.3014	0.0238	0.594	0.553
Out	0.4535	0.4543	0.4524	0.0019	0.352	0.725
Right	1.9256	1.8384	2.0505	-0.2121	-3.050	0.002
Bsize	2.1319	2.1403	2.1200	0.0203	2.450	0.014
Spvboard	1.2251	1.2386	1.2059	0.0327	3.409	0.001
Dual	0.2258	0.2363	0.2107	0.0256	1.534	0.125
Size	21.2775	21.4016	21.1003	0.3013	5.369	0.000
Level	0.9350	0.783	1.0415	-0.2586	-1.655	0.098
Growth	9.1327	13.0448	3.6063	9.4385	0.763	0.445
Cashf	0.0191	0.0150	0.0249	-0.0099	-0.862	0.389
Old	11.5799	11.4246	11.8017	-0.3771	-2.092	0.037

Panel B：分年度主要变量的均值

年度	Paydire	Payexec	Out
2007	13.0748	13.0982	0.4550
2008	13.2966	13.2987	0.4673
2009	13.3389	13.3764	0.4722
2010	13.5495	13.6128	0.4704
2011	13.7480	13.8066	0.4622
2012	13.8707	13.9274	0.4552
2013	13.9538	14.0222	0.4112

（二）相关性分析

表 8－4 提供了因变量与测试变量之间的 Spearman 相关系数。外部董事比例（Out）与董事薪酬（Paydirc）和经理薪酬（Payexec）皆显著正相关，表明外部董事比例越高，高管薪酬也相应较高，此结果与假设 H8－2 相符，而与假设 H8－1 不一致，表明在确定高管薪酬时外部董事更可能与公司高管合谋，外部董事的监督作用有限。经理人市场发育（Flow）与董事薪酬、经理薪酬都显著正相关，表明在发育越好的经理人市场中，高管薪酬也较高，结果与假设 H8－3 一致。另外，董事薪酬（Paydire）和经理薪酬（Payexec）分别与两个公司业绩变量（ROS、ASR）显著正相关，表明民营上市公司确实在实施基于业绩的高管薪酬激励机制，此结果与 Firth 等（2006）、方军雄（2009）等研究结论一致。

表 8－4　相关性分析结果表

变量	Paydire	Payexec	ROS	ASR	Out	Flow
Paydire	1.000					
Payexec	0.893（***）	1.000				
ROS	0.255（***）	0.258（***）	1.000			
ASR	0.108（***）	0.119（***）	0.032	1.000		
Out	0.105（***）	0.081（***）	0.035（*）	0.006	1.000	
Flow	0.196（***）	0.199（***）	0.064（***）	－0.034（*）	0.022	1.000

注：***、*分别表示统计显著性水平为 1%、10%（双尾）。

（三）外部董事与高管薪酬业绩敏感度

表 8－5 列示了外部董事比例与高管薪酬业绩敏感度的回归结果。在回归结果（1）中，外部董事比例（Out）的回归系数为 0.230，显著性程度为 5%，说明外部董事比例与董事薪酬显著正相关，在其他三个回归结果中外部董事比例的回归系数也显著为正，这些结果说明，引入的外部董事提高了公司高管薪酬。外部董事比例与会计业绩交互项（ROS×Out）的回归系数在回归结果（1）中显著为负，在回归结果（3）中回归系数也为负但统计上不显著。在回归结果（2）与（4）中，外部董事比例与股市业绩交互项（ASR×Out）的回归系数都显著为负。外部董事比例与公司业绩交互项的回归系数基本显著为负，表明外部董事比例越高，公司高管薪酬业绩敏感度越低。外部董事比例越高，高管薪酬越高且报酬业绩敏感度越低，表明结果更符合 H8－2 的合谋假设。另外，回归结果（1）

中外部董事比例与公司业绩交互项回归系数及T值的绝对值，以及显著性水平皆高于回归结果（3）相应数据，回归结果（2）中交互项的回归系数与T值的绝对值高于回归结果（4）相应数据，这可能表明在确定高管薪酬时外部董事与其他董事成员的合谋程度高于与经理层的合谋程度，不过，此结论尚需更严格的实证研究来检验。

表8-5　外部董事与高管薪酬业绩敏感度

变量	(1) Paydire		(2) Paydire		(3) Payexec		(4) Payexec	
	B	T	B	T	B	T	B	T
常数项	2.918	8.340 ***	3.114	8.441 ***	4.291	13.919 ***	4.548	14.094 ***
ROS	0.008	1.873 **			0.009	2.167 **		
ASR			0.137	2.112 **			0.148	1.870 **
Out	0.230	1.861 **	0.334	2.550 ***	0.222	2.060 **	0.307	2.719 ***
ROS × Out	-0.024	-1.923 **			-0.017	-1.230		
ASR × Out			-0.181	-1.509 *			-0.159	-1.491 *
Right	-0.024	-2.376 ***	-0.028	-2.644 ***	-0.015	-1.624 *	-0.018	-1.981 **
Bsize	0.670	7.999 ***	0.655	7.611 ***	0.498	6.748 ***	0.473	6.280 ***
Spvboard	-0.184	-2.708 ***	-0.192	-2.759 ***	-0.173	-2.863 ***	-0.167	-2.705 ***
Dual	0.079	2.033 **	0.097	2.395 ***	0.128	3.684 ***	0.137	3.831 ***
Size	0.424	30.611 ***	0.414	28.758 ***	0.373	30.708 ***	0.363	28.999 ***
Level	0.024	5.242 ***	0.022	5.057 ***	0.020	4.875 ***	0.019	4.865 ***
Growth	3.625*E*-05	0.711	2.987*E*-05	0.579	3.151*E*-05	0.690	2.877*E*-05	0.627
Cashf	0.094	0.816	0.075	0.559	0.098	0.959	0.084	0.708
Old	-0.008	-1.811 **	-0.007	-1.723 **	0.003	0.764	0.003	0.663
年度	控制		控制		控制		控制	
行业	控制		控制		控制		控制	
F	52.443		46.474		54.684		49.332	
Sig.	0.000		0.000		0.000		0.000	
Adj. R^2	0.408		0.391		0.414		0.401	

注：*、**、***分别表示统计显著性为10%、5%、1%（单尾）。

（四）外部董事与高管薪酬业绩敏感度：经理人市场的调节作用

表 8－6 列示了经理人市场对外部董事比例与高管薪酬业绩敏感度关系的影响。四个回归结果中，外部董事比例（Out）都与高管薪酬显著正相关，外部董事比例与公司业绩的交互项都与高管薪酬负相关且其中三个回归系数显著为负，说明在确定高管薪酬时外部董事与经理及董事成员存在合谋，此结果与表 8－5 的结果一致，进一步支持假设 H8－2 而与假设 H8－1 不一致。四个回归结果中，经理人市场发育（Flow）的回归系数全部显著为正，表明在经理人市场发育较好的地区，公司董事与经理的薪酬都较高，符合假设 H8－3。在回归结果（3）与（4）中，经理人市场发育、公司业绩和外部董事比例三者交互项（Flow × ROS × Out、Flow × ASR × Out）的回归系数分别为 0.001、0.016，统计显著性水平皆为 5%，而在回归结果（1）和（2）中，三者交互项的回归系数较低且在统计上并不显著，结果说明在经理人市场发育较好时，外部董事比例越高的民营上市公司其经理薪酬业绩的敏感度越高，这符合假设 H8－4，但经理人市场发育对外部董事比例与董事薪酬业绩敏感度的关系并没有显著影响。结合表 8－5 的结果，意味着发育较好的经理人市场可降低薪酬确定过程中外部董事与经理层的合谋行为，从而提升了经理薪酬激励的有效性，但迫使外部董事提升董事薪酬激励有效性的作用有限。

表 8－6　经理人市场、外部董事比例与高管薪酬业绩敏感度回归结果

变量	（1）Paydire		（2）Paydire		（3）Payexec		（4）Payexec	
	B	T	B	T	B	T	B	T
常数项	3.024	8.667***	3.261	8.893***	4.447	14.558***	4.738	14.834***
ROS	0.009	1.860**			0.003	1.411*		
ASR			0.147	2.144**			0.146	1.846**
Out	0.174	1.414*	0.293	2.254**	0.167	1.563*	0.270	2.424***
ROS × Out	−0.015	−1.923**			−0.012	−0.843		
ASR × Out			−0.231	−1.520*			−0.292	−2.421***
Flow	0.028	5.989***	0.031	5.857***	0.031	7.389***	0.030	6.427***
Flow × ROS × Out	0.000	−0.243			0.001	2.307**		
Flow × ASR × Out			0.004	0.395			0.016	2.049**
Right	−0.018	−1.823**	−0.021	−2.024**	−0.009	−0.948	−0.011	−1.222

续表

变量	(1) Paydire		(2) Paydire		(3) Payexec		(4) Payexec	
	B	T	B	T	B	T	B	T
Bsize	0.642	7.696***	0.616	7.195***	0.460	6.294***	0.424	5.691***
Spvboard	-0.186	-2.759***	-0.199	-2.884***	-0.170	-2.843***	-0.173	-2.841***
Dual	0.069	1.783**	0.085	2.110**	0.115	3.335***	0.122	3.471***
Size	0.414	29.866***	0.404	28.116***	0.361	29.800***	0.352	28.322***
Level	0.023	4.972***	0.021	4.854***	0.019	4.655***	0.018	4.667***
Growth	3.890E-05	0.769	3.455E-05	0.676	3.474E-05	0.769	3.367E-05	0.744
Cashf	0.081	0.710	0.065	0.489	0.076	0.751	0.080	0.689
Old	-0.007	-1.724**	-0.007	-1.610*	0.003	0.898	0.003	0.758
年度	控制		控制		控制		控制	
行业	控制		控制		控制		控制	
F	51.130		45.799		54.404		49.665	
Sig.	0.000		0.000		0.000		0.000	
Adj. R^2	0.417		0.402		0.428		0.418	

注：*、**、***分别表示统计显著性为10%、5%、1%（单尾）。

五、高管薪酬粘性的经验证据

（一）外部董事与高管薪酬粘性

我国上市公司高管薪酬普遍存在粘性特征（方军雄，2009），高管薪酬粘性将影响薪酬激励的效果。在此，我们利用薪酬粘性模型（8-3）与模型（8-4）进一步分析外部董事比例与高管薪酬粘性的关系，以及经理人市场对外部董事比例与高管薪酬粘性关系的影响。模型中D为公司业绩下降虚拟变量，当公司营业利润率或普通股获利率低于上年相应数值时，取值为“1”，否则为“0”。其他变量定义与模型（8-1）和模型（8-2）相同。通过模型（8-3）中交互项D×Perf×Out的系数可考察外部董事比例对高管薪酬粘性的影响。模型（8-4）在模型（8-3）基础上加入了经理人市场发育因素，通过交互项Flow×D×Perf×Out的系数可考察经理人市场发育对外部董事比例与高管薪酬粘性关系的影响。

$$Pay = \alpha_0 + \alpha_1 \times Perf + \alpha_2 \times D + \alpha_3 \times D \times Perf + \alpha_4 \times Out + \alpha_5 \times Perf \times Out + \alpha_6 \times D \times Perf \times Out + \alpha_7 \times Control + \varepsilon \quad (8-3)$$

$$Pay = \alpha_0 + \alpha_1 \times Perf + \alpha_2 \times D + \alpha_3 \times D \times Perf + \alpha_4 \times Out + \alpha_5 \times Perf \times Out + \alpha_6 \times D \times Perf \times Out + \alpha_7 \times Flow + \alpha_8 \times Flow \times Perf \times Out + \alpha_9 \times Flow \times D \times Perf \times Out + \alpha_{10} \times Control + \varepsilon \quad (8-4)$$

表8－7报告了外部董事比例对高管薪酬粘性影响的回归结果。结果显示，业绩下降变量与公司业绩交互项（D×ROS、D×ASR）的回归系数在四个回归中皆为负，且在后三个回归结果中显著为负，表明样本公司高管薪酬存在粘性特征，即公司业绩上升时高管薪酬增加的幅度高于公司业绩下降时高管薪酬下降的幅度。四个回归中外部董事比例与高管薪酬显著正相关，公司业绩与外部董事比例交互项的回归系数皆为负且其中三个系数显著为负，同时前两个回归中此交互项回归系数的绝对值大于后两个回归中回归系数的绝对值。这些结果显示，外部董事比例越高，高管薪酬就越高，高管薪酬业绩敏感度越低，外部董事在高管薪酬决定上存在合谋，且与董事成员合谋的程度高于与经理层合谋的程度，结果与表8－5、表8－6基本相同，同样支持假设H8－2。

在前两个回归中，外部董事比例与业绩下降变量、公司业绩三者交互项（D×ROS×Out、D×ASR×Out）的系数为正且在回归（2）中显著为正。在后两个回归中，此交互项的回归系数都显著为正，且回归系数与显著性水平皆高于前两个回归相应数据。结果表明，外部董事的引入降低了公司高管薪酬的粘性水平，且降低经理薪酬粘性的效果好于降低董事薪酬粘性的效果。

表8－7 外部董事与高管薪酬粘性关系的回归结果

变量	（1）Paydire		（2）Paydire		（3）Payexec		（4）Payexec	
	B	T	B	T	B	T	B	T
常数项	2.929	8.358***	3.053	8.227***	4.298	13.922***	4.476	13.793***
ROS	0.008	1.486*			0.011	1.719**		
ASR			0.136	1.760**			0.120	1.825**
D	－0.042	－1.293*	0.031	0.609	－0.038	－1.347*	0.049	1.087
D×ROS	－0.001	－0.028			－0.008	－1.415*		
D×ASR			－0.224	－1.380*			－0.259	－1.838**
Out	0.233	1.873**	0.441	2.998***	0.225	2.067**	0.426	3.313***
ROS×Out	－0.019	－1.484*			－0.012	－0.343		
ASR×Out			－0.326	－2.773***			－0.305	－2.338***
D×ROS×Out	0.003	0.063			0.060	2.141**		

续表

变量	(1) Paydire		(2) Paydire		(3) Payexec		(4) Payexec	
	B	T	B	T	B	T	B	T
D×ASR×Out			0.542	1.592*			0.571	1.949**
Right	-0.024	-2.365***	-0.027	-2.605***	-0.014	-1.596*	-0.018	-1.931**
Bsize	0.670	7.985***	0.658	7.634***	0.498	6.731***	0.475	6.304***
Spvboard	-0.184	-2.702***	-0.192	-2.759***	-0.171	-2.829***	-0.167	-2.717***
Dual	0.078	1.994**	0.098	2.418***	0.127	3.644***	0.137	3.842***
Size	0.424	30.619***	0.414	28.766***	0.374	30.731***	0.363	29.021***
Level	0.024	5.186***	0.021	4.989***	0.020	4.833***	0.018	4.818***
Growth	3.644E-05	0.715	3.012E-05	0.583	3.195E-05	0.699	3.010E-05	0.656
Cashf	0.088	0.763	0.085	0.635	0.083	0.803	0.098	0.825
Old	-0.008	-1.853**	-0.008	-1.739**	0.003	0.680	0.002	0.642
年度	控制		控制		控制		控制	
行业	控制		控制		控制		控制	
F	47.973		42.592		50.079		45.290	
Sig.	0.000		0.000		0.000		0.000	
Adj. R^2	0.408		0.391		0.414		0.402	

注：*、**、***分别表示统计显著性为10%、5%、1%（单尾）。

（二）经理人市场发育对外部董事比例与高管薪酬粘性关系的影响

表8－8列示了经理人市场发育对外部董事比例与高管薪酬粘性关系影响的回归结果。在四个回归结果中，经理人市场发育（Flow）的回归系数皆为正，表明在经理人市场发育较好地区，董事与经理的薪酬都比较高，与假设H8－3一致。回归结果（3）与（4）显示，经理人市场发育、业绩下降变量、公司业绩和外部董事比例四个变量交互项的回归系数为正，统计显著性水平分别为1%、5%，而在回归结果（1）与（2）中，回归系数虽然为正但并不显著，结果表明经理人市场发育可以促使外部董事较好地降低经理薪酬粘性，但是经理人市场发育促使外部董事降低董事薪酬粘性的效果并不佳，经理人市场通过外部董事对经理薪酬起到监督作用，但并不能通过外部董事有效监督董事薪酬。另外，经理人市场发育、公司业绩与外部董事比例三个变量的交互项其回归系数在后两个回归结果中显著为正，而在前两个回归中并不显著，说明经理人市场发育可促使外部

董事提升经理薪酬的业绩敏感度，但并不能促使外部董事提升董事薪酬的业绩敏感度，此结果与表8-6一致。这些结果意味着，经理人市场促使外部董事提升经理薪酬业绩敏感度、降低经理薪酬粘性的效果较好，经理人市场发育有利于提升经理薪酬激励的效果，支持假设H8-4，但经理人市场促使外部董事提升董事薪酬业绩敏感度、降低董事薪酬粘性的作用有限。

表8-8 经理人市场发育对外部董事比例与高管薪酬粘性关系影响回归结果

变量	(1) Paydire		(2) Paydire		(3) Payexec		(4) Payexec	
	B	T	B	T	B	T	B	T
常数项	3.039	8.686***	3.200	8.671***	4.451	14.561***	4.676	14.556***
ROS	0.012	1.515*			0.015	1.721**		
ASR			0.131	1.707**			0.108	1.667**
D	-0.039	-1.220	0.032	0.640	-0.034	-1.187	0.047	1.068
D×ROS	-0.004	-0.149			-0.015	-0.665		
D×ASR			-0.195	-1.180			-0.246	-1.739**
Out	0.178	1.445*	0.392	2.668***	0.174	1.629*	0.394	3.082***
ROS×Out	-0.015	-1.792**			-0.005	-0.316		
ASR×Out			-0.360	-1.960**			-0.472	-3.266***
D×ROS×Out	-0.340	-0.200			0.071	2.163**		
D×ASR×Out			0.484	2.122**			0.856	2.380***
Flow	0.028	5.977***	0.031	5.557***	0.031	7.378***	0.027	5.476***
Flow×ROS×Out	-0.001	-0.240			0.002	2.344***		
Flow×ASR×Out			0.003	0.279			0.023	2.556***
Flow×D×ROS×Out	0.001	0.229			0.003	2.610***		
Flow×D×ASR×Out			0.002	0.066			0.040	1.815**
Right	-0.018	-1.810**	-0.021	-1.993**	-0.008	-0.935	-0.010	-1.134
Bsize	0.641	7.681***	0.618	7.213***	0.462	6.308***	0.421	5.652***
Spvboard	-0.186	-2.749***	-0.199	-2.876***	-0.169	-2.823***	-0.173	-2.856***

续表

变量	(1) Paydire		(2) Paydire		(3) Payexec		(4) Payexec	
	B	T	B	T	B	T	B	T
Dual	0.068	1.743 **	0.086	2.136 **	0.113	3.292 ***	0.122	3.473 ***
Size	0.414	29.766 ***	0.404	28.095 ***	0.361	29.787 ***	0.353	28.409 ***
Level	0.023	4.947 ***	0.020	4.775 ***	0.019	4.606 ***	0.017	4.633 ***
Growth	3.908E-05	0.772	3.478E-05	0.679	3.496E-05	0.774	3.468E-05	0.766
Cashf	0.074	0.640	0.074	0.562	0.062	0.610	0.096	0.823
Old	-0.007	-1.771 **	-0.007	-1.626 *	0.003	0.830	0.003	0.751
年度	控制		控制		控制		控制	
行业	控制		控制		控制		控制	
F	47.005		41.056		50.020		44.698	
Sig.	0.000		0.000		0.000		0.000	
Adj. R^2	0.416		0.401		0.428		0.418	

注：*、**、***分别表示统计显著性为10%、5%、1%（单尾）。

六、稳健性检验

本章的目的之一是分析经理人市场发育在确定高管薪酬及薪酬激励有效性中的治理作用，如何较好地衡量各地区经理人市场发育程度是研究关键。为此我们借鉴韩洪灵和袁春生（2007）的做法，利用2007~2013年各省（自治区、直辖市）GDP（亿元）的自然对数（Lngdp）、人均GDP（元）的自然对数（Lnagdp）、地区上市公司家数（Nolc）、地区民营上市公司家数（Nofc）、地区要素市场发育指数（Elem）、地区劳动力流动指数（Flow）6方面的数据，采用因子分析法提取的主成分来评估各省（自治区、直辖市）分年度的经理人市场发育程度。表8-9提供了采用因子分析法的有关结果。表8-9中球形Bartlett检验值为1047.616，Sig. <0.001，即各变量的相关系数矩阵不是一个单位矩阵，Bartlett检验表明数据比较适合进行因子分析。KMO检验值为0.679，比较接近于1，表明这些变量进行因子分析的效果较好。根据Kaiser准则，保留Eigenvalues >1的因子，选定了1个公因子，此公因子累积解释的方差为64.23%，变量共同度数据显示，公因子包含的6个变量的信息量都在53%以上，表明此公因子较好地总括了6个变量的信息。

表 8－9　因子分析结果表

Panal A：因子负荷及变量共同度		
变量	因子负荷	变量共同度
Lngdp	0.807	0.652
Lnagdp	0.732	0.536
Nolc	0.905	0.819
Nofc	0.858	0.737
Elem	0.793	0.628
Flow	0.695	0.583
Panal B：因子分析结果检验		
Initial Eigenvalues	3.854	
方差贡献率	64.230%	
KMO 检验值	0.679	
球形 Bartlett 检验值	Approx. Chi－Square	1047.616
	Sig.	0.000

表 8－10 列示了利用因子分析法所得的经理人市场发育程度指标（Fact）代替劳动力流动指标（Flow）对高管薪酬业绩敏感度进行回归分析的结果。在四个回归结果中，外部董事比例（Out）的回归系数全部为正，外部董事比例与公司业绩交互项（ROS×Out、ASR×Out）的回归系数全部为负且有三个系数显著为负，同样说明在确定公司高管薪酬过程中外部董事存在与董事和经理合谋的可能，结果支持假设 H8－2 而不支持假设 H8－1。四个回归中 Fact 的回归系数全部显著为正，表明在经理人市场发育较好的地区，民营上市公司董事和经理的薪酬都比较高，假设 H8－3 得到了经验证据的进一步支持。经理人市场发育、公司业绩和外部董事比例三者交互项（Fact×ROS×Out、Fact×ASR×Out）的回归系数在后两个回归中显著为正，而在前两个回归中并不显著，这些结果与表 8－6 基本相同，表明经理人市场发育较好时，外部董事能够提高经理薪酬业绩敏感度，支持假设 H8－4，但经理人市场促使外部董事提升董事薪酬业绩敏感度的效果并不佳。

表 8－10 经理人市场、外部董事比例与高管薪酬业绩敏感度

变量	(1) Paydire		(2) Paydire		(3) Payexec		(4) Payexec	
	B	T	B	T	B	T	B	T
常数项	3.234	9.238***	3.436	9.341***	4.697	15.393***	4.962	15.607***
ROS	0.012	1.903**			0.004	2.030**		
ASR			0.171	3.109***			0.106	1.671**
Out	0.205	1.678**	0.321	2.475***	0.200	1.895**	0.295	2.674***
ROS × Out	-0.022	-1.923**			-6.457E-05	-0.004		
ASR × Out			-0.196	-1.534*			-0.167	-1.606*
Fact	0.092	6.678***	0.095	6.465***	0.118	9.730***	0.113	8.811***
Fact × ROS × Out	-0.002	-0.454			0.004	1.868**		
Fact × ASR × Out			0.031	0.986			0.078	2.923***
Right	-0.017	-1.706**	-0.020	-1.899**	-0.006	-0.660	-0.008	-0.901
Bsize	0.650	7.831***	0.630	7.382***	0.473	6.533***	0.439	5.955***
Spvboard	-0.165	-2.450***	-0.175	-2.539***	-0.145	-2.441***	-0.147	-2.445***
Dual	0.064	1.648**	0.078	1.957**	0.107	3.144***	0.112	3.197***
Size	0.411	29.689***	0.402	28.031***	0.357	29.622***	0.348	28.262***
Level	0.022	4.904***	0.020	4.760***	0.018	4.461***	0.017	4.500***
Growth	4.628E-05	0.916	4.111E-05	0.805	4.449E-05	0.992	4.215E-05	0.940
Cashf	0.088	0.775	0.061	0.465	0.077	0.769	0.071	0.614
Old	-0.007	-1.727**	-0.007	-1.629*	0.003	0.922	0.003	0.705
年度	控制		控制		控制		控制	
行业	控制		控制		控制		控制	
F	51.579		46.148		56.359		51.790	
Sig.	0.000		0.000		0.000		0.000	
Adj. R^2	0.419		0.403		0.437		0.428	

注：*、**、***分别表示统计显著性为10%、5%、1%（单尾）。

表 8－11 报告了经理人市场发育、外部董事比例与高管薪酬粘性关系的回归结果。四个回归结果中外部董事比例（Out）的回归系数全部为正，同时公司业绩与外部董事比例交互项（ROS × Out、ASR × Out）的回归系数在前两个回归中显著为负，在后两个回归中有一个显著为负，表明外部董事的引入推高了高管薪酬、降低了高管薪酬业绩敏感度，与假设 H8－2 一致而与假设 H8－1 不符，外部董事在高管薪酬决定上存在与高管合谋的情形，且与董事成员合谋程度高于与

经理层的合谋程度。经理人市场发育（Fact）的四个回归系数全部显著为正，说明经理人市场发育越好的地区，民营上市公司高管薪酬越高，支持假设 H8 -3，可能的原因是在发育较好的经理人市场中，挑选出来的公司高管能力较强，从而获得较高薪酬。经理人市场发育、公司业绩与外部董事比例交互项的回归系数在后两个回归中显著为正，而在前两个回归中不显著为正，表明经理人市场发育较好时，外部董事可提升经理薪酬业绩敏感度，支持假设 H8 -4，但经理人市场促使外部董事提升董事薪酬业绩敏感度的效果不佳。

公司业绩下降、公司业绩和外部董事比例三个变量交互项的回归系数在第一个回归中为负但不显著，而在后三个回归中都显著为正，表明外部董事可以降低高管薪酬粘性且降低经理薪酬粘性的效果好于降低董事薪酬粘性的效果。经理人市场发育、公司业绩下降变量、公司业绩与外部董事比例四者交互项（Fact × D × ROS × Out、Fact × D × ASR × Out）的回归系数在后两个回归中显著为正，在前两个回归中并不显著，结果与表 8 -8 一致，说明经理人市场可以促使外部董事减弱经理薪酬的粘性，从而有助于外部董事改进经理薪酬激励的有效性，支持假设 H8 -4，但目前我国经理人市场并不能促使外部董事减弱董事薪酬的粘性。

表 8 -11　经理人市场、外部董事比例与高管薪酬粘性

变量	(1) Paydire		(2) Paydire		(3) Payexec		(4) Payexec	
	B	T	B	T	B	T	B	T
常数项	3.249	9.254***	3.366	9.097***	4.714	15.413***	4.901	15.344***
ROS	0.485	3.244***			0.001	2.138**		
ASR			0.135	1.765**			0.094	1.466*
D	-0.041	-1.280*	0.042	0.840	-0.036	-1.274*	0.055	1.241
D × ROS	0.012	0.779			-1.024	-0.500		
D × ASR			-0.212	-1.317*			-0.206	-1.491*
Out	0.203	1.645**	0.436	2.988***	0.196	1.843**	0.400	3.178***
ROS × Out	-0.004	-2.219**			0.006	0.291		
ASR × Out			-0.343	-3.187***			-0.310	-2.436***
D × ROS × Out	-0.018	-0.507			0.009	2.481***		
D × ASR × Out			0.548	1.622*			0.540	1.886**
Fact	0.092	6.668***	0.099	6.199***	0.118	9.722***	0.103	7.426***

续表

变量	(1) Paydire		(2) Paydire		(3) Payexec		(4) Payexec	
	B	T	B	T	B	T	B	T
Fact × ROS × Out	0.001	0.168			0.003	1.804 *		
Fact × ASR × Out			0.027	0.699			0.114	3.639 ***
Fact × D × ROS × Out	-0.002	-0.218			0.003	2.404 ***		
Fact × D × ASR × Out			0.058	0.678			0.133	1.804 **
Right	-0.017	-1.690 **	-0.020	-1.879 **	-0.006	-0.648	-0.007	-0.783
Bsize	0.649	7.802 ***	0.634	7.424 ***	0.472	6.500 ***	0.435	5.905 ***
Spvboard	-0.164	-2.438 ***	-0.175	-2.535 ***	-0.144	-2.421 ***	-0.145	-2.418 ***
Dual	0.063	1.621 *	0.079	1.980 **	0.107	3.125 ***	0.112	3.207 ***
Size	0.412	29.636 ***	0.402	28.038 ***	0.357	29.602 ***	0.349	28.333 ***
Level	0.022	4.830 ***	0.020	4.674 ***	0.018	4.462 ***	0.016	4.393 ***
Growth	4.659E-05	0.921	4.124E-05	0.807	4.478E-05	0.999	4.408E-05	0.983
Cashf	0.083	0.727	0.072	0.544	0.073	0.718	0.089	0.774
Old	-0.007	-1.766 **	-0.007	-1.667 **	0.003	0.852	0.003	0.684
年度	控制		控制		控制		控制	
行业	控制		控制		控制		控制	
F	47.415		41.441		51.818		46.735	
Sig.	0.000		0.000		0.000		0.000	
Adj. R^2	0.418		0.404		0.437		0.430	

注：*、**、*** 分别表示统计显著性为 10%、5%、1%（单尾）。

另外，我们还参考方军雄（2009）、Firth 等（2006）文献，将公司所在地区分为东部地区、中部地区和西部地区，并将公司所在地区的虚拟变量作为控制变量加入到回归方程中①，所得结果同样支持研究结论。

① 东部地区包括北京、天津、河北、辽宁、上海、江苏、浙江、福建、山东、广东、海南 11 省（直辖市）；中部地区包括山西、吉林、黑龙江、安徽、江西、河南、湖北、湖南 8 省；西部地区包括内蒙古、广西、重庆、四川、贵州、云南、西藏、陕西、甘肃、青海、宁夏、新疆 12 省（直辖市、自治区）。

七、结论与政策含义

（一）研究结论

自 1978 年以来我国经济政策渐次从计划经济向市场经济缓慢转轨，用市场手段代替计划手段来配置经济资源。经理人市场得以逐渐发育并呈现出显著的二元化特征，东部地区经理人市场较发达，而中西部地区经理人市场发育欠佳，民营企业特别是规模较大的民营上市公司开始聘请外部董事，寻求以市场化的方式配置管理才能，这为检验经理人市场和外部董事在确定公司高管薪酬激励中的治理作用提供了契机。为此，本章利用 2007 ~ 2013 年民营上市公司样本考察外部董事与高管薪酬激励的关系以及经理人市场在其中的调节作用。研究发现：外部董事比例越高，公司高管薪酬越高，高管薪酬业绩敏感度越低，董事薪酬业绩敏感度较经理薪酬业绩敏感度下降更明显；外部董事比例越高，高管薪酬粘性越弱，且外部董事降低经理薪酬粘性的效果好于降低董事薪酬粘性的效果；经理人市场发育越好时，外部董事比例越高的民营上市公司其经理薪酬业绩敏感度越高，但经理人市场发育对外部董事比例与董事薪酬业绩敏感度的关系没有显著影响；经理人市场发育越好时，外部董事比例越高的民营上市公司其经理薪酬粘性越弱，但经理人市场发育对外部董事比例与董事薪酬粘性的关系并没有显著影响。

本章研究结果的理论启示。①引入外部董事对于民营上市公司高管薪酬特别是董事会成员薪酬确定的监督作用并不尽如人意，虽然弱化了高管薪酬粘性，但高管薪酬业绩敏感度并没有得到提高，外部董事在高管薪酬确定中更可能充当合谋而非监督者角色，且外部董事与其他董事会成员的合谋程度甚于与经理的合谋程度。②经理人市场虽然不能迫使外部董事提升董事薪酬业绩敏感度及弱化董事薪酬粘性，但能促使外部董事有效地提升经理薪酬业绩敏感度并弱化经理薪酬粘性，说明来自经理人市场的压力可以帮助外部董事提升经理薪酬激励机制的有效性，经理人市场的治理作用正初步显现出来。

（二）政策含义

本章研究结果的政策意义在于，外部董事在帮助企业提高管理水平和决策效率的同时，以外部董事为主的薪酬委员会也应致力于建立基于业绩的高管薪酬激励机制，同时避免本身所引致的代理成本。另外，尽管经理人市场发育存在长期的自发形成过程，但国家应在养老保险、户籍政策等方面破除阻碍管理者才能乃至普通劳动力迁移的政策障碍，甚至可以考虑将国有企业高管的直接委派制度改进为市场化聘用机制，打破国有企业与民营企业之间管理者才能相互流动的政策障碍。唯有如此，才能够加速经理人市场的发育进程，从而有助于提升企业高管薪酬激励机制的有效性。

第九章　公司治理、认证利益抑或管理提升

——基于业绩的民营上市公司聘用外部高管目的推断

一、引言

上市公司呈现出外部高管比例逐渐提高的显著特征。尽管商业与非盈利性组织都普遍倾向于从内部提拔高管，但是过去30多年来越来越多公司从外部劳动力市场招聘CEO（Chan，1996；Murphy and Zábojník，2007）。在20世纪七八十年代，外部招聘CEO比例分别为15%与17%，90年代超过25%的CEO来自外部招聘，21世纪前5年外部招聘的CEO比例上升到1/3（Murphy and Zábojník，2007）。与外聘高管增加相伴随的一个显著特征是，外部聘用的CEO更多来自曾担任CEO职位的外部人士。上市公司外聘的CEO中，曾担任其他公司CEO的比例由70年代不到20%上升到90年代近50%（Murphy and Zábojník，2007），即外聘的CEO来自企业而不是非盈利组织的比例越来越高。另外，外部高管的增加使公司董事会结构发生了显著变化，董事会中出现了更多外部董事（Hermalin，2005），公司存在积极寻找外部CEO到公司担任董事的现象（Fahlenbrach et al.，2010）。在我国，许静静和吕长江（2011）的数据表明，已上市家族企业中约有25%的企业其高管全部来自非家族成员。在王琨和徐艳萍（2015）的研究样本中，37.71%的公司其高管全部为非家族成员高管，而且非家族成员高管占全部高管的比例达85.64%。蔡地和罗进辉（2015）对CEO类型进行分类发现，38.8%的家族企业其CEO为外部职业经理人。这些研究表明，随着企业规模扩大，我国大量民营上市公司从外部劳动力市场聘请了企业高管，甚至从外部聘请职业经理人担任CEO这一关键岗位。

那么外部高管能否提升公司业绩？对此相关研究并无一致性结论。一些文献认为，由于外部董事缺乏足够的时间用于关注企业经营管理，同时缺乏与企业管理相关的专业技能和激励，导致聘用外部董事的效果并不佳。Lin等（2003）利

用英国714个聘用外部董事样本的研究发现，股市对外部董事聘用事件并无显著反应。Rosenstein和Wyatt（1990）利用1251个美国公司样本的研究虽然发现外部董事聘用宣告存在显著为正的异常收益，但累计异常收益仅为0.13%。与上述观点相反，也有许多文献发现外部董事的引入会产生显著为正的股市反应，而且在公司治理较差的企业此反应更加显著。Borokhovich等（1996）利用1970～1988年588家上市公司969例CEO续任样本的研究发现，公司外部董事比例与外聘CEO比例呈强正相关，此关系在前任CEO自愿离职和被迫离职的样本中都可以观察到。CEO续任引发的股价变化显示，股东可以从外部高管被聘为公司CEO中获利，而当内部高管替代已解雇CEO时股东利益受损。Choi等（2007）以公司托宾Q值为因变量，检验韩国上市公司中外部独立董事与公司价值的关系，发现独立董事对公司价值有显著的正面影响。Huang等（2008）对外部董事聘用引致的股市反应的研究发现，外部董事聘用宣告产生了4.776%的累计异常收益，而且在以前年度业绩较差、CEO兼任董事长、自由现金流量较大、信息不对称程度较高的公司此累计异常收益更高，结果表明外部董事的聘用会产生较好的股市反应，而且公司治理状况较差的企业聘用外部董事的股市反应更显著①。

上市公司聘用外部高管的主要目的可能有三种：一是引入外部高管以改善公司治理水平。通过引入外部董事以加强对内部人的监督，从而缓和公司存在的严重代理问题（Fama and Jensen，1983）。好的公司治理应该是董事会中外部人员占主导地位（白重恩等，2005），Geletkanycz和Boyd（2011）甚至认为，是否存在外部董事是公司治理好坏的有效标识。二是引入外部高管以获取股价认证利益。公司引入有声望的外部人士为公司高管，外部高管的良好声誉会促使公司股价上涨（Fahlenbrach et al.，2010），从而增加股东财富。三是借助外部高管提升公司管理水平。我国民营企业存在管理能力缺口，利用外部高管的优秀管理才能为公司提供监督与管理咨询服务是提升公司管理水平的重要途径。Giannetti等（2015）的研究发现，企业聘请具有海外经历的董事有助于帮助企业提升业绩，此效果主要源于海外经历董事可改善企业境外并购和境外融资、扩大企业产品出口以及提高企业管理水平。在我国民营上市公司大量引入外部高管的背景下，我们感兴趣的是，民营上市公司引入外部高管的主要目的是什么？本章通过考察外部高管与公司股市业绩、实际经营业绩的关系对此进行推断。

经理人市场会对公司高管薪酬政策产生显著影响（Gao et al.，2015），并可能会通过高管薪酬、高管替换等机制影响公司业绩。我国经理人市场存在较大缺陷（李新春，2003），经理人市场分割现象较严重，表现为国有企业与民营企业高管选

① 他们认为，聘用外部董事的宣告效应在不同国家存在差异，其中原因之一是一些国家强制要求上市公司聘用外部董事，而中国台湾地区则并没有强制要求上市公司聘用外部董事。

任方式存在较大差异、国有企业与民营企业高管之间相互流动方向存在不对称、不同经济区域之间经理人市场发育程度存在较大差距。随着经济向市场化转型，我国经理人市场已经逐步形成（陈冬华等，2005），这主要表现为民营企业所面对的经理人市场，市场化程度远高于国有企业，市场中优秀经理人才的供给也逐渐增加，使得民营上市公司存在聘用外部高管的空间。袁春生等（2008）、黎文靖等（2014）的研究发现，受管制的国有企业经理人市场无法对国有企业高管带来正向激励，意味着发育程度不高的经理人市场可能会削弱高管对企业业绩的影响程度。因此，本章还特别关注经理人市场在外部高管与公司业绩关系塑造中所起的作用。

本章可能的贡献主要在于：①我国民营上市公司引入外部高管，其目的既可能是为了改善公司治理，也可能是借助外部高管的良好声誉以获取股价认证利益，还可能是试图借助外部高管的优秀管理才能以提升公司管理水平进而提升公司实际经营业绩。因此仅仅只分析外部高管聘用事件宣告产生的累计异常收益（如 Rosenstein and Wyatt，1990；Lin et al.，2003），或者只分析外部高管与公司托宾 Q 值的关系（如 Choi et al.，2007），并不能较全面地检验引入外部高管的效果，在我国股市效率较低的情况下更是如此。我们同时考察外部高管的股市业绩与实际经营业绩，发现不同类型的外部高管在股市业绩或实际经营业绩方面存在比较显著的差异，为我国民营上市公司聘用外部高管的主要目的提供了证据。②经理人市场发育程度是影响高管行为的重要因素。完全不同于西方主要发达经济体的经理人市场，在从计划经济向市场经济缓慢转型过程中，我国经理人市场呈现出显著的二元化特征。考察经理人市场发育程度对外部高管与公司业绩关系的影响，可丰富主要以发达经济体公司为样本的外部高管相关研究成果。发育良好的经理人市场是外部高管提升公司业绩的必要条件，这为理解经理人市场在高管与公司业绩的关系中所起的作用提供了有益的证据。③唯有曾经担任过总经理或董事长等具有企业实际经营管理经验的外部高管才能帮助企业提高经营管理水平，且其经营业绩提升效应存在至少两年的时滞，这一结果印证了国外相关研究发现公司存在积极寻找外部 CEO 到公司担任董事这一现象，也提示着我国企业在选择外部高管时，应该更多选聘具有企业实际经营管理经验且以往业绩良好的人士担任外部高管。

二、理论分析与研究假设

（一）外部高管与公司业绩

国内外学者从不同角度解释了大型企业聘用外部高管的动机，代表性的理论主要有三种：公司治理假说、认证利益假说和管理才能假说。

1. 公司治理假说

公司治理相关研究表明，大型公司存在比较严重的代理问题（Jensen and Meckling，1976）。在新兴市场国家，差强人意的公司治理已经成为公司业绩的主要障碍（Syverson，2011），中国股市最主要的问题在于许多上市公司的治理结构不合理，影响了上市公司股票市值（白重恩等，2005），由此改革公司治理已成为全球现象（Klapper and Love，2004）。好的公司治理应该是董事会中外部人员占据主导地位（白重恩等，2005），Geletkanycz 和 Boyd（2011）甚至认为，是否存在外部董事是公司治理好坏的有效标识，引入外部高管特别是在董事会中引入外部董事以改善公司高管和董事会结构成为改革公司治理的重要措施之一。外部高管可以提升公司业绩（Choi et al.，2007），Huang 等（2008）不仅发现聘用外部董事存在显著为正的股市反应，而且在公司治理较差的公司，引入外部董事的股市反应更加显著。

在我国民营上市公司引入诸如外部董事等外部高管可能有助于改善公司治理，从而帮助企业改善公司业绩。首先，引入外部高管，可以加强对公司内部人的监督（Jensen and Meckling，1976）。无论是外部非董事高管还是外部董事，都独立于公司实际控制人和内部执行董事，在监督内部高管时不存在利益冲突，从而其监督效率相对较高。引入外部高管、改善公司监督能力，有助于降低公司的代理成本。其次，诸多研究表明，公司治理对公司融资成本将产生显著的影响。公司治理越好，更有利于保护投资者的利益，公司的融资成本将越低（Porta et al.，1998），公司股权融资成本与投资者利益保护呈显著的负相关关系（姜付秀等，2008）。公司代理成本和融资成本的降低将有助于提升公司经营业绩，较低的公司融资成本也意味着较高的公司股价和较高的托宾 Q 值。

基于以上分析，提出如下假设：

假设 H9－1：外部高管的引入不仅可以提升公司经营业绩，还可提升公司股市业绩。

2. 认证利益假说

企业引入外部高管的目的可能并不在于提高公司治理水平，也可能在于借助于外部高管的声誉以刺激股价上涨，获取外部高管股价认证利益的好处。公司存在聘用外部 CEO 为公司外部董事以提升公司市场价值的目的（Fich，2005）。Fahlenbrach 等（2010）认为，成功聘请外部 CEO 担任公司外部董事，此聘用事项向外界传递了一项重要信息，即一个人力资本对声誉高度敏感的商界精英加入了公司，这将对公司的市场价值产生认证利益，即使此外部董事对公司经营并无实质性影响。Fahlenbrach 等（2010）的研究发现，聘用外部 CEO 为公司外部董事可提升公司股票价格，且第一次聘用外部 CEO 为公司外部董事提升公司股价的效果更佳，但外部 CEO 董事并没有对公司经营业绩、公司决策和 CEO 报酬产生影响，结果表明聘用外部 CEO 为公司外部董事只给公司带来认证利益。

我国民营上市公司聘用外部高管的目的也可能是为了追求股价方面的认证利益。首先，董事会在聘用 CEO 等高管过程中往往存在任人唯亲的文化（Brick et al.，2006；郑志刚等，2012），而中国是典型的关系型社会结构（王永钦等，2006），上市公司聘用外部高管过程中的裙带关系现象可能更突出。民营上市公司实际控制人既要使高管结构达到证券监管部门的要求，又要保持在董事会、监事会中拥有实际控制权和影响力，聘用与自己亲近的人为公司高管是较稳妥的办法。其次，我国民营上市公司往往存在单一的终极控股股东。民营上市公司实际控制人基于掌握决策权的需要，更愿意聘用执行职能类外部高管，而不太愿意聘用监督或咨询职能类特别是决策职能类外部高管，此聘用外部高管的偏好导致大多数外部高管并不能发挥监督或咨询功能。任人唯亲且掌握控制权的需要，导致民营上市公司控制人通常聘用一些与自己关系亲密的社会知名人士为公司外部高管，如此一方面可形成股价的认证利益，使控股股东利益得以最大化；另一方面又可能导致此类聘用对公司治理和经营管理并无实质性帮助。

基于以上分析，提出如下假设：

假设 H9－2：外部高管的引入可以提升公司市场价值，但并不能改善公司经营业绩。

3. 管理才能假说

企业从劳动力市场聘用外部高管的目的之一也可能是试图凭借外部高管的管理才能提升企业经营管理水平。我国民营经济发展初期管理能力主要来自从国有或集体企业的转移（李新春，2003），目前我国大批家族企业面临着接班传承问题（何轩等，2011），将迎来大规模的权力转移与继承（陈德球等，2013），一些规模较大的民营企业有着通过聘用外部高管提升企业管理水平的内在动机。首先，一些研究表明，外部招聘的高管能力要高于内部提拔的高管，因为外部市场中经理人的可选择空间较大，选择到能力强高管的概率相对较高，而近亲繁衍则容易出现人才萎缩（雷丁，1993）。而且由于企业缺乏外部候选人管理能力的信息，因此采用内部提拔方式选择高管的风险相对较小（Agrawal et al.，2006），同时企业会利用内部提拔方式激励内部管理者努力工作、保护及激励内部管理者的专用性人力资本投资（Chan，1996；Alberto and Pedro，2006），导致只有在外部候选人的能力高于内部候选人时，企业才会考虑聘用外部候选人为公司高管（Chan，1996；Agrawal et al.，2006）。其次，外部招聘而来的高管面临着更强的经理人市场竞争，其维持自身声誉的动机更强（Milbourn，2003），市场声誉的激励将会刺激其努力工作。最后，外聘高管有着与内部高管不同的职业经历，这可能弥补民营企业管理短板。外部高管能给企业带来新的管理理念与方法和更多投资机会，帮助企业对经营战略重新定位。外聘高管会改变企业优柔寡断、犹豫不决的决策方式（Miller and Shamsie，2001），能够以其独特的权威和经验为公司现任管理层提供有效的监督和咨询服务（Fahlenbrach el al.，2010）。因此，尽管外部聘用高管会增加公司监督成本、激励成本以及在职消费等支出，但企业资源配置效率的提升应足以弥补这些额外支出。职业经理人的引入会提高企业绩效（叶红雨，2006）。

不过，是否全部外部高管都能够提高企业经营管理水平也值得怀疑。其一，部分外部高管的聘用并非完全出于企业提升管理水平的需要而是出于满足证券监管部门的要求。自 2001 年，我国证券监管部门要求上市公司聘用独立董事。证监发［2001］102 号文件要求“公司修改章程，聘任适当人员担任独立董事，其中至少包括 1 名会计专业人士。在 2002 年 6 月 30 日前，董事会成员中应当至少包括 2 名独立董事；在 2003 年 6 月 30 日前，上市公司董事会成员中应当至少包括 1/3 独立董事”。公司为迎合证券监管需要而引入的独立董事大多是没有企业实际管理经验的高校教师、注册会计师、律师或政治关联人士，纯粹为达到证券监管需要而聘用的独立董事对企业管理水平的提升没有实质性帮助。胡勤勤和沈艺峰（2002）的研究也表明，上市公司经营业绩并不受独立外部董事的影响。其二，市场竞争的加剧和企业分工的细化，导致管理才能专用性越来越强，帮助企业提升管理水平需要外部高管具备比较丰富的管理才能。诸如外部独立董事不仅缺乏企业内部管理者所拥有的企业实际运营专长，而且缺乏对企业战略的基本理解，将导致没有实际企业管理经验的外部高管很难帮助企业提升管理水平。聘用 CEO 董事可以提升公司经营业绩（Fich，2005），而独立董事对公司经营业绩无影响（胡勤勤和沈艺峰，2002），这表明只有具有实际经营管理实践经验的外部高管才拥有企业经营所需要的管理才能，此类外部高管才有可能有效改善公司经营业绩。

基于以上分析，提出如下假设：

假设 H9－3：只有具备实际经营管理经历的外部高管才能够有效提升公司经营业绩，而其他外部高管并不能提升公司经营业绩。

（二）经理人市场、外部高管与公司业绩

在发育程度不同的经理人市场中，外部高管提升企业业绩的作用可能存在差异。首先，经理人市场发育程度影响劳动力市场中的管理才能供给，市场化程度不高的经理人市场不利于经理人管理才能的培育。在竞争的经理人市场中，传播的管理经验与技能更加丰富，管理者也乐于主动学习并积累管理经验以应对市场

竞争，因此，在发育程度越高的经理人市场中，企业越容易挑选到优秀的管理者。其次，在发达的经理人市场，辅以竞争的产品市场，能力较低的管理者将因企业绩效较差而被替代。资源市场化的配置，导致能力强的管理者会更加努力且经营更多项目（Baranchuk et al.，2011），而差强人意的公司业绩则直接提高CEO更迭的可能性（Coughlan and Schmidt，1985；Warner et al.，1988；Kaplan and Minton，2012）。经理人市场越发达，管理者被替代的压力越大，这将迫使外部高管提高企业资源配置效率，降低企业成本。最后，竞争性经理人市场是高管声誉机制发挥作用的前提，发达的经理人市场将提升声誉机制的激励作用。在竞争性经理人市场中，在业绩差公司任职的董事往往会被认为没有很好地履行管理公司的职责，因此不太容易再被聘任为其他公司的外部董事（Kaplan and Reishus，1990），而报酬高、公司业绩好的CEO离职后能寻找到更好的职位（Chang et al.，2010）。对职业前景的关注而引发的声誉激励甚至在退休后仍然发挥作用，如，Brickley等（1999）的研究发现，已退休CEO在退休后两年内担任公司董事或其他公司外部董事职位的可能性与其任职期间的业绩显著正相关。同时，发育较好的经理人市场会提高高管报酬机制的激励效果。市场化进程会增强经理薪酬与业绩的敏感性（辛清泉和谭伟强，2009）。因此，在发达的经理人市场中，声誉激励和报酬激励效果更好，外部高管提升企业业绩的效果将更显著。而在发育程度较低的经理人市场中，企业选择高管的标准更多是基于非业绩因素，报酬业绩的敏感度也相对较低，导致报酬激励和声誉激励等激励机制更难以发挥作用。

基于以上分析，提出如下假设：

假设H9-4：在发育良好的经理人市场中，外部高管提升企业业绩的作用更显著。

三、研究设计

（一）样本选择与数据来源

我国国有企业与民营企业高管的选任方式存在较大差异。国有企业高管主要采用行政任命方式（钱颖一，1995），高管任命和解雇的权力由政府掌握，较少从经理人市场挑选高管（张维迎，1999；Fan et al.，2007；Chang and Wong，2009；王红领，2006），国有企业并没有解决管理层选拔问题（Zhang，2006），国有企业高管所面临的经理人市场受到管制（黎文靖等，2014）。相对而言，民营企业更愿意采用市场化方式选择高管（王常柏，2007），高管面临的经理人市场市场化程度相对较高，高管可以较自由地流动（黎文靖等，2014）。同时，国有企业不只是以盈利为目标，还包括稳定就业、地区经济增长和社会稳定等目标（Lin et al.，1998；曾庆生和陈信元，2006；刘慧龙等，2010）。

高管选任方式及企业目标差异导致国有企业高管与民营企业高管存在一些显著不同的特征，如国有企业高管流动性受到限制，外部薪酬差距对国企高管的激励作用不明显，但对非国有企业高管形成正向激励效应（黎文靖等，2014）。经过30多年的改革开放，目前我国经理人市场逐渐形成（陈冬华等，2005），这主要体现在民营企业所面临的经理人市场，而且经理人市场在不同经济区域呈现出较大的差异。本章目的在于考察我国经理人市场发育程度差异较大的背景下，外部高管对公司业绩的影响以及经理人市场在其中的作用，因此民营企业更适合研究目的。我们选择2007～2014年中国A股民营上市公司为样本。与罗党论和唐清泉（2009）、郭剑花和杜兴强（2011）等文献一致，将最终控制人为自然人或家族的企业定义为民营上市公司，排除外资类、集体类、社会团体类和职工持股会类等非家族控制的企业。还剔除金融保险行业的观察值以及退市、实际控制人不明确、高管相关数据缺失、资产负债率高于99%、ST公司的观察值，最后得到493家民营上市公司2326个观察值。主要原始数据来自CSMAR数据库，地区经理人市场发育数据来自樊纲等（2011），外部高管数据通过查看高管兼职文件及高管简历手工收集。

（二）外部高管的界定

相关文献对外部高管的界定标准大致可分为两类：一是按企业高管是来自企业内部还是外部为标准，将来自企业外部的高管界定为外部高管。例如，Johnson等（1996）将外部董事定义为董事会中所有非管理层成员的董事，Yermack（2004）通过董事是来自企业外部还是企业内部来判断是否为外部董事，Gao等（2015）将进入企业时间在一年以内的CEO定义为外部聘用的CEO。二是按与股东的关系判断，将非源于股东、股东亲属及股东单位的高管界定为外部高管，如许静静和吕长江（2011）将家族企业分为由家族成员担任高管的企业和外部人士担任高管的企业，此方法亦为蔡地和罗进辉（2015）采用。考虑到研究目的以及样本为民营上市公司，而民营上市公司最终控制人往往通过金字塔结构亲自或委派家属担任董事及管理层来控制上市公司，因此综合上述两种界定方法，将来自企业外部而非内部提拔且并非来源于股东、股东亲属及股东单位的高管定义为外部高管。CSMAR数据库中“高管兼任信息文件”提供了上市公司高管在外单位任职情况，我们通过查看“高管兼任信息文件”，将在上市公司以外单位也担任了职务且不在股东单位、关联股东单位及上市公司所属子公司任职的高管视为外部高管，独立董事包括已退休而只在上市公司担任独立董事的人士亦包括在外部高管范围。

（三）回归模型与变量定义

我们利用模型（9－1）分析外部高管（Out）对公司业绩（Perfor）的影响，以检验假设H9－1、假设H9－2、假设H9－3，模型中各变量的定义如表9－1所示。我们分别以股市业绩（托宾Q值，Tobin）和经营业绩（总资产利润率，ROA）两个指标作为公司业绩的代理变量，通过考察外部高管与股市业绩、经营业绩的关系来检验外部高管是存在公司治理效应、还是认证利益或管理提升效应。在分析外部高管比例与公司业绩关系的基础上，进一步分析外部董事、外部CEO、独立董事几类外部高管对公司业绩的影响。另外，我们采用樊纲等（2011）提供的劳动力流动数据，以其年度均值为标准将样本分为发育程度高组和发育程度低组，利用分组样本对外部高管与公司业绩的关系进行比较，以考察不同经理人市场发育程度下外部高管的业绩效应，即假设H9－4。

$$\begin{aligned}\text{Perfor}_t = {} & \alpha_0 + \alpha_1\text{Out}_{t-1} + \alpha_2\text{Righ}_t + \alpha_3\text{Dual}_t + \alpha_4\text{Bsize}_t \\ & + \alpha_5\text{Level}_t + \alpha_6\text{Size}_t + \alpha_7\text{Cashf}_t + \alpha_8\text{PB}_t + \alpha_9\text{Growth}_t \\ & + \alpha_{10}\text{Old}_t + \alpha_{11}\text{Perfor}_{t-1} + \sum\alpha_t\text{Year}_t + \sum\alpha_i\text{Industry}_i + \varepsilon_t \quad (9-1)\end{aligned}$$

借鉴*Choi*等（2009）、黎文靖和胡玉明（2012）等文献，将以下可能影响公司业绩的变量作为控制变量：①公司治理变量：两权分离程度（*Righ*）、两职合一（*Dual*）、董事会规模（*Bsize*）；②财务特征变量：资产负债率（*Level*）、公司规模（*Size*）、现金流量（*Cashf*）、市净率（*PB*）、成长性（*Growth*）以及滞后一期的公司业绩（*Perfor*）；③其他变量，主要包括上市年数（*Old*）、样本所处年度（*Year*）和行业（*Industry*）的虚拟变量，以消除公司上市时间、样本不同年度和不同行业可能造成的影响。另外，考虑到公司业绩会影响高管聘用而导致外部高管存在内生性问题（*Hermalin and Weisbach*，1998），外部高管指标采用滞后期数据。

表9－1 模型（9－1）中各变量定义表

变量类型	变量名称	变量符号	变量定义
因变量	股市业绩	Tobin_t	托宾Q值，t年末的公司市值/t年末资产总计
	经营业绩	ROA_t	总资产利润率，公司t年度净利润/t年末资产总计
测试变量	外部高管比例	Outman_t	t年末公司外部高管人数/t年末公司高管人数
	外部董事比例	Outdir_t	t年末公司外部董事人数/t年末公司高管人数
	外部CEO比例	Outceo_t	t年末曾担任董事长或总经理的外部高管人数/t年末公司高管人数
	独立董事比例	Indep_t	t年末公司独立董事人数/t年末公司董事人数
	经理人市场发育	Mark_t	采用樊纲等（2011）提供的各地区分年度劳动力流动数据

续表

变量类型	变量名称	变量符号	变量定义
控制变量	两权分离程度	$Righ_t$	t 年末实际控制人控制权比例/所有权比例
	两职合一	$Dual_t$	当 t 年末董事长和总经理两职合一时，定义为 1，否则为 0
	董事会规模	$Bsize_t$	t 年末董事会人数的自然对数
	财务杠杆	$Level_t$	资产负债率，t 年末负债总额/总资产
	公司规模	$Size_t$	t 年末公司总资产的自然对数
	现金流量	$Cashf_t$	t 年度经营活动现金流量净额/t 年末总资产
	市净率	PB_t	t 年末每股价格/t 年末每股净资产
	成长性	$Growth_t$	t 年度营业收入增长率 =（t 年度营业收入与 t－1 年度营业收入之差）/（t－1 年度营业收入）
	上市年数	Old_t	样本 t 年度与公司股票上市年度之差
	年度	$Year_t$	样本所处 t 年度的虚拟变量
	行业	$Industry_t$	样本所处行业的虚拟变量，以中国证监会颁布的上市公司行业分类指引（2012 年修订）为准

四、实证研究结果

（一）描述性统计

表 9－2 提供了全样本的变量描述性统计结果。从中可以看出，外部高管比例（$Outman_{t-1}$）均值为 0.281，表明样本公司约有 28.1% 的高管为外部高管。对外部高管类型进行细分的结果显示，外部董事占公司高管的比例（$Outdir_{t-1}$）均值为 24.6%，曾担任过董事长或总经理职位的外部高管占公司高管比例（$Outceo_{t-1}$）均值为 5.7%，独立董事占董事会规模的比例（$Indep_{t-1}$）为 36.8%。这些数据表明，独立董事规模符合证券监管部门的要求，公司高管中也存在较多的外部高管，但只有 20.28%（5.7%/28.1%）的外部高管曾经担任过董事长或总经理。

我们还按年度均值为标准将经理人市场分为发育程度高组（发育程度大于均值）和发育程度低组（发育程度小于均值），以此分组对变量均值进行比较。表 9－2 显示，发育程度高组公司的总资产利润率显著高于发育程度低组公司，表明在经理人市场发育程度越高的地区，公司经营绩效越好，支持假设 H9－4，不过托宾 Q 值的比较结果正好相反。发育程度高组公司的外部董事比例（Outdir）显著高于发育程度低组公司，而独立董事比例（Indep）则显著低于发育程度低组公司，外部高管比例（Outman）、外部 CEO 比例（Outceo）在两组之间并没有显著差异。结果表明，经理人市场发育程度不同地区的公司，在外部董事聘用方面存在细节性差异，考察外部高管绩效时需要区分不同的外部高管类型。

表 9－2　模型（9－1）中变量描述性统计结果

变量	全样本	发育程度高组	发育程度低组	均值差异	t 值	Sig. （双尾）
$Tobin_t$	2.2154	2.0607	2.4427	－0.3820	－3.279	0.001
ROA_t	0.0374	0.0404	0.0330	0.0074	2.314	0.021
$Outman_{t-1}$	0.2809	0.2820	0.2794	0.0026	0.493	0.622
$Outdir_{t-1}$	0.2463	0.2491	0.2422	0.0070	1.904	0.057
$Outceo_{t-1}$	0.0573	0.0567	0.0582	－0.0015	－0.501	0.616
$Indep_{t-1}$	0.3676	0.3659	0.3701	－0.0041	－1.883	0.060
$Righ_t$	1.8497	1.7784	1.9545	－0.1761	－2.985	0.003
$Dual_t$	0.2214	0.2211	0.2219	－0.0008	－0.044	0.965
$Bsize_t$	2.1384	2.1521	2.1183	0.0338	3.951	0.000
$Level_t$	0.4914	0.5049	0.4717	0.0332	4.138	0.000
$Size_t$	21.6975	21.8081	21.5349	0.2731	5.481	0.000
$Cashf_t$	0.0348	0.0369	0.0318	0.0050	1.149	0.251
PB_t	5.4451	5.2691	5.7037	－0.4346	－0.491	0.623
$Growth_t$	6.8001	11.0091	0.6162	10.3928	0.797	0.425
Old_t	11.9196	11.5788	12.4204	－0.8416	－4.255	0.000

（二）相关性分析

表 9－3 列示了因变量、测试变量之间的 Spearman 相关系数。相关系数显示，四个外部高管变量都与托宾 Q 值正相关，表明企业聘用外部高管规模越大，企业市场价值越高。但是，几乎所有外部高管变量与公司总资产净利率都负相关，且有三个相关系数显著为负，表明公司聘请的外部高管对公司经营业绩造成了负面影响。外部高管变量与托宾 Q 值正相关而与总资产利润率负相关，支持假设 H9－2，而与假设 H9－1 和假设 H9－3 不一致，表明外部高管并没有改善公司治理，也没有提升公司经营业绩，但产生了股价认证利益，我国民营上市公司聘用外部高管的目的主要是利用外部高管的声誉刺激股价上涨，而不是为了改善

公司治理或提升公司经营管理水平。

表 9-3 主要变量的相关性分析

变量	$Tobin_t$	ROA_t	$Outman_{t-1}$	$Outdirman_{t-1}$	$Outceo_{t-1}$	$Indep_{t-1}$
ROA_t	0.145***					
$Outman_{t-1}$	0.078***	-0.027				
$Outdir_{t-1}$	0.090***	-0.054***	0.863***			
$Outceo_{t-1}$	0.095***	-0.042**	0.465***	0.373***		
$Indep_{t-1}$	0.034*	-0.049***	0.140***	0.181***	0.000	
$Mark_t$	-0.139***	0.110***	0.018	0.040*	-0.010	-0.043**

注：***、**、*分别表示显著性水平为1%、5%、10%（单尾）。

（三）外部高管与公司业绩

1. 外部高管与公司股市业绩

表9-4列示了采用模型（9-1）的回归结果。考虑到公司聘请的外部高管需要经过一段时间努力工作才可能对公司业绩产生影响，因此我们同时考察后两年的公司绩效。表9-4显示，外部高管比例（$Outman_{t-1}$）与后两年的托宾Q值显著正相关，说明公司聘用的外部高管能够提升公司市场价值，与假设H9-1和假设H9-2一致。但是，不同类型外部高管与公司股市业绩的关系存在差异。外部董事比例（$Outdir_{t-1}$）与后两年的公司托宾Q值显著正相关，但外部CEO比例、独立董事比例与后两年的托宾Q值并不显著相关。结果意味着，公司外部高管提升公司股市业绩的作用主要不是来自诸如独立董事和外部CEO等在公司并不执行经营管理决策的外部高管。

表 9-4 外部高管与公司股市业绩的回归结果

变量	$Tobin_t$	$Tobin_{t+1}$	$Tobin_t$	$Tobin_{t+1}$	$Tobin_t$	$Tobin_{t+1}$	$Tobin_t$	$Tobin_{t+1}$
常数项	7.487*** (10.014)	7.500*** (6.618)	7.473*** (9.946)	7.487*** (6.565)	7.663*** (10.305)	7.843*** (6.954)	8.620*** (11.692)	6.138*** (5.809)
$Outman_{t-1}$	0.402* (1.526)	0.665** (1.883)						
$Outdir_{t-1}$			0.509* (1.334)	0.796* (1.520)				

续表

变量	$Tobin_t$	$Tobin_{t+1}$	$Tobin_t$	$Tobin_{t+1}$	$Tobin_t$	$Tobin_{t+1}$	$Tobin_t$	$Tobin_{t+1}$
$Outceo_{t-1}$					-0.176 (-0.400)	-0.426 (-0.701)		
$Indep_{t-1}$							0.243 (0.419)	0.613 (0.785)
$Righ_t$	0.001 (0.036)	0.033 (0.933)	0.001 (0.038)	0.033 (0.930)	-0.002 (-0.079)	0.027 (0.769)	-0.017 (-0.813)	0.024 (0.838)
$Dual_t$	-0.068 (-0.953)	0.115 (1.124)	-0.068 (-0.946)	0.119 (1.162)	-0.057 (-0.798)	0.136* (1.327)	-0.057 (-0.847)	0.151** (1.638)
$Bsize_t$	0.240* (1.552)	-0.052 (-0.239)	0.234** (1.511)	-0.059 (-0.271)	0.259** (1.678)	-0.019 (-0.087)	0.288** (1.832)	0.047 (0.225)
$Level_t$	-1.890*** (-10.654)	-0.153 (-0.548)	-1.893*** (-10.671)	-0.155 (-0.553)	-1.906*** (-10.738)	-0.186 (-0.664)	-1.942*** (-11.578)	-0.207 (-0.818)
$Size_t$	-0.293*** (-9.242)	-0.302*** (-6.283)	-0.293*** (-9.212)	-0.302*** (-6.266)	-0.299*** (-9.443)	-0.314*** (-6.546)	-0.306*** (-10.234)	-0.345*** (-8.038)
$Cashf_t$	0.801*** (2.571)	-0.373 (-0.819)	0.806*** (2.584)	-0.362 (-0.796)	0.805*** (2.580)	-0.364 (-0.799)	1.138*** (3.933)	-0.238 (-0.595)
PB_t	0.082*** (52.545)	0.008 (0.964)	0.082*** (52.536)	0.008 (0.946)	0.082*** (52.492)	0.008 (0.928)	0.084*** (54.632)	0.005 (0.716)
$Growth_t$	-6.088E-05 (-0.699)	1.858E-05 (0.167)	-6.045E-05 (-0.693)	2.009E-05 (0.180)	-4.685E-05 (-0.540)	4.293E-05 (0.387)	-4.744E-05 (-0.544)	4.309E-05 (0.402)
Old_t	0.006 (0.874)	0.007 (0.664)	0.007 (0.955)	0.009 (0.777)	0.007 (1.020)	0.010 (0.872)	0.010* (1.460)	0.008 (0.795)
$Tobin_{t-1}$	0.445*** (26.662)		0.445*** (26.625)		0.445*** (26.615)		0.463*** (28.526)	
$Tobin_t$		0.825*** (23.497)		0.826*** (23.509)		0.824*** (23.446)		0.703*** (22.736)
年度	控制	控制	控制	控制	控制	控制	控制	控制
行业	控制	控制	控制	控制	控制	控制	控制	控制
F	249.192	72.078	249.105	71.982	248.848	71.840	0.000	74.718
Sig.	0.000	0.000	0.000	0.000	0.000	0.000	261.661	0.000
Adj. R^2	0.794	0.566	0.794	0.565	0.794	0.565	0.786	0.544
D. W	1.775	1.765	1.776	1.762	1.776	1.754	1.894	1.761

注：***、**、*分别表示统计显著性水平为1%、5%、10%（单尾）；括号内的数值为t统计量。

2. 外部高管与公司经营业绩

表9-4的结果表明，整体上外部高管可以提升公司股市表现，结果既可能是因为外部高管可以提升公司治理水平，也可能是因为外部高管良好的声誉而带来的认证利益，甚至是外部高管凭借优秀管理才能提升公司实际经营业绩的结果。为识别外部高管在提升公司业绩中的作用，我们进一步考察外部高管与公司经营业绩的关系，回归结果如表9-5所示。表9-5显示，上期的外部高管比例（$Outman_{t-1}$）与后两期的总资产利润率（ROA_t、ROA_{t+1}）负相关，且与后一期总资产利润率（ROA_t）显著负相关，说明总体上外部高管的引入并没有起到提升公司经营业绩的作用。外部董事比例（$Outdir_{t-1}$）、独立董事比例（$Indep_{t-1}$）与总资产利润率都不显著负相关，说明外部董事及独立董事的引入不能改善公司经营业绩。综合表9-4与表9-5的结果，外部高管比例、外部董事比例与托宾Q值显著正相关，与总资产利润率不存在显著正相关关系，结果排除假设H9-1而与假设H9-2一致，表明总体上外部高管和外部董事的引入，不能提升公司治理水平也不能提升公司经营业绩，目前我国民营上市公司引入外部高管的主要目的是利用外部高管的认证利益刺激股价上涨来获得收益。

表9-5 外部高管与公司经营业绩的回归结果

变量	ROA_t	ROA_{t+1}	ROA_t	ROA_{t+1}	ROA_t	ROA_{t+1}	ROA_t	ROA_{t+1}
常数项	-0.075** (-2.101)	0.611 (0.771)	-0.075** (-2.082)	0.583 (0.730)	-0.076** (-2.152)	0.505 (0.642)	-0.081** (-2.223)	0.781 (1.005)
$Outman_{t-1}$	-0.018* (-1.351)	-0.106 (-0.430)						
$Outdir_{t-1}$			-0.021 (-1.073)	-0.039 (-0.106)				
$Outceo_{t-1}$					-0.058*** (-2.609)	0.695** (1.619)		
$Indep_{t-1}$							-0.025 (-0.830)	-0.220 (-0.382)
$Righ_t$	-0.001 (-0.969)	-0.004 (-0.163)	-0.001 (-0.960)	-0.004 (-0.141)	-0.001 (-0.956)	-0.002 (-0.089)	-0.002** (-1.794)	0.007 (0.315)
$Dual_t$	-0.003 (-0.885)	-0.079 (-1.105)	-0.003 (-0.901)	-0.081 (-1.135)	-0.003 (-0.874)	-0.089 (-1.249)	-0.003 (-0.990)	-0.135** (-1.990)
$Bsize_t$	-0.004 (-0.500)	0.058 (0.381)	-0.004 (-0.479)	0.055 (0.362)	-0.004 (-0.525)	0.047 (0.312)	-0.002 (-0.197)	-0.013 (-0.083)

续表

变量	ROA_t	ROA_{t+1}	ROA_t	ROA_{t+1}	ROA_t	ROA_{t+1}	ROA_t	ROA_{t+1}
$Level_t$	-0.046*** (-5.094)	0.614*** (3.146)	-0.045*** (-5.076)	0.617*** (3.165)	-0.046*** (-5.145)	0.633*** (3.252)	-0.049*** (-5.787)	0.348** (1.894)
$Size_t$	0.006*** (4.091)	-0.053* (-1.507)	0.006*** (4.076)	-0.052* (-1.476)	0.006*** (4.088)	-0.049* (-1.396)	0.008*** (5.193)	-0.044* (-1.330)
$Cashf_t$	0.234*** (14.565)	-0.374 (-1.145)	0.234*** (14.547)	-0.375 (-1.147)	0.235*** (14.618)	-0.398 (-1.220)	0.226*** (15.059)	-0.306 (-1.013)
PB_t	-0.003*** (-40.551)	-0.015** (-2.132)	-0.003*** (-40.556)	-0.015** (-2.132)	-0.003*** (-40.446)	-0.015** (-2.109)	-0.003*** (-40.360)	-0.013** (-2.012)
$Growth_t$	1.516E-06 (0.338)	2.526E-06 (0.032)	1.446E-06 (0.322)	7.132E-08 (0.001)	1.339E-06 (0.300)	-5.598E-06 (-0.072)	7.604E-07 (0.167)	5.421E-06 (0.068)
Old_t	0.000 (0.924)	0.001 (0.172)	0.000 (0.854)	0.001 (0.138)	0.000 (0.900)	0.000 (0.059)	0.000 (1.172)	-0.001 (-0.202)
ROA_{t-1}	0.112*** (18.689)		0.112*** (18.696)		0.112*** (18.648)		0.113*** (18.675)	
ROA_t		5.944*** (11.360)		5.948*** (11.367)		5.999*** (11.455)		4.839*** (10.256)
年度	控制	控制	控制	控制	控制	控制	控制	控制
行业	控制	控制	控制	控制	控制	控制	控制	控制
F	110.222	5.088	110.163	5.082	110.656	5.177	104.416	4.301
Sig.	0.000	0.000	0.000	0.000	0.000	0.000	0.000	0.000
Adj. R^2	0.625	0.069	0.625	0.069	0.626	0.071	0.587	0.051
D. W	1.640	1.952	1.642	1.951	1.643	1.953	1.659	1.966

注：***、**、*分别表示统计显著性水平为1%、5%、10%（单尾）；括号内的数值为t统计量。

外部CEO比例（$Outceo_{t-1}$）与后一期总资产利润率（ROA_t）呈显著负相关，但与随后第二期的总资产利润率（ROA_{t+1}）则显著正相关。结果表明，公司从外部聘请曾经担任过总经理或董事长职务的人士到公司担任公司高管有助于提升公司经营管理水平从而提升公司经营业绩，但此提升公司经营业绩的效果需要经过至少两年的时间才能显现出来。此结果也印证了Giannetti等（2015）的发现，企业聘请具有海外经历的董事有助于提升公司业绩，企业业绩的改善主要源于公司治理改进、企业境外并购和境外融资、企业出口收入增加以及管理水平的提高。

表 9 - 5 的回归结果总体说明，民营上市公司引入的外部高管，其经历对公司经营业绩至关重要，只有具有丰富的企业实际经营管理经历的外部高管才能提升公司经营业绩，结果支持假设 H9 - 3。表 9 - 5 的结果也意味着，目前民营上市公司应转变引入外部高管的策略，不应只是基于认证利益而过多引入高校教师、退休政府官员等没有企业管理经验的人士，而应基于提升企业管理水平、突破管理能力瓶颈之目的，从经理人市场中引入具有丰富企业管理经验的经理人。

（四）经理人市场对外部高管与公司业绩关系的影响

经理人市场会通过管理才能市场供给及其形成的报酬激励、职业关注等途径影响高管的努力程度，进而影响外部高管与公司业绩的关系。对此，我们按经理人市场发育程度进行分组，以分组样本回归并进行比较，结果如表 9 - 6[①] 所示。在表 9 - 6 中以托宾 Q 值（$Tobin_t$）为因变量的结果显示，外部高管比例（$Outman_{t-1}$）在经理人市场发育程度高组中的回归系数显著为正，而在发育程度低组则不显著为负，外部董事比例（$Outdir_{t-1}$）的回归结果也呈现出同样的规律，而独立董事比例（$Indep_{t-1}$）的回归系数分别不显著为正与负。以总资产利润率（ROA_t）为因变量的回归结果显示，发育程度高组中三个回归系数都不显著为正，而发育程度低组中的三个回归系数则显著为负。分组回归的结果总体表明，在较发达的经理人市场中，民营上市公司聘用的外部高管的股市业绩及经营业绩要好于不发达的经理人市场，与假设 H9 - 4 一致。

表 9 - 6 经理人市场、外部高管与公司业绩

变量	$Tobin_t$		ROA_t	
	发育程度高组	发育程度低组	发育程度高组	发育程度低组
$Outman_{t-1}$	0.844*** (2.454)	-0.006 (-0.015)	0.002 (0.105)	-0.032** (-1.856)
$Outdir_{t-1}$	1.302*** (2.671)	-0.399 (-0.676)	0.012 (0.487)	-0.051** (-1.979)
$Indep_{t-1}$	0.414 (0.519)	-0.250 (-0.305)	0.007 (0.166)	-0.059* (-1.455)

注：***、**、*分别表示统计显著性水平为 1%、5%、10%（单尾）；括号内的数值为 t 统计量。

① 我们还尝试设置经理人市场发育程度与外部高管交互项的方法进行回归，回归结果显示，测试变量与交互项存在一定的多重共线性问题，因此本书采用分组方法进行回归分析。另外，考虑到方便对比分析以及文章篇幅问题，此处只列示了测试变量的回归系数及其 t 值，表 9 - 8、表 9 - 9、表 9 - 10 也只列示了测试变量的回归系数及其 t 值。

从表9-5可以观察到，区别于其他类型外部高管，民营上市公司聘用的外部CEO对公司股市表现并没有显著影响，而对公司经营业绩的影响存在延期的正效应现象，为此我们进一步分析在不同经理人市场发育程度下，外部CEO对公司业绩的影响是否还存在此规律，以及经理人市场发育对外部CEO与公司业绩关系的影响，结果如表9-7所示。表9-7显示，以托宾Q值（$Tobin_t$）为因变量的结果显示，上期外部CEO比例（$Outceo_{t-1}$）的回归系数在经理人市场发育程度高组不显著为正，在经理人市场发育程度低组则不显著为负。以总资产利润率为因变量的结果显示，上期外部CEO比例（$Outceo_{t-1}$）与当期总资产利润率（ROA_t）的回归系数为负，且在经理人市场发育程度低组显著为负，但与下一期总资产利润率（ROA_{t+1}）的回归系数则为正，且在经理人市场发育程度高组中显著为正。结果与表9-5相同，民营上市公司聘用的外部CEO对公司股市业绩没有影响，但能够改善公司实际经营业绩且改善作用存在时滞，表明公司聘请的外部CEO并不存在股价认证利益，但存在经营业绩提升效应，与假设H9-3一致。另外，回归结果也表明，仅仅当经理人市场发育较好时外部CEO才能有效提升公司经营业绩，符合假设H9-4。

表9-7　经理人市场、外部CEO与公司业绩

变量	$Tobin_t$		ROA_t		ROA_{t+1}	
	发育程度高组	发育程度低组	发育程度高组	发育程度低组	发育程度高组	发育程度低组
常数项	6.268*** (6.016)	8.820*** (7.900)	-0.106** (-2.154)	-0.279*** (-6.049)	1.167 (0.876)	-0.191*** (-3.657)
$Outceo_{t-1}$	0.021 (0.037)	-0.110 (-0.170)	-0.030 (-1.029)	-0.048** (-1.694)	1.223** (1.758)	0.011 (0.362)
$Righ_t$	-0.078** (-2.056)	-0.010 (-0.284)	-0.003* (-1.624)	-0.001 (-0.466)	0.011 (0.246)	0.000 (-0.102)
$Dual_t$	-0.061 (-0.653)	-0.144* (-1.338)	0.000 (0.024)	-0.007* (-1.547)	-0.181* (-1.576)	-0.001 (-0.185)
$Bsize_t$	0.411** (1.907)	0.197 (0.920)	0.008 (0.773)	-0.003 (-0.342)	0.126 (0.482)	0.008 (0.836)
$Level_t$	-1.924*** (-8.098)	-1.606*** (-5.708)	-0.073*** (-6.172)	-0.074*** (-6.128)	1.472*** (4.516)	-0.029** (-2.192)
$Size_t$	-0.247*** (-5.521)	-0.322*** (-7.076)	0.007*** (3.382)	0.015*** (7.893)	-0.109** (-1.788)	0.009*** (4.096)

续表

变量	$Tobin_t$		ROA_t		ROA_{t+1}	
	发育程度高组	发育程度低组	发育程度高组	发育程度低组	发育程度高组	发育程度低组
$Cashf_t$	0.673* (1.589)	1.191*** (2.695)	0.268*** (12.390)	0.143*** (7.381)	-0.826* (-1.523)	0.072*** (3.406)
PB_t	0.083*** (46.844)	0.074*** (15.137)	-0.004*** (-38.989)	0.000* (1.635)	-0.040*** (-3.085)	0.002*** (4.194)
$Growth_t$	-5.895E-05 (-0.668)	-0.053*** (-6.387)	1.179E-06 (0.263)	0.000* (1.528)	-1.018E-05 (-0.104)	0.000 (-1.135)
Old_t	0.017** (1.699)	0.003 (0.300)	0.001 (1.096)	0.001 (1.087)	0.001 (0.105)	0.000 (-0.318)
$Tobin_{t-1}$	0.454*** (19.317)	0.460*** (17.663)				
ROA_{t-1}			0.109*** (17.488)	0.269*** (11.795)		
ROA_t					10.857*** (12.201)	0.466*** (13.994)
年度	控制	控制	控制	控制	控制	控制
行业	控制	控制	控制	控制	控制	控制
F	177.600	94.812	121.932	12.751	6.283	12.654
Sig.	0.000	0.000	0.000	0.000	0.000	0.000
Adj. R^2	0.812	0.782	0.744	0.306	0.130	0.346
D.W	1.767	1.758	1.772	1.849	1.935	2.261

注：***、**、*分别表示统计显著性水平为1%、5%、10%（单尾）；括号内的数值为t统计量。

（五）稳健性检验

1. 内生性问题

董事会等高管结构与公司业绩之间可能存在内生性关系（Hermalin and Weisbach，1998），模型（9－1）中采用滞后一期的测试变量以控制可能存在的内生性问题。在此我们参考Gul等（2011）文献，采用2 SLS方法对模型可能存在的内生性问题予以控制。首先借鉴Choi等（2007）的做法，以滞后一期的高管规模数据（Out_{t-1}）为工具变量，构建外部高管规模的预测模型（9－2）用以预测公司外部高管规模。然后再利用外部高管规模预测值替代Out_{t-1}代入模型(9－1)

来考察外部高管（Out）对公司业绩（Perfor）的影响。第二阶段的回归结果如表9－8所示[①]。结果显示，外部高管比例、外部董事比例都与托宾Q值显著正相关，而与总资产利润率负相关。外部CEO比例与托宾Q值不相关，但对公司实际经营业绩存在滞后的提升作用。独立董事比例与托宾Q值和总资产利润率都不相关，结果与表9－4和表9－5的结果一致。

$$\begin{aligned} Out_t = {} & \alpha_0 + \alpha_1 Out_{t-1} + \alpha_2 Righ_t + \alpha_3 Dual_t + \alpha_4 Bsize_t \\ & + \alpha_5 Level_t + \alpha_6 Size_t + \alpha_7 Cashf_t + \alpha_8 PB_t + \alpha_9 Growth_t \\ & + \alpha_{10} Old_t + \sum \alpha_t Year_t + \sum \alpha_i Industry_i + \varepsilon_t \end{aligned} \quad (9-2)$$

表9－8　外部高管与公司业绩的二阶段回归结果

变量	$Tobin_t$	$Tobin_t$	$Tobin_t$	$Tobin_t$	ROA_t	ROA_t	ROA_t	ROA_{t+1}	ROA_t
$Outman_t$	0.740* (1.526)				-0.033* (-1.351)				
$Outdir_t$		0.909* (1.334)				-0.037 (-1.073)			
$Outceo_t$			-0.294 (-0.400)				-0.097*** (-2.609)	1.157* (1.619)	
$Indep_t$				0.364 (0.419)					-0.037 (-0.830)

注：***、*表示统计显著性水平为1%、10%（单尾）；括号内的数值为t统计量。

2. 经理人市场、外部高管与公司业绩

采用2 SLS方法对经理人市场、外部高管与公司业绩关系进行稳健性检验的结果如表9－9所示。以托宾Q值为因变量的回归结果显示，在经理人市场发育程度高组，外部高管比例（$Outman_t$）、外部董事比例（$Outdir_t$）的回归系数显著为正，而在发育程度低组则不显著为负。独立董事比例的回归系数则分别是正与负，但都不显著。以总资产利润率为因变量的回归结果显示，在经理人市场发育程度高组，三个回归系数都为正但不显著，而在经理人市场发育程度低组，三个回归系数都显著为负。这些结果与表9－6相同，一方面说明，整体上外部高管只存在认证利益而不存在公司治理效应，支持假设H9－2而否定假设H9－1。另一方面也说明在发育程度较好的经理人市场中，外部高管的业绩相对较好，支持

① 为节约篇幅，本章只列示了第二阶段测试变量的回归数据，没有列示第一阶段的回归结果和第二阶段控制变量的回归结果。

假设 H9－4。

表 9－9 经理人市场、外部高管与公司业绩的二阶段回归结果

变量	$Tobin_t$		ROA_t	
	发育程度高组	发育程度低组	发育程度高组	发育程度低组
$Outman_t$	1.553*** (2.454)	－0.011 (－0.015)	0.003 (0.105)	－0.059** (－1.856)
$Outdir_t$	2.325*** (2.671)	－0.712 (－0.676)	0.021 (0.487)	－0.090** (－1.979)
$Indep_t$	0.621 (0.519)	－0.376 (－0.305)	0.010 (0.166)	－0.088* (－1.455)

注：***、**、*分别表示统计显著性水平为1%、5%、10%（单尾）；括号内的数值为t统计量。

3. 经理人市场、外部 CEO 与公司业绩

采用2 SLS 方法对经理人市场、外部 CEO 与公司业绩关系进行稳健性检验的结果如表 9－10 所示。与表 9－7 相同，可以观察到如下结果：一是公司聘请的外部 CEO 并不存在股价认证利益；二是外部 CEO 对公司实际经营业绩的提升作用存在时滞现象；三是仅仅在经理人市场发育较好的情况下，公司聘请的外部 CEO 才能帮助公司改善实际经营业绩，这些结果符合假设 H9－3 和假设 H9－4，并否定了假设 H9－1 和假设 H9－2。

表 9－10 经理人市场、外部 CEO 与公司业绩的二阶段回归结果

变量	$Tobin_t$		ROA_t		ROA_{t+1}	
	发育程度高组	发育程度低组	发育程度高组	发育程度低组	发育程度高组	发育程度低组
$Outceo_t$	0.036 (0.037)	－0.184 (－0.170)	－0.050 (－1.029)	－0.079** (－1.694)	2.038** (1.758)	0.018 (0.362)

注：**分别表示统计显著性水平为5%（单尾）；括号内的数值为t统计量。

4. 其他稳健性检验

我们还进行了如下稳健性检验：①以外部董事数量占董事会规模的比例来衡量外部董事比例；②考虑到我国证券监管部门要求上市公司聘请一定数量的独立董事，这一强制性要求使得上市公司聘请的外部董事并不完全是出于公司意愿，可能导致前文计算的外部董事比例不适合于研究目的，为此我们采用自愿聘请的

外部董事比例这一指标代替外部董事比例[①]；③采用净利润除以年末净资产计算的净资产利润率代替总资产利润率来衡量公司实际经营业绩。上述稳健性检验结果并不改变研究结论。

五、结论与政策含义

自1978年改革开放以来，我国的经济政策逐渐从计划经济向市场经济转型，用市场手段代替计划手段来配置经济资源。此过程中，民营经济逐渐发展强大，许多民营企业特别是规模较大的民营上市公司开始从劳动力市场中聘请外部高管。与此同时，经理人市场也得到渐次发育，并呈现出显著的二元化特征，表现为东部沿海地区经理人市场相对较发达，而中西部地区经理人市场欠发达。民营上市公司是基于提升公司治理，或者纯粹为了追求股价认证利益，还是迫切需要提高公司管理水平之目的而从外部引入高管？本章通过从公司股市业绩和实际经营业绩两方面考察外部高管与公司业绩的关系，来推断民营上市公司聘用外部高管的真实目的。另外，考虑到外部经理人市场的管理才能供给可能会影响外部高管的引入效果，还考察了经理人市场对外部高管与公司业绩关系的影响。

以2007~2014年民营上市公司为样本的实证研究发现：外部高管比例与公司托宾Q值显著正相关，但与公司总资产利润率呈负相关关系；外部董事比例与托宾Q值显著正相关，与总资产利润率负相关关系不显著；独立董事比例与托宾Q值及总资产利润率相关关系都不显著；外部CEO比例与托宾Q值不显著相关，与下一期总资产利润率呈显著负相关，但与随后第二期的总资产利润率则显著正相关；只在较发达的经理人市场中，外部高管比例或外部董事比例与股市业绩才显著正相关，外部CEO比例与公司总资产利润率才显著正相关，而在发育欠佳的经理人市场，上述显著正相关关系不存在甚至会呈现出显著为负的关系。

上述实证研究结果表明：①目前民营上市公司聘用外部高管或外部董事的主要目的是利用外部高管的声誉以获取股价认证利益，而不是为了改善公司治理状况或提高公司管理水平[②]；②虽然我国证券监管部门强制要求上市公司聘用一定数量的独立董事，但独立董事的聘用并没有改善公司治理状况，也不能提升公司管理水平；③企业从外部聘用的高管中，唯有曾经担任过总经理或董事长等具有

---

① 计算公式为：自愿聘请外部董事比例 = [t年外部董事数量 - ROUNDUP（t年董事会规模/3）] /t年董事会规模，其中Roundup为向上取整函数。

② 民营非上市公司没有利用外部高管的声誉来获得股价认证利益的途径。考虑到民营上市公司与民营非上市公司这一差异，本书结论并不一定能够推广到非上市的民营企业。

企业实际经营管理经验的外部高管才能帮助企业提高经营管理水平，且其经营业绩提升效应存在至少两年的时滞；④经理人市场的发育状况会影响外部高管的股市业绩及经营业绩，在经理人市场发育较好地区的民营上市公司，其聘用的外部高管无论是股市业绩还是经营业绩都要好于经理人市场欠发达的民营上市公司外部高管，而且仅当在较发达的经理人市场中，外部高管或外部董事才具有认证利益，外部 CEO 才能提升公司实际经营业绩，这意味着，发育良好的经理人市场是外部高管发挥正向作用的必要条件。

本章研究结果的政策含义是：①民营上市公司在引入外部高管过程中应该转变策略，不应只是基于股价认证利益而过多引入高校教师、退休政府官员等没有企业实际经营管理经验的人士，更应基于提升企业管理水平、突破管理能力瓶颈目的，从经理人市场中引入具有丰富企业管理经验的经理人。②证券监管部门要求上市公司在董事会中聘请一定数量独立董事的强制规定效果不佳，证券监管部门更应强化独立董事的履职监督，并鼓励上市公司自愿聘请更多的外部董事。③基于发达的经理人市场在提升外部高管业绩中的基础性作用，国家应尽量破除劳动力流动特别是企业管理人才流动的政策性障碍，以提高企业管理人才的市场配置效率。

第十章　研究总结

一、研究结论

我国民营企业外聘高管以提升企业管理水平的需求十分迫切，越来越多的大型民营企业开始从经理人市场聘用高管。企业高管选任方式不同会产生不同的经济效果。现有研究大多讨论高管学历等个人特征或政治关联对企业代理成本与业绩的影响。本书则基于经理人市场这一视角，从理论与经验系统分析民营上市公司外部高管对企业代理成本和高管激励机制效果的影响，进而对企业业绩的影响。具体而言，主要研究以下问题：民营上市公司在什么情况下更可能从市场聘用外部高管？外部高管能否凭借其管理才能提升民营上市公司的资源配置效率？外部高管是否会导致更高的代理成本？外部高管激励机制的强度是否更高？外部高管能否提升企业经营业绩和股市业绩？本书同时考虑经理人市场发育程度对上述问题的影响，采用我国A股民营上市公司为样本进行实证研究，主要研究结论如下：

（一）民营上市公司聘用外部高管的意愿

对于民营上市公司在什么情况下更可能从市场招聘高管问题，以中国民营上市公司为样本的实证研究发现：经营风险较高的民营上市公司对管理才能的需求较大，更愿意从外部聘用高管以补充管理才能；内部管理才能供给越丰富，民营上市公司越不愿意从外部聘用高管；经理人市场发育程度与外聘高管比例显著正相关，与外聘CEO比例弱正相关，而与外聘董事比例的正相关关系不显著；在经理人市场发育程度较低的地区，经营风险、内部管理才能供给对外聘高管数量的影响更加显著；仅在经理人市场发育较高的地区，经理人市场发育对民营上市公司外聘高管规模才存在显著的正向影响。

研究还发现：管理才能专用性越强，企业更愿意聘用内部人为公司高管；经理人市场发育越好，企业聘用外部高管的比例越高；在经理人市场发育良好的地区，管理才能专用性对外聘高管规模的影响较弱；经理人市场发育对企业外聘高管规模的影响比对外部董事规模的影响更显著。此研究成果丰富了资产专用性和高管聘用方面的研究成果。

（二）外部高管与企业资源配置效率

对于外聘高管能否凭借其管理才能提升企业资源配置效率问题，首先考察外部董事对企业资本配置效率的影响。研究发现，随着外部董事比例的提高，企业投资反应系数越大，资本配置效率越高。进一步的研究发现，外部董事提升企业资本配置效率的作用源于外部董事可拓展企业投资机会并扩大投资规模。还发现：发育较好的经理人市场中，企业投资机会与投资规模显著增加；发育欠佳的经理人市场中，外部董事拓展企业投资机会与投资规模、提升资本配置效率的作用更佳。这些结果表明，外部董事能改善公司投资效率，经理人市场发育可降低企业对外部管理才能的依赖程度。

本书从超额雇员和员工报酬以及不同劳动力供给状况下外部高管对员工雇用政策的影响三个方面考察外部高管能否改善公司员工雇用政策。结果发现：聘用外部高管越多的企业其超额雇员规模越少，员工报酬也越高；在劳动力供给较丰富的地区，聘用外部高管较多的企业其超额雇员较少，员工报酬也相对较低。外部高管采用减少企业冗余雇员并提高在职员工报酬的雇用政策，同时根据外部劳动力市场供给状况对员工雇用政策进行灵活调整，外部高管改善了公司员工雇用政策，提升了员工配置效率。

（三）外部高管与企业代理成本

对于外聘高管是否会导致更高的代理成本问题，本书考察了外部董事是否会引致较高的代理成本和高质量审计需求，以及经理人市场发育对外部董事与代理成本、审计需求关系的影响。研究发现：外部董事比例越高，绝对代理成本越高，但相对代理成本并不高；外部董事比例越高，公司越倾向于选择大规模审计师，支付的绝对审计费用也较高，但相对审计费用并不高；当经理人市场较发达时，外部董事引致的代理成本相对较低，公司更倾向于选择大规模审计师，支付的审计费用较低。

（四）外部高管与企业高管薪酬激励

对于外聘高管激励机制的强度是否更高问题，本书考察了外部董事是否会改善高管薪酬激励机制，以及经理人市场发育对外部董事与高管薪酬业绩敏感度和薪酬粘性关系的影响。研究发现：外部董事比例越高，高管薪酬越高，薪酬业绩敏感度下降，且董事薪酬业绩敏感度下降幅度高于经理层；外部董事比例越高，高管薪酬粘性越弱，且经理薪酬粘性下降幅度大于董事；发育较好的经理人市场可促使外部董事提高经理薪酬业绩敏感度，降低经理薪酬粘性，但经理人市场促使外部董事提高董事薪酬业绩敏感度及降低董事薪酬粘性的作用有限。结果表明外部董事提升高管薪酬激励机制有效性的作用有限，发达的经理人市场可促使外部董事改善经理薪酬激励效果。

（五）外部高管与公司业绩

对于外聘高管能否提升企业业绩和股东利益问题，本书通过考察外部高管与公司业绩（包括股市业绩和经营业绩）的关系来检验民营上市公司引入外部高管的实际效果，并据此推测民营上市公司引入外部高管的真实目的。研究发现：外部高管或外部董事可提高公司股市业绩，但不能改善经营业绩；独立董事对股市业绩与经营业绩都没有影响；外部 CEO 不能提高公司股市业绩，但可以改善公司未来经营业绩。研究结果表明，民营上市公司聘请外部高管的主要目的是获取认证利益而不是改善公司治理或提升管理水平，唯有聘用具有企业经营管理经验的外部高管才可帮助企业提高管理水平。研究还发现，经理人市场较发达时，外部高管或外部董事才可提升公司股市业绩，外部 CEO 才可改善经营业绩，发育良好的经理人市场能促使外部高管提升企业业绩、帮助企业校正聘用外部高管的目的。

二、研究局限

本书至少存在以下局限：

（一）经理人市场的度量问题

前文述及，我国经理人市场呈现出三个比较显著的特征：一是东部、中部与西部地区经理人市场发育程度差异较大；二是国有企业高管主要由政府任命，而民营企业更倾向于以市场方式聘用外部非家族成员高管；三是国有企业高管向民营企业流动更容易，而民营企业高管向国有企业流动的障碍更大。目前涉及经理人市场发育程度的度量一般采用间接指标，如 Gao 等（2015）采用高管是否为 CEO、高管持股比例、高管薪酬水平、同行业中公司数量、高管接近退休或者在公司已经工作年限等指标衡量企业高管的流动性。本书直接采用了樊纲等（2011）编制的各地区劳动力流动数据作为经理人市场发育程度的指标。尽管经理人市场是劳动力市场的组成部分，经理人市场发育与劳动力市场流动性呈正相关，但直接以劳动力流动数据作为经理人市场发育的计量指标，可能会存在问题。因此后续的研究中，还需要开发出更有说服力的直接指标对经理人市场发育程度进行度量。

（二）样本选择问题

考虑到国有企业高管主要由政府任命，且民营企业高管难以向国有企业流动，而本书的主要目标是考察经理人市场逐渐发育背景下企业采用市场化方式聘用高管的动因及其经济后果，因此只选择民营上市公司为样本展开研究，可尽量避免国有企业高管由政府任命对研究目标可能造成的干扰。但是国有企业高管存在流向民营企业的可能，以及国有企业高管与民营企业高管可能会在薪酬等方面进行市场比较，本书并没有考虑此情形，因此在理论上分析国有企业与民营企业高管的差异及其经济后果，并设计出合理的模型进行实证分析就更重要。

（三）没有考虑经理人市场与产品市场的共同影响

按企业理论，企业规模边界由市场与企业组织内部两种处理交易方式的成本所决定，企业组织内部处理契约的交易成本应该低于市场交易方式。经理人市场与产品市场的运行效率都会影响市场的交易成本，因此，也许还应结合产品市场的状况考察经理人市场的治理作用。例如，当产品市场呈寡头垄断时，企业可凭借垄断地位即可获得高额利润，此时高管管理才能降低对企业业绩的作用，带来的可能后果是：第一，企业高管不存在来自企业业绩的压力；第二，企业高管管理才能及其努力程度受到更多非业绩因素的干扰；第三，企业高管的薪酬将不再主要由企业业绩决定；第四，企业高管努力工作的程度降低。由此，股东难以推断出垄断企业高管的能力、努力以及二者与企业业绩的关系，难以基于高管能力、努力及企业业绩给企业高管确定合理的薪酬，也难以决定是否应更换企业高管。因此，经理人市场的高管报酬激励、声誉激励以及高管替换这三大主要运行机制都将失效，最终导致经理人市场低效率运行。

三、研究展望

国外经理人市场治理的理论与经验研究主要围绕公司高管的逆向选择与道德风险问题，从高管选聘、高管更替、高管报酬与声誉机制等多方面展开了研究。许多研究表明，高管更替与公司业绩紧密相关，高管能力、高管报酬及公司价值之间存在显著相关关系，公司高管并没有得到过高报酬，职业关注引发的隐性声誉激励也在发挥作用，经理人市场是较有效的外部治理机制。但是，同样也有研究表明经理人市场治理并非十分有效。

尽管经理人市场的治理功能被 Jensen 和 Meckling（1976）与 Fama（1980）等众多学者提及并强调，许多理论模型及经验证据也不断出现，但相对于公司董事会及产品市场竞争等治理机制的丰富成果而言，经理人市场治理机制的相关研究还相对缺乏。而且经理人市场的治理研究主要以欧美等经济发达国家为背景展开，而我国经理人市场与欧美迥异。我国不同经济区域、不同性质的企业经理人市场存在较大差异，此差异为研究者从经理人市场角度解释我国企业的经济行为提供了丰富机会，此领域仍然存在着丰富的研究机会，未来研究可重点关注以下几方面：

（一）梳理各种理论及理论模型之间的差异并以经验研究进行检验

对于经理人市场治理功能的基础理论有管理者才能理论、学习理论、激励理论以及管理者权力理论。不同的理论导致不同的经济含义。例如，激励与学习理论最大的区别在于两点：一是高管收入的方差与工作经历之间的关系。激励理论认为，随着任职时间的推移，高管收入的方差越来越大而学习理论认为任职时间的推移，高管报酬的方差越来越小。二是不同时间高管报酬与生产率的关系。激励理论认为，早期高管报酬与企业业绩敏感度较低，而后期敏感度则较高；而学习理论的预测正好相反（Murphy，1986）。不同理论之间的差异可以为检验哪种理论符合现实提供经验研究的可能。因此，关于经理人市场治理功能的研究领域之一是，找出现有主流理论之间的差异并以经验研究去检验理论对经理人市场相关经济现象的解释能力。

（二）构建符合经理人个人特征以及我国经理人市场特征的理论模型

第一，诸如经理人风险厌恶程度、年龄、能力等特征，在分析代理人的道德风险问题与逆向选择问题时需要进行考虑。第二，理论模型研究方面，职业关注模型中需要考虑激励、学习、市场压力三个因素，而激励模型中报酬合同以及风险厌恶也必须考虑。这五个因素是影响经理人报酬的基本因素（Gibbons and Murphy，1992）。第三，在管理者能力与努力程度的信息不对称情况下，管理层雇用合同不仅要考虑刺激管理者努力程度，也应考虑选择正确的管理者到相应岗位，经理人激励合同既要考虑道德风险问题，还要考虑逆向选择问题（Chen and Leng，2004）。第四，在向市场经济转型过程中，我国不同经济发展区域、不同性质的企业面对的经理人市场存在较大差异，此差异正好为发展和检验经理人治理理论对我国经济现象的解释能力提供了可能，此方面需要构建合适的模型用以预测经理人的行为及后果。

（三）理清经理人市场发挥治理功能的具体机理

关于经理人市场治理功能作用机制的研究，主要集中在薪酬激励、高管聘用与更迭以及市场声誉等机制。这三个主要机制产生的结论还有待进一步检验。例如，尽管大多数研究认为声誉机制会引导经理人按股东利益最大化目标行事，但也有研究发现市场声誉机制会产生过度激励或激励不足问题；隐性激励与显性激励各会产生什么效应。另外经理人市场治理功能的具体机理还有许多细节有待理清。例如，关于董事会勤励程度与 CEO 被迫离职之间的关系，通常的理解是董事会越勤奋，对 CEO 的监督强度越大，导致 CEO 离职可能性较大。但 Hermalin（2005）提到另一个可能的影响机理：董事会努力获取信息以更准确估计 CEO 的能力，此情况下 CEO 有激励努力工作以影响董事会对 CEO 能力的估计，并导致 CEO 被迫离职概率降低。理清经理人市场具体运行机理有助于加深对经理人市场治理效应的理解。

（四）结合中国改革背景开展本土化研究

无疑，经理人市场的治理功能受到市场状况的影响，如经理人管理才能的供求会对经理人报酬水平及其效果产生影响（Murphy and Zábojník，2007）。经理人市场相关文献主要以欧美完全竞争的劳动力市场为背景而展开研究。而我国无论是制度背景还是市场环境与欧美都存在较大差异，在缓慢向市场经济转型过程中，不同经济发展区域、不同性质企业所面对的经理人市场供给与需求都存在较大的差异，此差异正好为检验各种经理人市场理论对现实经济现象的解释能力提供了可能。在此方面，可沿着两个方向开展本土化研究：①理清我国经理人市场变迁的相关特征。尽管国外文献普遍认为经理人市场呈现出高管报酬快速增长、报酬业绩敏感度持续降低、高管报酬与公司规模相关程度增强、外部招聘高管比例逐渐提高、高管更换更加频繁等特征，但利用长期数据进行的分析却并不认同其中的一些观点。我国经理人市场治理研究的首要目标是，理清高管报酬变化、高管报酬与公司业绩和公司规模的相关性、高管内部及高管与普通员工之间收入差距等方面的特征。利用我国资本市场公开数据理清近 20 年来公司高管聘用、报酬规模与结构、报酬业绩敏感度等方面的发展趋势，并寻找相应的理论解释；横截面上，从公司特征、经理人个人特征甚至地区特征等方面寻找经理人市场相关发展趋势的经验证据；时间序列上，从市场化进程、法治化进程甚至董事会制度变迁等角度研究推动高管薪酬契约变迁等现象背后的市场力量，特别是对高管行为产生直接影响的经理人市场因素及其具体治理机理。②探究我国经理人市场变迁特征背后的动因。关于经理人市场变迁特征背后动因的相关研究仍然不足。例如，独立董事比例的提高到底是通用管理才能相对重要性增加还是法律法规要求的结果？抑或兼而有之？我国上市公司外聘高管是出于提高管理水平还是保护产权甚至获取资源的目的？高管报酬增长是经理人市场竞争加剧还是高管权力过大所致？此方面可从市场化进程、法治化进程、董事会制度变迁甚至企业类型等角度进行探索。

（五）关注公司高管的聘用行为

大量文献关注高管聘用后的经济后果，而对于大型企业如上市公司如何聘用外部高管这一议题鲜有文献涉及。公司治理研究不仅要关注高管聘用后的道德风险问题，还应关注高管聘用过程中存在的逆向选择问题。从管理才能的需求与供给等方面关注我国大型公司高管的聘用行为及其影响因素，可为理解我国公司高管的代理问题提供新视角。

（六）关注经理人市场竞争对公司财务与会计政策的影响

经理人市场为有限竞争的劳动力市场，不同市场状态下经理人行为存在差异。在理清经理人市场治理机理的基础上，可研究不同经理人市场状态下职业关注、对经理人能力的学习、高管权力等因素对公司资源配置效率、代理成本、融资和投资等的影响，并可将研究拓展到会计与审计领域。

参考文献

[1] Aggarwal R K., Samwick A A. Empire – builders and Shirkers: Investment, Firm Performance, and Managerial Incentives [J]. Journal of Corporate Finance, 2006, 12 (3): 489 –515.

[2] Aggarwal R K., Samwick A A. Executive Compensation, Strategic Competition, and Relative Performance Evaluation: Theory and Evidence [J]. Journal of Finance, 1999, 54 (6): 1999 –2043.

[3] Agrawal A., Jaffe J F., Karpoff J M. Management Turnover and Governance Changes Following the Revelation of Fraud [J]. Journal of Law and Economics, 1999, 42 (1): 309 –342.

[4] Agrawal A., Knoeber C R., Tsoulouhas T. Are Outsiders Handicapped in CEO Successions? [J]. Journal of Corporate Finance, 2006, 12 (3): 619 –644.

[5] Alberto Bayo – Moriones, Pedro Ortín – Ángel. Internal Promotion Versus External Recruitment in Industrial Plants in Spain [J]. Industrial and Labor Relations Review, 2006, 59 (3): 451 –470.

[6] Ang J S., Cole R A., Lin J W. Agency Costs and Ownership Structure [J]. Journal of Finance, 2000, 55 (1): 81 –106.

[7] Bacon J., Brown J. Corporate Directorship Practices: Role, Selection and Legal Status of the Board, A Joint Research Report from the Conference Board and the American Society of Corporate Secretaries [M]. American Society of Corporate Secretaries, 1974.

[8] Baggs J., De Bettignies J E. Product Market Competition and Agency Costs [J]. Journal of Industrial Economics, 2007, 55 (2): 289 –323.

[9] Baranchuk N., MacDonald G., Yang J. The Economics of Super Managers [J]. The Review of Financial Studies, 2011, 24 (10): 3321 –3368.

[10] Bayo – Moriones A., Ortín – Ángel P. Internal Promotion versus External Recruitment in Industrial Plants in Spain [J]. Industrial and Labor Relations Review, 2006, 59 (3): 451 –470.

[11] Bebchuk L., Fried J. Pay without Performance: Overview of the Issues [J]. Journal of Applied Corporate Finance, 2005, 17 (4): 8-23.

[12] Bebchuk L., Fried J., Walker D. Managerial Power and Rent Extraction in the Design of Executive Compensation [J]. University of Chicago Law Review, 2002, 69 (3): 751-846.

[13] Bebchuk L., Fried J. Executive Compensation as an Agency Problem [J]. Journal of Economic Perspectives, 2003, 17 (3): 71-92.

[14] Becker G. S. Human Capital [M]. New York: Columbia University Press, 1964.

[15] Berle A A., Means G C. The Modern Corporation and Private Property [M]. New York, NY: MacMillan, 1932.

[16] Berry T K., Bizjak J M., Lemmon M L., Lalitha N. Organizational Complexity and CEO Labor Markets: Evidence From Diversified Firms [J]. Journal of Corporate Finance, 2006, 12 (4): 797-817.

[17] Booth J R., and Deli D N. Factors Affecting the Number of Outside Directorships Held by CEOs [J]. Journal of Financial Economics, 1996, 40 (1): 81-104.

[18] Borokhovich K A., Brunarski K R., Harman Y., Kehhr J B. Dividends, Corporate Monitors and Agency Costs [J]. Financial Review, 2005, 40 (1): 37-65.

[19] Borokhovich K A., Parrino R., Trapani T. Outside Directors and CEO Selection [J]. Journal of Financial and Quantitative Analysis, 1996, 31 (3): 337-355.

[20] Boubakri N., Cosset J C., Saffar W. Political Connections of Newly Privatized Firms [J]. Journal of Corporate Finance, 2008, 14 (5): 654-673.

[21] Bradbury M E. The Incentives for Voluntary Audit Committee Formation [J]. Journal of Accounting and Public Policy, 1990, 9 (1): 19-36.

[22] Brick I E., Palmon O., Wald J K. CEO Compensation, Director Compensation, and Firm Performance: Evidence of Cronyism? [J]. Journal of Corporate Finance, 2006, 12 (3): 403-423.

[23] Brickley J A., Linck J S., Coles J L. What Happens to CEOs after They Retire? New Evidence on Career Concerns, Horizon Problems, and CEO Incentives [J]. Journal of Financial Economics, 1999, 52 (3): 341-377.

[24] Bruce J W., Robert P M., Nandu N J., Harry N A. An Analysis of the

Stock Price Reaction to Sudden Executive Deaths: Implications for the Managerial Labor Market [J]. Journal of Accounting & Economics, 1985, 7 (1-3): 151-174.

[25] Bushman R M., Smith A J. Transparency, Financial Accounting Information and Corporate Governance [J]. Economic Policy Review, 2003, 9 (1): 65-87.

[26] Carey P., Simnett R., Tanewski G. Voluntary Demand for Internal and External Auditing by Family Businesses [J]. Auditing: A Journal of Practice & Theory, 2000, 19 (s-1): 37-51.

[27] Chan W. External Recruitment versus Internal Promotion [J]. Journal of Labor Economics, 1996, 14 (4): 555-570.

[28] Chang E C., Wong S M L. Governance with Multiple Objectives: Evidence from Top Executive Turnover in China [J]. Journal of Corporate Finance, 2009, 15 (2): 230-244.

[29] Chang Y Y., Dasgupta S., Hilary G. CEO Ability, Pay, and Firm Performance [J]. Management Science, 2010, 56 (10): 1633-1652.

[30] Chen H., Leng F. Pay-Performance Sensitivity in a Heterogeneous Managerial Labor Market [J]. Journal of management accounting research, 2004, 16 (1): 19-33.

[31] Choi J J., Park S W., Yoo S S. The Value of Outside Directors: Evidence from Corporate Governance Reform in Korea [J]. Journal of Financial and Quantitative Analysis, 2007, 42 (4): 941-962.

[32] Coase R H. The Nature of the Firm [J]. Economica, 1937, 4 (16): 386-405.

[33] Coles J L., Daniel N D., Naveen L. Managerial Incentives and Risk-taking [J]. Journal of Financial Economics, 2006, 79 (2): 431-468.

[34] Coles J L., Hoi C K. New Evidence on the Market for Directors: Board Membership and Pennsylvania Senate Bill 1310 [J]. Journal of Finance, 2003, 58 (1): 197-230.

[35] Collier P., Gregory A. Audit Committee Activity and Agency Costs [J]. Journal of Accounting and Public Policy, 1999, 18 (4-5): 311-332.

[36] Conyon M J., Core J E., Guay W R. Are US CEOs Paid More Than UK CEOs? Inferences From Risk-Adjusted Pay [J]. Review of Financial Studies, 2011, 24 (2): 402-438.

[37] Conyon M J., Muldoon M R. The Small World Network Structure of Boards

of Directors [EB/OL]. http://ssrn.com/abstract=546963.

[38] Conyon M J., Murphy K. J. The Prince and the Pauper? CEO Pay in the United States and United Kingdom [J]. Economic Journal, 2000, 110 (467): 640-671.

[39] Conyon M J., Read L E. A Model of the Supply of Executives for Outside Directorships [J]. Journal of Corporate Finance, 2006, 12 (3): 645-659.

[40] Coughlan A T, Schmidt R M. Executive Compensation, Management Turnover, and Firm Performance: An Empirical Investigation [J]. Journal of Accounting and Economics, 1985, 17 (1-3): 43-66.

[41] Cowen A P., Marcel J J. Damaged Goods: Board Decisions to Dismiss Reputationally Compromised Directors [J]. Academy of Management Journal, 2011, 54 (3): 509-527.

[42] Cremers K J M., Grinstein Y. Does the Market for CEO Talent Explain Controversial CEO Pay Practices? [J]. Review of Finance, 2013, 18 (3): 921-960.

[43] Dalton D R., Kesner I F. Inside/outside Succession and Organizational Size: the Pragmatics of Executive Replacement [J]. Academy of Management Journal, 1983, 26 (4): 736-742.

[44] DeAngelo L. Auditor Size and Audit Quality [J]. Journal of Accounting and Economics, 1981, 3 (3): 183-199.

[45] DeFond M L. The Association between Changes in Client Firm Agency Costs and Auditor Switching [J]. Auditing: A Journal of Practice & Theory, 1992, 11 (1): 16-31.

[46] Demsetz H., Lehn K. The Structure of Corporate Ownership: Causes and Consequences [J]. Journal of Political Economy, 1985, 93 (6): 1155-1177.

[47] Desai H., Hogan C E., Wilkins M S. The Reputational Penalty for Aggressive Accounting: Earnings Restatements and Management Turnover [J]. Accounting Review, 2006, 81 (1): 83-112.

[48] Edmans A., Gabaix X. The Effect of Risk on the CEO Market [J]. Review of Financial Studies, 2011, 24 (8): 2822-2863.

[49] Ertimur Y., Ferri F., Maber D A. Reputation Penalties for Poor Monitoring of Executive Pay: Evidence from Option Backdating [J]. Journal of Financial Economics, 2012, 104 (1): 118-144.

[50] Fahlenbrach R., Low A., Stulz R M. Why do Firms Appoint CEOs as

Outside Directors? [J]. Journal of Financial Economics, 2010, 97 (1): 12-32.

[51] Falcetti E., Raiser M., Sanfey P. Defying the Odds: Initial Conditions, Reforms, and Growth in the First Decade of Transition [J]. Journal of Comparative Economics, 2002, 30 (2): 229-250.

[52] Fama E F. Agency Problems and the Theory of the Firm [J]. Journal of Political Economy, 1980, 88 (2): 288-307.

[53] Fama E F., Jensen M C. Separation of Ownership and Control [J]. Journal of Law and Economics, 1983, 26 (2): 301-325.

[54] Fan J P H., Wong T J., Zhang T. Politically Connected CEOs, Corporate Governance, and Post-IPO Performance of China's Newly Partially Privatized Firms [J]. Journal of Financial Economics, 2007, 84 (2): 330-357.

[55] Farber H S., Gibbons R. Learning and Wage Dynamics [J]. Quarterly Journal of Economics, 1996, 111 (4): 1007-1047.

[56] Fee C E., Hadlock C J. Raids, Rewards, and Reputations in the Market for Managerial Talent [J]. Review of Financial Studies, 2003, 16 (4): 1315-1357.

[57] Fernandes N., Ferreira M A., Matos P., Murphy K J. Are US CEOs Paid More? New International Evidence [J]. Review of Financial Studies, 2013, 26 (2): 323-367.

[58] Fich E M. Are Some Outside Directors Better than Others? Evidence from Director Appointments by Fortune 1000 Firms [J]. The Journal of Business, 2005, 78 (5): 1943-1972.

[59] Fich E M., Shivdasani A. Financial Fraud, Director Reputation, and Shareholder Wealth [J]. Journal of Financial Economics, 2007, 86 (2): 306-336.

[60] Fich E M., White L J. Why do CEOs Reciprocally Sit on Each Other's Boards [J]. Journal of Corporate Finance, 2005, 11 (1-2): 175-195.

[61] Firth M. An Analysis of Audit Fees and Their Determinants in New Zealand [J]. Auditing: A Journal of Practice & Theory, 1985, 4 (2): 23-37.

[62] Firth M., Fung P M Y., Rui O M. Corporate Performance and CEO Compensation in China [J]. Journal of Corporate Finance, 2006, 12 (4): 693-714.

[63] Frydman C., Saks R E. Executive Compensation: A New View from a Long-term Perspective, 1936-2005 [J]. Review of Financial Studies, 2010, 23 (5): 2099-2138.

[64] Frye T., Shleifer A. The Invisible Hand and the Grabbing Hand [J].

American Economic Review, 1997, 87 (2): 354 -358.

[65] Gabaix X. , Landier A. Why Has CEO Pay Increased So Much? [J] . Quarterly Journal of Economics, 2008, 123 (1): 49 -100.

[66] Gao H. , Luo J. , Tang T. Effects of Managerial Labor Market on Executive Compensation: Evidence from Job - hopping [J] . Journal of Accounting and Economics, 2015, 59 (2 -3): 203 -220.

[67] Garen J E. Executive Compensation and Principal - agent Theory [J] . Journal of Political Economy, 1994, 102 (6): 1175 -1199.

[68] Garvey G T. , Swan P L. The Economics of Corporate Governance: Beyond the Marshallian Firm [J] . Journal of Corporate Finance, 1994, 1 (2): 139 -174.

[69] Gayle G L. , Miller R A. Has Moral Hazard Become a More Important Factor in Managerial Compensation? [J] . American Economic Review, 2009, 99 (5): 1740 -1769.

[70] Geletkanycz M A. , Boyd B K. CEO Outside Directorships and Firm Performance: A Reconciliation of Agency and Embeddedness Views [J] . Academy of Management Journal, 2011, 54 (2): 335 -352.

[71] Giannetti M. , Liao G M. , Yu X Y. The Brain Gain of Corporate Boards: Evidence from China [J] . Journal of Finance, 2015, 70 (4): 1629 -1682.

[72] Gibbons R. , Murphy K J. Optimal Incentive Contracts in the Presence of Career Concerns: Theory and Evidence [J] . Journal of Political Economy, 1992, 100 (3): 468 -505.

[73] Gibson M S. Is Corporate Governance Ineffective in Emerging Markets? [J] . Journal of Financial and Quantitative Analysis, 2003, 38 (1): 231 -250.

[74] Gillan S L. Recent Developments in Corporate Governance: An Overview [J] . Journal of Corporate Finance, 2006, 12 (3): 381 -402.

[75] Goyal V K. , Park C W. Board Leadership Structure and CEO Turnover [J] . Journal of Corporate Finance, 2002, 8 (1): 49 -66.

[76] Green J R. , Stokey N L. A Comparison of Tournaments and Contracts [J] . Journal of Political Economy, 1983, 91 (3): 349 -364.

[77] Gul F A. , Chen C J P. , Tsui J S L. Discretionary Accounting Accruals, Managers' Incentives, and Audit Fees [J] . Contemporary Accounting Research, 2003, 20 (3): 441 -464.

[78] Gul F A. , Srinidhi B. , Ng A C. Does Board Gender Diversity Improve the Informativeness of Stock Prices? [J] . Journal of Accounting and Economics, 2011,

51 (3): 314 -338.

[79] Hall B J. , Liebman J B. Are CEOs Really Paid Like Bureaucrats? [J] . Quarterly Journal of Economics, 1998, 113 (3): 653 -691.

[80] Hall B J. , Murphy K. The Trouble with Stock Options [J] . Journal of Economic Perspectives, 2003, 17 (3): 49 -70.

[81] Harford J. Takeover Bids and Target Directors' Incentives: The Impact of a Bid on Directors' Wealth and Board Seats [J] . Journal of Financial Economics, 2003, 69 (1): 51 -83.

[82] Harris M. , Holmstrom B. A Theory of Wage Dynamics [J] . Review of Economic Studies, 1982, 49 (3): 315 -333.

[83] Harris M. , Raviv A. Capital Budgeting and Delegation [J] . Journal of Financial Economics, 1998, 50 (3): 259 -289.

[84] Harris M. , Raviv A. Capital Structure and the Information Role of Debt [J] . Journal of Finance, 1990, 45 (2): 409 -431.

[85] Hart O. The Market as an Incentive Mechanism [J] . Bell Journal of Economics, 1983, 14 (2): 366 -382.

[86] Hayes R M. , Schaefer S. How Much are Differences in Managerial Ability Worth? [J] . Journal of Accounting and Economics, 1999, 27 (2): 125 -148.

[87] Helland E. Reputational Penalties and the Merits of Class Action Securities Litigation [J] . Journal of Law and Economics, 2006, 49 (2): 365 -395.

[88] Hermalin B E. Trends in Corporate Governance [J] . Journal of Finance, 2005, 60 (5): 2351 -2384.

[89] Hermalin B E. , Weisbach M S. The Determinants of Board Composition [J] . RAND Journal of Economics, 1988, 19 (4): 589 -606.

[90] Hermalin B E. , Weisbach M. Endogenously Chosen Boards of Directors and their Monitoring of the CEO [J] . American Economic Review, 1998, 88 (1): 96 -118.

[91] Himmelberg C P. , Hubbard R G. Incentive Pay and the Market for CEOs: An Analysis of Pay - For - Performance Sensitivity [EB/OL] . http: //ssrn. com/abstract =236089.

[92] Holmstrom B. Managerial Incentive Problem: A Dynamic Perspective [J] .// Essays in Economics and Management in Honor of Lars Wahlbeck [M] . Helsinki: Swedish School of Economics, 1982.

[93] Holmstrom B. Managerial Incentive Problems: A Dynamic Perspective

[J]. Review of Economic Studies, 1999, 66 (1): 169-182.

[94] Huang H H., Hsu P C., Khan H A., Yu Y L. Does the Appointment of an Outside Director Increase Firm Value? Evidence from Taiwan [J]. Emerging Markets Finance & Trade, 2008, 44 (3): 66-80.

[95] Huson M R, Malatesta P H., Parrino R. Managerial Succession and Firm Performance [J]. Journal Financial Economic, 2004, 74 (2): 237-275.

[96] Jensen M C. Agency Costs of Free Cash Flow, Corporate Finance, and Takeovers [J]. American Economic Review, 1986, 76 (2): 323-329.

[97] Jensen M C., Meckling W H. Theory of the Firm: Managerial Behavior, Agency Costs and Ownership Structure [J]. Journal of Financial Economics, 1976, 3 (4): 305-360.

[98] Jensen M C., Murphy K J. Performance Pay and Top-management Incentives [J]. Journal of Political Economy, 1990, 98 (2): 225-264.

[99] Johnson J L., Daily C M., Ellstrand A E. Boards of Directors: a Review and Research Agenda [J]. Journal of Management, 1996, 22 (3): 409-438.

[100] Johnson W B., Magee R P., Nagarajan N J., Newman H A. An Analysis of the Stock Price Reaction to Sudden Executive Deaths: Implications for the Managerial Labor Market [J]. Journal of Accounting Economic, 1985, 7 (1-3): 151-174.

[101] Kaplan S N. Are U. S. CEOs Overpaid? [J]. Academy of Management Perspectives, 2008, 22 (2): 5-20.

[102] Kaplan S N. Executive Compensation and Corporate Governance in the U. S: Perceptions, Facts, and Challenges, NBER Working Paper, No. 18395, 2012.

[103] Kaplan S N., Minton B A. How has CEO Turnover Changed? [J]. International Review of Finance, 2012, 12 (1): 57-87.

[104] Kaplan S N., Rauh J. Wall Street and Main Street: What Contributes to the Rise in the Highest Incomes? [J]. Review of Financial Studies, 2010, 23 (3): 1004-1050.

[105] Kaplan S N., Reishus D. Outside Directorships and Corporate Performance [J]. Journal of Financial Economics, 1990, 27 (2): 389-410.

[106] Klapper L F., Love I. Corporate Governance, Investor Protection, and Performance in Emerging Markets [J]. Journal of Corporate Finance, 2004, 10 (5): 703-728.

[107] Klein P G. The Make or Buy Decision: Lessons from Empirical Studies [M]. Handbook of New Institutional Economics, Eds. By Menard C. and M. Shirley,

2005: 435 -464.

[108] Kreps D M. Corporate Culture and Economic Theory [J]. //James E. Alt and Kenneth A. Sliepsle. Perspectives on Positive Political Economy [M]. Cambridge: Cambridge Univ. Press, 1990.

[109] Lazear E P. Pay Equality and Industrial Politics [J]. Journal of Political Economy, 1989, 97 (3): 561 -580.

[110] Lin J Y, Cai F, Li Z. Competition, Policy Burdens, and State - Owned Enterprise Reform [J]. American Economic Review, 1998, 88 (2): 422 -427.

[111] Lin S., Pope P F., Steven Y. Stock Market Reaction to the Appointment of Outside Directors [J]. Journal of Business & Accounting, 2003, 30 (3 -4): 351 -380.

[112] Macher J T. Richman B D. Transaction Cost Economics: an Assessment of Empirical Research in the Social Sciences [J]. Business and Politics, 2008, 10 (1): 1 -63.

[113] Majdi S., Rahman R A. Labour Market Consequences after Fraud and Lawsuit Revelation [J]. International Research Journal of Finance and Economics, 2011, 63: 189 -198.

[114] Masulis R W., Mobbs S. Are All Inside Directors the Same? Evidence from the External Directorship Market [J]. Journal of Finance, 2011, 66 (3): 823 -872.

[115] McKnight P J., Weir C. Agency Costs, Corporate Governance Mechanisms and Ownership Structure in Large UK Publicly Quoted Companies: A Panel Data Analysis [J]. Quarterly Review of Economics and Finance, 2009, 49 (2): 139 -158.

[116] Medoff J L., Abraham K G. Experience, Performance and Earnings [J]. Quarterly Journal of Economics, 1980, 95 (4): 703 -736.

[117] Milbourn T T. CEO Reputation and Stock - based Compensation [J]. Journal of Financial Economics, 2003, 68 (2): 233 -262.

[118] Miller D., Shamsie J. Learning Across the Life Cycle: Experimentation and Performance Among the Hollywood Studio Heads [J]. Strategic Management Journal, 2001, 22 (8): 725 -745.

[119] Murphy K J. Corporate Performance and Managerial Remuneration: an Empirical Analysis [J]. Journal of Accounting and Economics, 1985, 7 (1 -3): 11 -42.

[120] Murphy K J. Incentives, Learning, and Compensation: A Theoretical and

Empirical Investigation of Managerial Labor Contracts [J]. RAND Journal of Economics, 1986, 17 (1): 59 - 76.

[121] Murphy K J. Stock - based Pay in New Economy Firms [J]. Journal of Accounting and Economics, 2003, 34 (1 - 3): 129 - 147.

[122] Murphy K J., Zábojník J. CEO Pay and Appointments: A Market - based Explanation for Recent Trends [J]. The American Economic Review, 2004, 94 (2): 192 - 196.

[123] Murphy K J., Zábojník J. Managerial Capital and the Market for CEOs [EB/OL]. http://ssrn.com/abstract = 984376.

[124] Napoli F. Family Firms and Their Search for Outside Directors to Support Growth: Empirical Evidence from Italian Publicly Listed Companies [J]. Journal of General Management, 2012, 37 (4): 1 - 27.

[125] Naveen L. Organizational Complexity and Succession Planning [J]. Journal of Financial and Quantitative Analysis, 2006, 41 (3): 661 - 683.

[126] Nguyen B D., Nielsen K M. What Death can Tell: Are Executives Paid for Their Contributions to Firm Value? [J]. Management Science Journal of the Institute for Operations Research & the Management Sciences, 2014, 60 (12): 2994 - 3010.

[127] Nickell S J. Competition and Corporate Performance [J]. Journal of Political Economy, 1996, 104 (4): 724 - 746.

[128] Oyer P., Schaefer S. Why Do Some Firms Give Stock Options to All Employees? An Empirical Examination of Alternative Theories [J]. Journal of Financial Economics, 2005, 76 (1): 99 - 133.

[129] Parrino R. CEO Turnover and Outside Succession: a Cross - sectional Analysis [J]. Journal of Financial Economics, 1997, 46 (2): 165 - 197.

[130] Pergamit, Michael R., Jonathan R. Veum. What is a Promotion? [J]. Industrial and Labor Relations Review, 1999, 52 (4): 581 - 601.

[131] Perry T., Peyer U. Board Seat Accumulation by Executives: a Shareholder's Perspective [J]. Journal of Finance, 2005, 60 (4): 2083 - 2123.

[132] Persons O S. The Effects of Fraud and Lawsuit Revelation on U. S. Executive Turnover and Compensation [J]. Journal of Business Ethics, 2006, 64 (4): 405 - 419.

[133] Porta L R., Lopez - de - Silanes F., Shleifer A., Vishny R W. Investor Protection and Corporate Governance [J]. Journal of Financial Economics, 2000, 58

(1): 3 -27.

[134] Porta L R. , Lopez - de - Silanes F. , Shleifer A. , Vishny R W. Law and Finance [J] . Journal of Political Economy, 1998, 106 (6): 1113 -1155.

[135] Porta L R. , Lopez - de - Silanes F. , Shleifer A. , Vishny R W. Legal Determinants of External Finance [J] . Journal of Finance, 1997, 52 (3): 1131 -1150.

[136] Porta R L, Lopez - de - Silanes F, Shleifer A, Vishny R W. Law and Finance [J] . Journal of Political Economy, 1998, 106 (6): 1113 -1155.

[137] Rosenstein S, Wyatt J G. Outside Directors, Board Independence, and Shareholder Wealth [J] . Journal of Financial Economics, 1990, 26 (2): 175 -191.

[138] Rosenstein S. , Wyatt J G. Shareholder Wealth Effects when An Officer of One Corporation Joins the Board of Directors of Another [J] . Managerial and Decision Economics, 1994, 15 (4): 317 - 327.

[139] Shleifer A. State versus Private Ownership [J] . Journal of Economic Perspective, 1998, 12 (4): 133 -150.

[140] Shuichi S. , Harrington J E. Managerial Reputation and the Competitiveness of An Industry [J] . International Journal of Industrial Organization, 1995, 13 (1): 95 -110.

[141] Srinivasan S. Consequences of Financial Reporting Failure for Outside Directors: Evidence from Accounting Restatements and Audit Committee Members [J] . Journal of Accounting Research, 2005, 43 (2): 291 -334.

[142] Stulz R. Managerial Control of Voting Rights: Financing Policies and the Market for Corporate Control [J] . Journal of Financial Economics, 1988, 20 (1 - 2): 25 -54.

[143] Stulz R. Managerial Discretion and Optimal Financing Policies [J] . Journal of Financial Economics, 1990, 26 (1): 3 -27.

[144] Syverson C. What Determines Productivity? [J] . Journal of Economic Literature, 2011, 49 (2): 326 -365.

[145] Tadelis S. The Market for Reputations as an Incentive Mechanism [J] . Journal of Political Economy, 2002, 110 (4): 854 -882.

[146] Taylor L A. CEO pay and CEO power: Evidence from a Dynamic Learning Model. Working Paper, The Wharton School, University of Pennsylvania, Philadelphia, 2010.

[147] Waldman M. Ex Ante Versus Ex Post Optimal Promotion Rules: The Case of Internal Promotion [J]. Economic Inquiry, 2003, 41 (1): 27-41.

[148] Walsh J P. CEO Compensation and the Responsibilities of the Business Scholar to Society [J]. Academy of Management Perspectives, 2008, 22 (2): 26-33.

[149] Warner J B., Watts R L., Wruck K H. Stock Prices and Top Management Changes [J]. Journal of Financial Economics, 1988, 20 (1-2): 461-492.

[150] Weisbach M S. Outside Directors and CEO Turnover [J]. Journal of Financial Economics, 1988, 20 (1-2): 431-460.

[151] Williamson O E. The Economic Institutions of Capitalism [M]. The Free Press, New York, 1985.

[152] Williamson O E. The New Institutional Economics: Taking Stock, Looking Ahead [J]. Journal of Economic Literature, 2000, 38 (3): 595-613.

[153] Williamson O E. The Theory of the Firm as Governance Structure: From Choice to Contract [J]. Journal of Economic Perspectives, 2002, 16 (1): 171-195.

[154] Wurgler J. Financial Markets and the Allocation of Capital [J]. Journal of Financial Economics, 2000, 58 (1-2): 187-214.

[155] Xin K R., Pearce J L. Guanxi: Connections as Substitutional Support [J]. Academy of Management Journal, 1996, 39 (6): 1641-1658.

[156] Yermack D. Flights of Fancy: Corporate Jets, CEO Perquisites, and Inferior Shareholder Returns [J]. Journal of Financial Economics, 2006, 80 (1): 211-242.

[157] Yermack D. Remuneration, Retention, and Reputation Incentives for Outside Directors [J]. Journal of Finance, 2004, 59 (5): 2281-2308.

[158] Zabojnik J. On the Efficiency of Markets for Managers [J]. Economic Theory, 2001, 18 (3): 701-710.

[159] Zhang W Y. China's SOE Reform: A Corporate Governance Perspective [J]. Corporate Ownership and Control, 2006, 3 (2): 132-150.

[160] 白重恩，刘俏，陆洲，宋敏，张俊喜. 中国上市公司治理结构的实证研究 [J]. 经济研究，2005 (2): 81-91.

[161] 蔡地，罗进辉. CEO类型影响家族企业的税收激进程度吗? [J]. 经济管理，2015 (9): 63-72.

[162] 陈德球，魏刚，肖泽忠. 法律制度效率、金融深化与家族控制权偏好

[J]．经济研究，2013（10）：55－68.

［163］陈冬华，陈富生，沈永建，尤海峰．高管继任、职工薪酬与隐性契约——基于中国上市公司的经验证据［J］．经济研究，2011（增2）：100－111.

［164］陈冬华，陈信元，万华林．国有企业中的薪酬管制与在职消费[J]．经济研究，2005（2）：92－101.

［165］陈冬华，梁上坤，蒋德权．不同市场化进程下高管激励契约的成本与选择：货币薪酬与在职消费［J］．会计研究，2010（11）：56－64.

［166］陈胜蓝，魏明海．投资者保护与财务会计信息质量［J］．会计研究，2006（10）：28－35.

［167］陈信元，陈冬华，朱凯．股权结构与公司业绩：文献回顾与未来研究方向［J］．中国会计与财务研究，2004（4）：1－24.

［168］陈信元，黄俊．政府干预、多元化经营与公司业绩［J］．管理世界，2007（1）：92－97.

［169］陈信元，李莫愁，芮萌，夏立军．司法独立性与投资者保护法律实施——最高人民法院“1/15 通知”的市场反应［J］．经济学（季刊），2009，9（1）：1－28.

［170］陈玉罡，李善民．并购中主并公司的可预测性——基于交易成本视角的研究［J］．经济研究，2007（4）：90－100.

［171］储小平．职业经理与家族企业的成长［J］．管理世界，2002（4）：100－108.

［172］邓德军．法制环境、控股股东与企业价值［J］．改革，2006（10）：94－99.

［173］樊纲，王小鲁，朱恒鹏．中国市场化指数——各地区市场化相对进程2006 年报告［M］．北京：经济科学出版社，2007.

［174］樊纲，王小鲁，朱恒鹏．中国市场化指数——各地区市场化相对进程2009 年报告［M］．北京：经济科学出版社，2010.

［175］樊纲，王小鲁，朱恒鹏．中国市场化指数——各地区市场化相对进程2009 年报告［M］．北京：经济科学出版社，2011.

［176］樊纲，王小鲁．中国市场化进程——各地区市场化相对进程 2004 年报告［M］．北京：经济科学出版社，2004.

［177］樊纲，王小鲁．中国市场化指数——各地区市场化相对进程报告（2001 年）［M］．北京：经济科学出版社，2003.

［178］方军雄．高管权力与企业薪酬变动的非对称性［J］．经济研究，2011（4）：107－120.

［179］方军雄．市场化进程与资本配置效率的改善［J］．经济研究，2006（5）：50－61.

［180］方军雄．所有制、市场化进程与资本配置效率［J］．管理世界，2007（11）：27－35.

［181］方军雄．我国上市公司高管的薪酬存在粘性吗？［J］．经济研究，2009（3）：110－124.

［182］方明月．资产专用性、融资能力与企业并购——来自中国A股工业上市公司的经验证据［J］．金融研究，2011（5）：156－170.

［183］高明华．中国企业市场化进程研究［J］．管理世界，2003（8）：82－91.

［184］顾乃康，孙进军．区域市场化进程的差异对我国上市公司现金持有量的影响研究［J］．管理评论，2009，21（7）：10－17.

［185］郭剑花，杜兴强．政治联系、预算软约束与政府补助的配置效率——基于中国民营上市公司的经验研究［J］．金融研究，2011（2）：114－128.

［186］郭庆旺，贾俊雪．中国全要素生产率的估算：1979～2004［J］．经济研究，2005（6）：51－60.

［187］郭正模，李晓梅．工资收入差距与政府宏观调控［J］．社会科学研究，2006（3）：39－42.

［188］哈勒根，张军．转轨国家的初始条件、改革速度与经济增长［J］．经济研究，1999（10）：69－74.

［189］韩洪灵，袁春生．市场竞争、经理人激励与上市公司舞弊行为——来自中国证监会处罚公告的经验证据［J］．经理理论与经济管理，2007（8）：57－62.

［190］何轩，陈文婷，檀宏斌．家族企业准接班人的创业精神传承：以高校在读家族企业后代为样本的探索性实证研究［J］．管理评论，2011，23（9）：58－67.

［191］胡勤勤，沈艺峰．独立外部董事能否提高上市公司的经营业绩［J］．世界经济，2002（7）：55－62.

［192］黄文锋，张建琦．职业经理对民营企业信任关系的实证分析［J］．南开管理评论，2009，12（2）：75－80.

［193］姜付秀，黄继承．经理激励、负债与企业价值［J］．经济研究，2011（5）：46－60.

［194］姜付秀，黄磊，张敏．产品市场竞争、公司治理与代理成本［J］．世界经济，2009（10）：46－59.

［195］姜付秀，支晓强，张敏．投资者利益保护与股权融资成本——以中国上市公司为例的研究［J］．管理世界，2008（2）：117－125.

［196］雷丁．海外华人企业家的管理思想［M］．上海：上海三联书店，1993.

［197］黎文靖，岑永嗣，胡玉明．外部薪酬差距激励了高管吗——基于中国上市公司经理人市场与产权性质的经验研究［J］．南开管理评论，2014（4）：24－35.

［198］黎文靖，胡玉明．国企内部薪酬差距激励了谁［J］．经济研究，2012（2）：125－136.

［199］李茜，张建君．制度前因与高管特征：一个实证研究［J］．管理世界，2010（10）：110－121.

［200］李青原，王永海．资产专用性与公司资本结构——来自中国制造业股份有限公司的经验证据［J］．会计研究，2006（7）：66－71.

［201］李小瑛，赵忠．城镇劳动力市场雇佣关系的演化及影响因素［J］．经济研究，2012（9）：85－98.

［202］李新春．经理人市场失灵与家族企业治理［J］．管理世界，2003（4）：87－95.

［203］李增泉．激励机制与企业绩效——一项基于上市公司的实证研究［J］．会计研究，2000（1）：24－30.

［204］梁莱歆，冯延超．民营企业政治关联、雇员规模与薪酬成本［J］．中国工业经济，2010（10）：127－137.

［205］林毅夫，蔡昉，李周．现代企业制度的内涵与国有企业改革方向［J］．经济研究，1997（3）：3－10.

［206］林毅夫．李约瑟之谜、韦伯疑问和中国的奇迹——自宋以来的长期经济发展［J］．北京大学学报（哲学社会科学版），2007，44（4）：5－22.

［207］刘凤委，孙铮，李增泉．政府干预、行业竞争与薪酬契约——来自国有上市公司的经验证据［J］．管理世界，2007（9）：76－84.

［208］刘慧龙，张敏，王亚平，吴联生．政治关联、薪酬激励与员工配置效率［J］．经济研究，2010（9）：109－121.

［209］刘芍佳，孙霈，刘乃全．终极产权论、股权结构及公司绩效［J］．经济研究，2003（4）：51－62.

［210］卢锐，魏明海，黎文靖．管理层权力、在职消费与产权效率——来自中国上市公司的证据［J］．南开管理评论，2008，11（5）：85－92.

［211］吕长江，肖成民．法律环境、公司治理与利益侵占——基于中美股票

市场的比较分析［J］．中国会计评论，2008，6（2）：142－162.

［212］罗党论，唐清泉．市场环境与控股股东“掏空”行为研究——来自中国上市公司的经验证据［J］．会计研究，2007（4）：69－74.

［213］罗党论，唐清泉．中国民营上市公司制度环境与绩效问题研究［J］．经济研究，2009（2）：106－118.

［214］罗炜，朱春艳．代理成本与公司自愿性披露［J］．经济研究，2010（10）：143－155.

［215］钱春海．基于资产专用性下的贸易一体化研究［J］．经济科学，2002（5）：86－93.

［216］钱德勒著．看得见的手——美国企业的管理革命［M］．重武译，王铁生校．北京：商务印书馆，1987.

［217］钱颖一．企业的治理结构改革和融资结构改革［J］．经济研究，1995（1）：21－29.

［218］权小锋，吴世农，文芳．管理层权力、私有收益与薪酬操纵［J］．经济研究，2010（11）：73－86.

［219］孙铮，刘凤委，李增泉．市场化程度、政府干预与企业债务期限结构——来自我国上市公司的经验证据［J］．经济研究，2005（5）：52－63.

［220］唐松，胡威，孙铮．政治关系、制度环境与股票价格的信息含量——来自我国民营上市公司股价同步性的经验证据［J］．金融研究，2011（7）：182－195.

［221］王常柏．中国民营企业治理结构转型研究［J］．经济理论与经济管理，2007（12）：52－56.

［222］王飞，郭颂宏，江崎光男．中国区域经济发展与劳动力流动——使用区域连接 CGE 模型的数量分析［J］．经济学（季刊），2006（4）：1068－1090.

［223］王红领．决定国企高管薪酬水平的制度分析［J］．现代经济探讨，2006（1）：13－19.

［224］王华，黄之俊．经营者股权激励、董事会组成与企业价值——基于内生性视角的经验分析［J］．管理世界，2006（9）：101－116.

［225］王克敏，王志超．高管控制权、报酬与盈余管理——基于中国上市公司的实证研究［J］．管理世界，2007（7）：111－119.

［226］王琨，徐艳萍．家族企业高管性质与薪酬研究［J］．南开管理评论，2015（4）：15－25.

［227］王鹏．投资者保护、代理成本与公司绩效［J］．经济研究，2008（2）：68－82.

［228］王艳艳，陈汉文，于李胜．代理冲突与高质量审计需求——来自中国上市公司的经验数据［J］．经济科学，2006（2）：72－82.

［229］王永钦，张晏，章元，陈钊，陆铭．十字路口的中国经济：基于经济学文献的分析［J］．世界经济，2006（10）：3－20.

［230］王曾，符国群，黄丹阳，汪剑锋．国有企业 CEO“政治晋升”与“在职消费”关系研究［J］．管理世界，2014（5）：157－171.

［231］魏锋，刘星．融资约束、不确定性对公司投资行为的影响［J］．经济科学，2004（2）：35－43.

［232］魏刚．高级管理层激励与上市公司经营绩效［J］．经济研究，2000（3）：32－64.

［233］吴文锋，吴冲锋，刘晓薇．中国民营上市公司高管的政府背景与公司价值［J］．经济研究，2008（7）：130－141.

［234］吴永明，袁春生．法律治理、投资者保护与财务舞弊：一项基于上市公司的经验证据［J］．中国工业经济，2007（3）：104－111.

［235］夏立军，陈信元．市场化进程、国企改革策略与公司治理结构的内生决定［J］．经济研究，2007（7）：82－95.

［236］夏立军，方轶强．政府控制、治理环境与公司价值——来自中国证券市场的经验证据［J］．经济研究，2005（5）：40－51.

［237］辛清泉，林斌，王彦超．政府控制、经理薪酬与资本投资［J］．经济研究，2007（8）：110－122.

［238］辛清泉，谭伟强．市场化改革、企业业绩与国有企业经理薪酬［J］．经济研究，2009（11）：68－81.

［239］许静静，吕长江．家族企业高管性质与盈余质量——来自中国上市公司的证据［J］．管理世界，2011（1）：112－120.

［240］薛云奎，白云霞．国家所有权、冗余雇员与公司业绩［J］．管理世界，2008（10）：96－105.

［241］亚当·斯密．国民财富的性质和原因的研究［M］．郭大力，王亚南译，北京：商务印书馆，2008.

［242］杨德明，赵璨．媒体监督、媒体治理与高管薪酬［J］．经济研究，2012（6）：116－126.

［243］杨青，黄彤，Steven TOMS. Besim Burcin YURTOGLU. 中国上市公司 CEO 薪酬存在激励后效吗？［J］．金融研究，2010（1）：166－185.

［244］叶红雨．管理水平、职业经理人与企业绩效——来自中国 A 股高校上市公司 2001～2004 年的实证检验［J］．商业经济与管理，2006（4）：

26－31.

［245］于蔚，汪淼军，金祥荣．政治关联和融资约束：信息效应与资源效应［J］．经济研究，2012（9）：125－139.

［246］余明桂，回雅甫，潘红波．政治联系、寻租与地方政府财政补贴有效性［J］．经济研究，2010（3）：65－77.

［247］袁春生，吴永明，韩洪灵．职业经理人会关注他们的市场声誉吗——来自中国资本市场舞弊行为的经验透视［J］．中国工业经济，2008（7）：151－160.

［248］袁春生，祝建军．经理人市场竞争、经理人激励与上市公司财务舞弊的关系［J］．财会月刊，2007（7）：15－17.

［249］约瑟夫·熊彼特著．经济发展理论——对利陶、资本、信贷、利息和经济周期的考察［M］．何畏，易家详等译．张培刚，易梦虹，杨敬年校．北京：商务印书馆，1990.

［250］曾庆生，陈信元．国家控股、超额雇员与劳动力成本［J］．经济研究，2006（5）：74－86.

［251］张建琦，汪凡．民营企业职业经理人流失原因的实证研究——对广东民营企业职业经理人离职倾向的检验分析［J］．管理世界，2003（9）：129－135.

［252］张军，王祺．权威、企业绩效与国有企业改革［J］．中国社会科学，2004（5）：106－116.

［253］张俊瑞，赵进文，张建．高级管理层激励与上市公司经营绩效相关性的实证分析［J］．会计研究，2003（9）：29－34.

［254］张敏，张胜，申慧慧，王成方．政治关联与信贷资源配置效率——来自我国民营上市公司的经验证据［J］．管理世界，2010（11）：143－153.

［255］张维迎．企业理论与中国企业改革［M］．北京：北京大学出版社，1999.

［256］郑志刚，孙娟娟，Rui Oliver. 任人唯亲的董事会文化和经理人超额薪酬问题［J］．经济研究，2012（12）：111－124.

［257］中国经济增长前沿课题组．中国经济长期增长路径、效率与潜在增长水平［J］．经济研究，2012（11）：4－17.

［258］钟宁桦．公司治理与员工福利：来自中国非上市企业的证据［J］．经济研究，2012（2）：137－151.

［259］周黎安．中国地方官员的晋升锦标赛模式研究［J］．经济研究，2007（7）：36－50.

［260］周评，刘震伟．国有企业董事会选聘经理人制度研究——基于上海国有企业高管人事制度改革的试点［J］．江淮论坛，2013（5）：49－54.

［261］周其仁．市场里的企业：一个人力资本与非人力资本的特别合约［J］．经济研究，1996（6）：71－80.

［262］朱晓妹，王重鸣．员工心理契约及其组织效果研究［J］．管理工程学报，2006，20（3）：123－125.

后　记

自1978年以来，我国转向以经济建设为中心，逐渐由计划经济向市场经济缓慢转型，经济也得到了快速发展。《中国统计年鉴（2015）》的数据显示，我国国内生产总值由1978年的3650.2亿元增长到2014年的636138.7亿元，人均国内生产总值由1978年的382元增长到2014年的46629元。按可比价格计算，1979～2014年我国国内生产总值与人均国内生产总值年均增长率分别为9.7%、8.6%。我国经济的快速增长，经济资源配置方式由计划向市场转型功不可没。

我国对市场经济的认识也经历了一个不断发展和完善的过程。中共十二大提出计划经济为主、市场调节为辅的原则。中共十三大提出社会主义经济是公有制基础上有计划的商品经济。中共十三届五中全会提出坚持实行计划经济与市场调节相结合的原则。中共十四大提出建立社会主义市场经济体制，使市场在国家宏观调控下对资源配置起基础性作用。中共十六大提出健全现代市场体系。中共十八大提出更大程度、更广范围发挥市场在资源配置中的作用。中共十八届三中全会提出，使市场在资源配置中起决定性作用。市场配置经济资源在中央正式文件中逐渐得到认可并确立下来。

通常认为，市场主要以价格为信号调节供给与需求。但从供给角度看，是许多企业的内部管理者通过融资、生产、销售与服务提供等方面的管理决策而推动着市场运行。因此，如果说自由竞争的市场是经济发展的“无形之手”，那么无数个企业的管理者则是经济发展的“有形之手”，在企业与市场的关系中，企业管理者“有形之手”是构成市场“无形之手”高效运行的微观基础。因此，研究市场经济的运行规律，需要观察企业管理者管理才能的配置及效果。当前，认识市场运行规律、尊重市场运行规律、利用市场运行规律、推动市场经济发展，仍然需要更多基于企业的微观经验研究。正是基于此想法，本书以我国经济由计划向市场经济转型为背景，从经理人市场这一侧面考察我国经理人市场二元化结构下，民营上市公司聘用外部高管的动因及经济后果。

本书得到了国家自然科学基金项目（71262025）的资助，在此深表感谢！

写作过程中，江西师范大学财政金融学院的领导与同事给予了许多帮助，让我有时间写作、修改与校对。在此，向他们表示衷心的感谢！

由于个人能力及时间有限，本书难免存在不足，敬请批评指正。

袁春生

2016 年夏于南昌